financialization
approach

ファイナンシャリゼーション

金融化 と 金融機関行動

小倉将志郎 著

桜井書店

プロローグ

　2007年に米国住宅金融市場を震源に発生した金融危機は，2008-09年にかけて，大手金融機関や一部ヘッジファンドなどに経営破たんや巨額損失をもたらしつつ，世界中の金融市場に瞬く間に波及し，国際金融危機へと展開した。その後，その影響が次第に実体経済にまで伝播し始めたことで，グローバルな規模での資本主義の危機の発生を指摘する声まで聞かれるようになった。それに対して世界中の政府・中央銀行，国際機関などが，公的資金の投入も含む，実施可能なあらゆる手段を前例のない規模でなりふり構わず実行に移した結果，大手金融機関の連鎖破たんや世界経済の崩壊といった破滅的シナリオは，大きな矛盾を伴いながらも，ひとまず回避された。2010年以降，今次の未曾有の金融・経済危機の経験を踏まえ，危機の再発や結果としての金融機関の大規模救済といった事態を防止するための新しい金融枠組みの構築が，米国中心に進められつつある。そうした一連の過程で，大手金融機関経営者の無責任な言動や，彼らの巨額の報酬・退職金の情報などが次々と明るみに出たこともあり，今次の危機の主な原因は自由放任され肥大化した金融活動にあったとする，金融に対する怒りに満ちた注目が，市民，メディア，政治家などの間で急速に高まっていったことは，きわめて自然な成り行きであった。

　一方，学術的には，米国を中心とした先進諸国における，金融活動の規模的拡大や経済に対する金融の影響力の増大といった現象への注目は，すでに今次の危機が発生するかなり前から非常に高まっていた。それらの多くは，そうした金融の拡大現象を「ファイナンシャリゼーション (financialization)」*として捉え，その内実の分析を進めてきた。本稿ではそれらを包括して「金融化アプローチ (financialization approach)」と呼ぶ。金融化アプローチは，特に1980年代以降，米国を中心に先進諸国で押しなべて進展しつつある，経済・社会における金融の規模や役割，影響力の絶対的・相対的な拡大という現象を捉え，それを単なるバブル的・一時的な現象としてではなく，現代資本主義を特徴付ける構造的・長期的な変化＝金融化と位置付けたうえで，その理論的・実証的分析

を試みる社会科学の諸研究の総称である。

> * 「金融化」,「経済の金融化」などと邦訳される。以下, 金融化に統一する。なお, 「financialization」は英国では「financialisation」と表記される。また米国や英国では「ファイナンシャライゼーション」と発音するのがより一般的である。しかし, たとえば「globalization」が, 米英などでは「グローバライゼーション」と発音されるのがより一般的（「グローバリゼーション」でも誤りではない）であるのに対して, わが国では「グローバリゼーション」と発音・表記されるのが定着していること, すでに「ファイナンシャリゼーション」という発音・表記がやや定着しつつあることなどから, 本稿では「ファイナンシャリゼーション」という表記を選択することにした。

1980年代以降の金融の拡大については, 当初より米国のマルクス派のスウィージー (Paul Sweezy) やポストケインズ派のミンスキー (Hyman Minsky) らに代表される, 少数の政治経済学者によって限定的に着目・検討されてきた。しかし金融化アプローチとしての議論が活発化し始めるのは2000年前後からである。そしてそうした議論を初期段階からリードしたきたのは, 欧米の広義の政治経済学者たちであった。現在では金融化には, 欧米以外の地域も含む, 社会科学の幅広い領域から, 国際的・学際的な関心が寄せられるようになっている。それらは当初, 個別に議論を展開しており, 金融化の定義, 内容, 背景, 影響といった諸要素を巡り, 異なる立場から様々な議論を提出してきた。その後, 特に2000年代半ば以降の研究交流の活発化を通じ, 論点がより明確化されるとともに, 初期的な混乱も徐々に改善されつつある。一方, 議論の混乱が現在でもなお完全には解消されていない理由は, 金融化という現象が, その分析を進めるほどに, 様々な事象が複雑に絡み合った, 非常に混沌とした存在であることが明らかになってきたからである。

金融化とは何かについては第1章で詳述する。ここでその要点のみ先取りすれば, 金融化は, 第一に, 広義の金融の役割や影響力が, 経済・社会全体, すなわち非金融企業だけでなく家計, さらには政府に対しても, それらの経済的活動に留まらず様々な領域において, 量的・質的両面で高まっていることを示す多様な現象を包含する幅広い概念である。第二に, 金融化は, 金融それ自体 (finance in itself) が, 金融グローバル化や情報化, 金融イノベーションなどのプロセスを通じて発展・高度化・進化していることを示す諸現象をも包含する。そして第三に, 金融化は, それら個々に現れる諸現象が複雑に絡まり合い, 相

互に依存し合いながら，一つの集合体として展開していることをその重要な特徴とする。したがって金融化の分析において肝要なことは，個々の現象に焦点を当て，それらの内実を精緻に分析する作業と，それら諸現象間にどのような相互連関があり，またそれらと金融化という現代資本主義の構造的変化とがどう相互に影響を与え合いながら展開しているのかを分析する作業とを，車の両輪として進めていくことである。

一方，以上のことは，そうした複雑で混沌とした存在としての金融化をトータルに把握することをより一層困難にする。金融化アプローチが必ずしも意見の全体的一致を見ずに現在に至っている最大の要因も，そうした金融化の複雑性，混沌性に由来していると言える。しかし金融化アプローチが理論面でも現状認識の面でも有意義なものであることが示されるためには，個別的現象の分析や論点整理の段階を踏まえた，現代資本主義の構造的変化としての金融化の総合的，体系的把握は不可避である。それらの努力は現在まさに行われている最中と言え，その学術的成果も発表されつつある。

そうした状況を念頭に置きつつ，本稿が主要な分析対象として設定するのは，金融化の諸構成要素のうちの，金融それ自体の発展・高度化・進化とそのプロセスである。本稿はそれらを「金融の深化 (financial deepening)」と呼ぶ。そして本稿は，金融の深化のなかでも，特に経済主体としての金融部門 (financial sector)，もっと言えば金融機関 (financial institutions) の行動 (behavior) に焦点を当てて分析を行う。そこでの分析の具体的な対象となるのは，金融機関，特に大手金融機関の実際の業務・収益源の内実とその変容，利益追求体としての主体的・戦略的な諸行動，それらを取り巻く制度的状況の変化とそれへの諸対応，それらによる政治権力の行使などである。そして本稿の主要な課題は，それらを金融化の歴史的展開と関連付けながら分析することを通じて，金融化を，金融機関行動を基軸に，企業や家計，政府の諸行動をも統合しながらより体系的に捉え直し，それによって金融化アプローチを修正・補強することである。

後述のように，先行研究の多くは金融化の諸構成要素のうち，特に企業の行動変化＝「企業の金融化 (financialization of corporate sector または corporate financialization)」に主要な焦点を当てて分析を行ってきた。そしてそれらの一部はそれを基軸に金融化の体系的説明を試みようともしている。加えて，最近では，

家計や政府の行動に基軸を置き，より包括的な視点から金融化の体系的説明を行おうとする潮流も現れてきている。しかし既存の金融化アプローチはいずれも，金融それ自体，特に金融機関行動の内実には副次的な役割しか与えてきておらず，その分析は決定的に不足している。それに対して本稿では，金融化を体系的かつ正確に捉えるうえで金融機関行動の分析は絶対不可欠であると考えており，むしろ金融機関による主体的行動を，企業，家計，政府の行動変化＝金融化，経済全体の金融化を主導したきわめて重要な「原動力」の一つとして捉え直すことを試みる。

　もちろん，金融化という複雑な事象の絡まり合ったプロセスをすべて金融機関行動によって一元的に説明できると考えているわけではない。著者は，複雑な事象に対して一元的・一方向的理解を試みる立場を必ずしも全面的に支持しない。その一方で，金融化を歴史的展開として捉えた場合，その展開の中核部分で金融機関が果たした役割はかなり大きいものであったと考える。ここで，金融化を構成する家計，企業，政府，金融部門に関わる様々な個別的諸事象のうち，著者が金融化の展開の中核部分にあったと捉えるのは以下の諸事象である。

　第一に，1980年代以降の資金循環 (flow of funds) 構造の変化とその下での家計の金融取引（主にミューチュアル・ファンド (mutual fund)，マネーマーケット・ミューチュアル・ファンド (money market mutual fund: MMMF)，年金での運用）の拡大，第二に，1980年代後半以降の企業の合併・買収 (mergers & acquisitions: M&A) 活動の活発化とそれに伴う負債の増大，第三に，1980年代以降の資金循環構造の変化をベースにしつつ2000年代に顕著に拡大した影の銀行システム (Shadow Banking System) とそれへの家計・企業の直接・間接の関与（具体的には，特に中低所得家計の住宅ローンを中心とした負債──証券化 (securitization) 商品の元となる──の増大と，家計・企業資金の機関投資家 (institutional investor) を通じた仕組み金融 (structured finance) 商品や短期金融商品などへの流入），そして第四に，1980年代以降のデリバティブ (derivatives) 市場の拡大とそれへの企業・家計の直接・間接の関与の強まり，である。

　それらを金融化の展開の中核と捉える理由は，それらがいずれも，二大経済部門としての家計と企業に対し，資産と負債の両面で，またそれらの経済活動以外の側面でも，特に強い影響を与えた事象であったと認識できるからである。

そうした認識に基づき，本稿は分析対象をこれらの事象に限定する。たとえば非金融企業の金融業への参入，株主価値（shareholder value）重視の企業統治（corporate governance）の下での非金融企業による配当支払いや自社株買い（share repurchaseあるいはstock buyback）を通じた株主への分配の増大といった，先行研究が強い焦点を当ててきたその他の金融化の個別的事象は，その分析上の重要性を理解しつつ，詳細な検討の対象からは外される。

　そのうえで，本稿はそれら金融化の中核事象の展開プロセスを，上述のように主に金融機関行動に焦点を当てて詳細に分析している。そしてそれらの作業を通じて見えてくるのが，金融化の中核事象において，それぞれの展開における濃淡はあるものの，金融機関の主体的行動が家計や企業，政府に対して少なくない影響を与え，それらの金融化を直接・間接に促し，そのことが金融機関に多様な恩恵をもたらし，結果として，金融機関の収益の絶対的・相対的拡大という金融化を構成する重要な現象（第2章I節参照）を生み出した事実である。これらのプロセスの内実は本稿を通じて詳細に示されていくことになるが，そうした事実が明らかになるならば，金融化の中核事象の主要な受益者として金融機関を設定すること，そしてその主体的行動が金融化の重要な原動力であると考えることの妥当性が示されることになるだろう。またそのことは，金融化の再定義化や評価，オルタナティブの提案などにも重要な貢献を果たしうるに違いない。こうした一連の金融化アプローチの修正・補強は，少なくとも企業の金融化に主な焦点を当てた先行研究から導き出すことは困難であり，本稿のように金融それ自体，特に金融機関行動に主軸を置いて初めて成し遂げられるものと確信する。

◇

　本稿の構成は以下の通りである。

　第1章では，本稿の分析の前提として，金融化とは何か，そこにどのような現象が含まれるのかを経済部門別に整理し，主に米国を対象に，それが実際に生じている事実を公表データに基づき確認する。そのうえで金融化を体系的に捉えようと試みるいくつかの先行研究を紹介し，それらが金融機関行動に焦点を当てていないことで分析上の不十分さを残しており，それを補強する必要性があることを指摘する。

第2章から第6章は本稿の分析の中核部分である。ここでは米国における金融化の事実を示す最も重要な指標の一つである，1980年代以降の金融機関の収益拡大という現象に着目し，それらがいかにして生み出されえたのか，そのメカニズムを詳細に分析する。

　第2章と第3章では，特に1980・90年代に焦点を当て，同時期の金融機関の収益拡大に貢献した諸要素を分析する。第2章では，一つ目の要素として，資産運用関連業務に着目し，それがいかに拡大し，多額の収益に結びついたかを，それらの拡大の背景にある，同時期の米国金融市場における資金循環構造の変化と結びつけて分析する。第3章では，二つ目の要素として，M&A関連業務に着目し，それがいかに拡大し，多額の収益に結びついたかを，M&A市場自体の拡大，投資銀行による戦略的なM&A活性化，M&A関連業務の収益性の高さなどと結びつけて分析する。

　第4章と第5章では，特に2000年代に焦点を当て，同時期の金融機関の収益の急拡大に貢献した諸要素を分析するとともに，それらが今次の危機と密接に結びついている事実を明るみに出す。第4章では，米国における2000年代の金融化の重要な要素として，影の銀行システムの存在を認識し，それが多くの問題・脆弱性を抱えたまま急速に拡大したため，その急激な自壊の過程が今次の未曾有の危機として発現したことを指摘する。第5章では，その影の銀行システム拡大を支えた重要な要素として，大手金融機関による積極的なリスクテイク (risk-taking) が存在した事実に着目し，その経路として利用された三つの金融取引を通じた利益獲得メカニズムを，特に大手金融機関の特別な地位とそれに基づく諸行動に焦点を当てて分析する。

　第6章では，金融化とともに展開する様々な金融イノベーションのうち，特に1980年代以降，金融機関や企業によるその利用が急速に拡大し，一般家計も直接・間接に関わりを深めるようになっているデリバティブに焦点を当てる。金融化とデリバティブの関連性を分析する際に，それをより深く追求するにはデリバティブを二分法的 (dichotomy) に理解する先行研究を克服する必要性があることを認識したうえで，それに資する新しいアプローチとして，資本の競争的利潤追求動機と大手金融機関の仲介動機という二つの視点の導入を試みる。

　第2章から第6章の分析を通じて，金融機関の主体的行動は，金融化の歴史

的展開において，その濃淡はあるものの，きわめて重要な役割を果たしてきた事実が明らかになる。同時に，2000年代の金融化，特に影の銀行システムの拡大の重要な背景に，1980年代以降の資金循環構造の変化，家計資金を中心とした巨額の資金がミューチュアル・ファンドやMMMF，年金基金など機関投資家へ急激に流入した事実と，家計・企業両主体による様々な形での負債の急増の事実とが，決定的に重要な役割を果たしていたこと，つまり金融化の連続的側面も明らかになる。

　第7章では，金融化と2007-09年の国際金融・経済危機との関連性を意識し，金融化アプローチの立場から，危機後に成立しつつある新しい金融枠組みの評価を行う。第4章が示すように，2000年代の金融化の主要構成要素である影の銀行システムに内在するリスクと不公正性が極限に達した結果，その自壊の過程が今次の危機として顕在化する。それを受けて2010年に米国で成立したのがいわゆるドッド・フランク法 (Dodd-Frank Act) であり，本章は同法を具体的な検討対象とする。主に本稿が金融化の中軸と捉える大手金融機関行動，特にそれらに対するコントロールの実現可能性の観点から，同法の有効性が評価される。

　終章では，本稿の一貫した立場である，金融機関行動に焦点を当てて金融化を捉え直す，という作業に，純粋経済学的範疇としては必ずしも把握しえない「金融権力 (political power of finance)」の視点を導入する必要があることを指摘する。第6章までの分析を通じ，家計や企業の金融化には金融機関行動が多大な影響を与えており，それに金融化の一つの重要な原動力の地位を与えることができることが認識される。それに対し，その背後に究極的には，一握りの大手金融機関が，その巨額の資金と人材，情報などを基礎に，政府・規制当局と人的・資金的に結びつき，影響力を行使し，自らに都合の良い政治対応を獲得してきた事実，つまり金融権力の存在があることを指摘する。そのうえで，金融権力の発現形態としてみた金融化の，各主体に対して持つ経済・社会的な含意，経済・社会システムとしての公正性・持続可能性などが検討される。

目　次

プロローグ　3

第1章　金融化とその諸現象 …………………………… 17
　Ⅰ　金融化とは何か ………………………………………… 17
　Ⅱ　企業の金融化 …………………………………………… 21
　Ⅲ　企業の金融化以外の構成要素 ………………………… 31
　　　——家計の金融化，政府の金融化，金融の深化——
　Ⅳ　金融化の体系的説明の試み …………………………… 42
　結び ………………………………………………………… 47

第2章　金融機関の収益拡大と資金循環構造の変化 …… 49
　　　——資産運用関連業務に着目して——
　Ⅰ　米国における金融機関の収益拡大と証券関連業務 … 49
　Ⅱ　米国資金循環構造の変化 ……………………………… 54
　Ⅲ　新しい金融仲介主体の存在 …………………………… 61
　結び ………………………………………………………… 71

第3章　金融機関の収益拡大と投資銀行のM&A関連業務 … 73
　Ⅰ　証券会社の収益拡大とM&A関連業務 ……………… 73
　Ⅱ　1980年代以降のM&Aの拡大 ………………………… 74
　Ⅲ　投資銀行のM&A関連業務が巨額の収益を生み出した要因 …… 80
　結び ………………………………………………………… 89

第4章　金融化と影の銀行システム ……………………… 91
　Ⅰ　影の銀行システムとその拡大 ………………………… 93
　Ⅱ　影の銀行システム急拡大の背景 ……………………… 102
　　　——金融機関行動を主軸に——

Ⅲ　影の銀行システムの収縮と金融危機……………………………110
　　結び…………………………………………………………………117

第5章　2000年代の金融機関の収益拡大と
　　　　大手金融機関のリスクテイク………………………………121
　　Ⅰ　2000年代の金融機関の収益と三つのリスクテイク経路…………122
　　　　──大手金融機関に着目して──
　　Ⅱ　大手金融機関のリスクテイクとその高まり………………………130
　　Ⅲ　大手金融機関の積極的リスクテイクと特別の優位性……………140
　　結び…………………………………………………………………148

第6章　金融化とデリバティブ……………………………………153
　　　　──二分法的理解の克服のための二つの視点──
　　Ⅰ　デリバティブに関わる基本的知識…………………………………154
　　Ⅱ　金融化とデリバティブの関連性を巡る先行研究のレビュー……169
　　Ⅲ　二分法的理解の克服に向けて①……………………………………176
　　　　──資本の本来的運動が求めるデリバティブ──
　　Ⅳ　二分法的理解の克服に向けて②……………………………………182
　　　　──金融機関行動に焦点を当てた補完的説明──
　　結び…………………………………………………………………189

第7章　米国金融規制改革法と大手金融機関の行動………………191
　　　　──ボルカー・ルールを中心に──
　　Ⅰ　金融規制改革法の概要………………………………………………192
　　Ⅱ　ボルカー・ルールとそれを巡る懐疑論……………………………195
　　Ⅲ　ボルカー・ルールを巡る諸疑念の検討……………………………203
　　結び…………………………………………………………………211

終　章　金融権力の発現形態としての金融化とその諸影響………215
　　Ⅰ　金融危機後の大手金融機関の再編と集中…………………………216
　　Ⅱ　金融権力の行使とその背景にあるもの……………………………220
　　　　──資金と人材に基づく政治権力への接近──

Ⅲ　金融権力の発現形態としての金融化の経済・社会的含意…………226

エピローグ　231

　参考文献　237
　初出一覧　254
　索引　255

ファイナンシャリゼーション
―― 金融化と金融機関行動 ――

第1章　金融化とその諸現象

　本章は，金融機関行動に焦点を当てて金融化を捉え直すことを試みる本稿の前提として，公表データと金融化アプローチの先行研究に基づき，金融化とは何か，現実に何が生じていて，問題の所在はどこにあるのかを簡潔に示す。まず金融化の定義を確認したうえで，金融化を構成する個別的諸現象を，それが最も顕著に進展している米国を事例に，主に定量的側面から把握する。なお本章は，そうした諸現象の把握を，企業，家計，政府，金融部門という「経済部門別」に行う[1]。それを踏まえ，先行研究による金融化の体系的説明の試みについても簡単に紹介を行う。本章を通じて，複雑に絡み合った金融化の全体像の把握が可能になるとともに，先行研究の分析が主にどこに焦点を当て，特に何が不足しているのかが明らかになる。

I　金融化とは何か

　金融化とは何か[2]。また資本主義の歴史においてこれまで何度か見られた，

---

[1] 本稿は，経済部門別視点から金融化を捉える必要性を強く認識する。先行研究では金融化を経済部門別に捉える視点はあまり見られない。たとえば金融化アプローチを幅広くサーベイした Orhangazi (2008) は，それらが主にどこに焦点を当てているかにより，それを，①資本主義の長期波動と金融化，②新自由主義 (Neoliberalism) と金融化，③企業統治の変化と金融化の三つに区分しており，また直近のサーベイ論文である van der Zwan (2014) は，①新しい蓄積体制としての金融化，②現代企業の金融化 (企業行動の基軸に株主価値が置かれること)，③日常生活の金融化，の三つに区分している。その他のサーベイを見ても類似の整理 (焦点ごとに，蓄積体制，企業統治，新自由主義，生活・文化など) がなされることが多い。そうした整理自体に根本的な間違いがあるわけではなく，いずれも有意義であろう。それに対して本稿が経済部門別視点を重視する理由は，金融化は，金融が非金融企業の行動 (蓄積，分配) に与える影響に留まらず，家計や政府部門の金融化，そして金融それ自体の深化を伴うより多面的・重層的・相互依存的な過程として展開しているにもかかわらず，先行研究はそれらを必ずしも十分に捉えきれておらず，経済部門別視点を採ることで初めてそれらの欠落を明確に認識し，それらを金融化アプローチに組み込む必要性を正しく理解できると考えるからである。

一時的あるいは中長期的な金融の拡大現象と金融化とは何が違うのか[3]。そうした当然沸き起こる疑問に対して，金融化アプローチを採る研究者たちは，それらを意識しつつも，当初，金融化に厳密な定義を与えることも，その歴史的含意について明確に回答することも，必ずしもできなかった。なぜなら彼らは，その研究の初期段階では，上述のようにそれぞれ個別に，まず金融の拡大を示す非常に広範な個別的現象が米国を中心とする先進諸国で発生している事実を認識し，そのうえで各自の問題関心に即して，特定の地域・分野に関わる特定の現象に焦点を当てた分析に注力してきたからである。そのため，必然的に分析は限定的にならざるをえず，金融化に関わる先の大きな疑問に回答できる段階にはなかなか至らなかった。そうした状況は，昨今の研究の進展に伴って徐々に改善されていくことになるが，こと金融化の定義に関しては，現在でも必ずしも確定したものが存在するわけではない。しかし現在，金融化アプローチを採る多くの研究者が必ず引用するのが，金融化研究の第一人者でもあるエプシュタイン (Gerald Epstein) による定義である。彼は，金融化を「金融的動機

---

2) 現代における金融の影響力・役割の増大を表す金融化と類似した表現に，「金融資本主義 (Finance Capitalism)」や，特にわが国で用いられる「マネー資本主義」といった用語も存在する。一方で，それらを使用した文献には，必ずしも厳密な定義を行わず，ジャーナリスティックな視点で直感的に使用するものも少なくない。それらが含意するところは金融化と部分的に重なるものの，分析の体系性の点からは現時点では十分な表現であるとは言い難い。

3) 金融の拡大に注目が集まるのは，金融化アプローチが初めてではない。たとえば景気循環やバブルに関する分析では，そこにおける金融の役割に着目した先行研究が豊富に存在する。また政治経済学分野に絞っても，古くは，ヒルファディング (Rudolf Hilferding) やレーニン (Vladimir Lenin) の金融資本分析 (Hilferding (1910), Lenin (1917)) は，20世紀初頭における銀行資本の産業資本に対する影響力を対象とした。また一部の歴史社会学者 (たとえばArrighi (1994)) は，16世紀まで遡って循環的視点から金融の拡大現象を捉えようともする (Orhangazi (2008), pp. 42-49 などを参照)。一方，そうした過去の金融の一時的あるいは中長期的な拡大と現代の金融化との違いは，本章及び本稿全体を通じて明らかになるように，その継続性，規模，多様性，スピード，全般性などで見られる。金融化は1980年代以降の現代資本主義の長期継続的・漸進的な過程であり，その下では，金融が前例のないほどに多様化するとともに，それらが企業活動に対してだけでなく，人々の生活，文化，思考・価値観，労働条件や政府の政策，広くは世界経済の在り方などにまで，非常にハイスピードに強力な影響力を発揮するようになっている。なお，1980年代という金融化の開始時期を巡っては論者によって意見の相違があり，1960年代後半や1970年代初め，1970年代後半を開始点とする議論も存在する。

(financial motives), 金融市場 (financial markets), 金融的主体 (financial actors), 金融機関が, 国内及び国際的な経済活動において果たす役割が増していく (the increasing role) こと」と定義した[4]。

ところで, この定義には, 金融化とその歴史的含意をより正確に捉えるための重要なポイントが二点含まれる。一点目は, 金融化アプローチが認識する「金融」は, 銀行に代表される金融機関だけを指すのではないということである。そこには, 第一に「金融的動機」が含まれる。金融的動機は, 具体的には, 金融的所得・利益の取得を主要な行動動機とし, 「金融的計算 (financial calculation)」が日常に組み込まれていくことを指す。第二に「金融市場」が含まれる。金融市場には, 具体的には, 株式や債券といった伝統的証券の発行・流通市場から, 仕組み金融市場, ホールセール短期金融 (short-term wholesale funding) 市場 (レポ (repurchase agreement) 市場など), デリバティブ市場, M&A市場などまで, 取引形態で見ても取引所取引 (exchange-traded) から店頭 (over the counter: OTC) 取引まで, きわめて幅広い金融市場 (より具体的にはそれら市場における価格圧力や市場流動性 (market liquidity) の状況など) が含まれる。第三に「金融的主体」が含まれる。金融的主体には, 具体的には, 個人投資家, 保険や年金基金などの伝統的機関投資家及びそれらのファンドマネージャー, 企業の財務担当役員, ヘッジファンド (hedge fund) やプライベート・エクイティ (private equity: PE) ファンドなどの代替投資 (alternative investment) 主体, その他多様な基金, 特別目的体 (special purpose entity: SPE) などあらゆる金融主体が含まれる。最後に「金融機関」も時代や地域ごとに多様な存在が想定されうる。具体的には, 存在感を強めつつある金融機関として, 投資銀行 (investment bank)・証券会社を筆頭に, 保険会社, ファイナンス・カンパニー (finance company) といった銀行以外の業態の存在や, それらを統合的に行う金融持株会社＝金融コングロマリット (financial conglomerates) が現代の金融機関の主要形態となっている事実が認識される。このように金融化アプローチが想定する「金融」は, 各地域の金融システムの歴史的展開と現状を踏まえて, きわめて広義に把握されるので

---

4) Epstein (2005), p. 3. 金融化の定義を巡る最新の状況についてはEpstein (2015) も併せて参照。

ある。

　二点目は，そうした広義の金融の「役割が増す」と言った場合に，そこに二つの側面が存在することである。その第一は，金融活動の絶対的な規模拡大，あるいは金融部門（金融機関と大部分の金融的主体を含む）の非金融（企業，家計，政府）部門と比べた相対的な規模拡大といった，いずれも定量的側面であり，第二は，両者の関係性の変化，つまり金融部門が非金融部門に対して持つ影響力が徐々に強まっていく，あるいは各主体が広義の金融の影響下で徐々に一体化・同質化していくといった，定性的側面である。前者については数字として明確に現れる事象であることから，その存在について分析者による意見の不一致が生まれる余地は少ない。それらは，金融部門の諸活動の量的拡大や，非金融の各部門の金融的諸活動の量的拡大などとして，フロー，ストック両面から把握でき，またそれらの結果として生じる様々なマクロ金融指標の高まりとしても明確に示されうる[5]。一方，後者については特に注意が必要かもしれない。なぜなら，従来，金融が非金融部門に対して持つ影響力は，主に商業銀行による非金融企業に対する融資や株式保有，取締役兼任といった取引関係に

---

[5] 1980年代以降の金融の役割の量的増大は，マクロ統計で見ると，主要経済部門における金融資産・負債の絶対的・相対的拡大として明確に現れる。米国では，連邦準備制度理事会（Board of Governors of the Federal Reserve System: FRB）が公表するマクロデータ（Financial Accounts of the United States（旧「Flow of Funds Accounts」。以下，資金循環勘定））によると，1970年代以降，企業，家計，金融部門といった主要部門で軒並み金融資産・負債の両残高が急速に拡大しており，なかでも家計と金融部門の伸びが顕著である。またそれらを実体経済との比較で相対的に捉えるために名目国内総生産（Gross Domestic Product: GDP）との比率を見ても，同時期にそれらの対GDP比が急速に上昇している（小倉（2013b））。その他の代表的マクロ指標として，たとえば次のようなものがある。世界銀行（World Bank）によると2014年の世界のGDPは約78兆ドル（http://data.worldbank.org/indicator/NY.GDP.MKTP.CD）であるのに対し，ウェブサイト「Business Insider」によると世界の金融資産残高は4倍近い294兆ドル（http://www.businessinsider.com/global-financial-assets-2015-2）であった。また国際決済銀行（Bank for International Settlements: BIS）によると2013年4月時点の外国為替取引の1日の取引量は5.3兆ドル（BIS（2013a），p. 4）であり，証券業・金融市場協会（Securities Industry and Financial Markets Association: SIFMA）によると世界の株式市場の時価総額は1994年の約15兆ドルから2013年には約60兆ドルに，債券市場発行残高は1989年の約11兆ドルから2013年には約90兆ドル（SIFMA Research Department（2014），pp. 81-82）に，それぞれ急速に増加している。

基づく，直接的経路を通じて行使されていたが，1980年代以降，先進国ではほぼ一様に，大企業を中心とした内部資金蓄積に伴って企業の外部資金調達の必要性が減少していっており（いわゆる「銀行離れ現象」。次章II節参照），そうした事実を前提とすると，金融の影響力は決して強まっているようには感じられないからである。それに対し，金融化の下での金融の影響力は，後述のように，より間接的かつより多様な形で展開するようになっている。

II 企業の金融化

ともあれこれまでの金融化アプローチは，金融化をきわめて広義に捉えるエプシュタインの定義を基礎に置きながらその分析を進めてきており，そこには企業，家計，政府といった経済諸部門における，広義の金融の，質的・量的な役割・影響力の拡大を示す様々な現象が含まれうる。そして金融化アプローチにおいて，その最初期から現在まで常にその議論をリードしてきたのが，上述の通り，欧米の政治経済学者たちである[6]。彼らは，市場の均衡，安定性，普遍性などを前提とする主流派経済学とは異なり，資本主義経済を批判的に，かつよりトータルに捉えようとする視点を持ち合わせていた。そうした視点に基づいて，彼らは，資本主義経済は多様な形態で存在し，常態的に不安定性を持ち，時代とともに変化しうるものとして認識した。そのような分析視覚が，彼らに金融化という現代資本主義の重要な構造変化を発見することを可能にしたと言える。

そして彼らによる金融化の先行研究が当初から特に強い焦点を当ててきたのが，役割を増しつつある金融が企業（民間非金融企業）部門とその行動に与える影響であった[7]。本稿ではこれを「企業の金融化」と呼ぶ。そしてこの企業

---

6) 金融化に着目する欧米の広義の政治経済学者には，ポストケインズ派，レギュラシオン派，マルクス派，社会経済学派などが含まれる。加えて，一部の地理学（経済地理学）者，社会学（経済社会学）者，政治学者，歴史学者など広範な社会科学者も金融化に注目している。一方，わが国では金融化に関する研究はあまり進展していないが，それに着目し，既存の議論を紹介した先駆的文献として，小倉（2006），髙田（2009）を挙げておく。
7) より厳密性を求めるならば，民間非金融企業は，産業分類ごとにさらに細かく区分することが可能，必要であり（製造業，卸売・小売業，情報・通信業，運輸業，飲食業，医療・

図表1-1　民間非金融法人企業の金融資産残高と総資産比

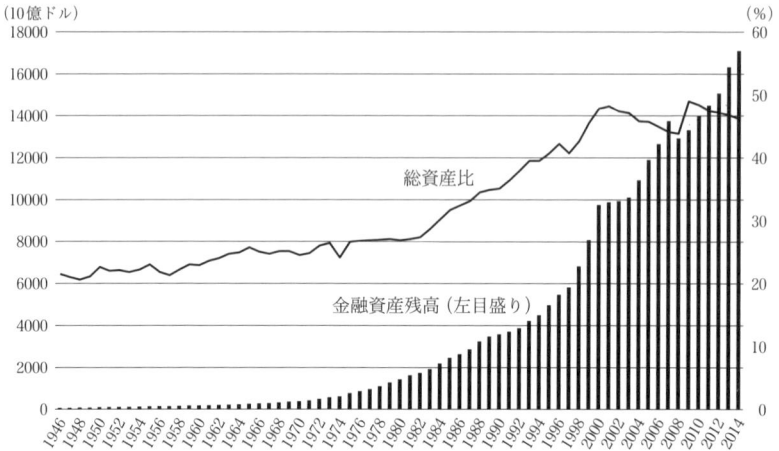

(出所) Board of Governors of the Federal Reserve System, Financial Accounts of the United States, Historical data, Annual, B. 103 (2015年6月公表分) より作成。

の金融化は，大きく「利潤の金融化 (financialization of profit)」と「支配の金融化 (financialization of control あるいは financialization of governance)」の二つの側面に区分できる[8]。

(1) 利潤の金融化

まず利潤の金融化は，具体的には，非金融企業による金融的経路を通じた所得，利潤の取得の拡大，金融的な蓄積行動への依存度の高まりを指す[9]。ここでの金融的経路には，株式・債券に代表される証券やファンド持分の売買といった典型的な金融投資から，デリバティブ，SPEの活用，M&A活動，金融子会社の運営，投資運用会社の利用などまで，広義の金融・財務的諸活動が広く

　　福祉関連など），実際，特定産業，特定企業の事例に特化した金融化アプローチの先行研究も数多く存在している。本稿の焦点は企業の金融化に当てられていないため，本章でもそこまでの分析は行っていない。
8）利潤の金融化と支配の金融化の区別は，Nölke and Perry (2007) に依る。ただし，本稿がそれを使用する場合，彼らとまったく同じ意味で用いているわけでは必ずしもない。
9）利潤の金融化については，一部のポストケインズ派やスウィージーの流れを汲む米国のマルクス派などが中心的に議論を展開している。

図表1-2 民間非金融法人企業の金融資産に占める「雑多な資産」の割合

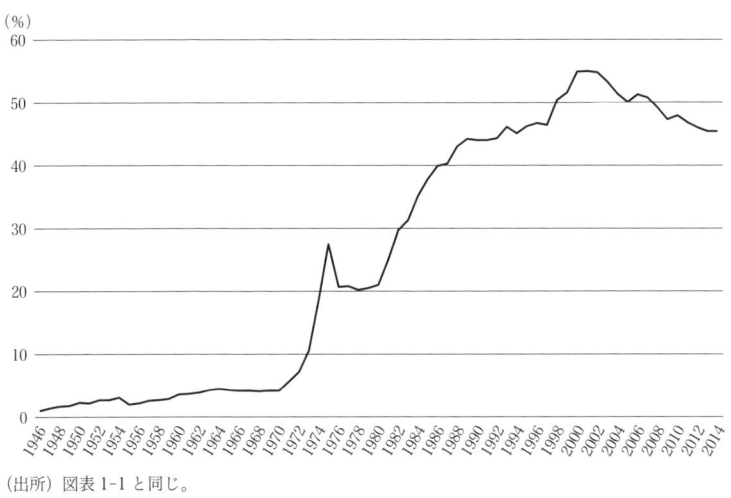

(出所) 図表1-1と同じ。

含まれうる。そしてそうした活動を通じて得られた金利，配当，キャピタルゲイン，手数料などが金融的経路を通じた所得・利潤を構成するが，それらを生み出す最も重要な要因は，非金融企業による金融資産の取得の増大，または保有金融資産の価値増大である。

図表1-1によると，米国の民間非金融法人企業の金融資産残高は，1980年代からその拡大のペースが上がり，1990年代半ばには5兆ドル，2000年代半ばには10兆ドル，現在では15兆ドルを超える規模にまで急激に膨張している。金融資産が総資産に占める比率を見ても，1970年代には20〜30％であったのが，上昇を続けた結果，2000年代には40％台後半に到達している。

それでは，こうした拡大する企業の金融資産は具体的にどのような資産によって構成されるのであろうか。企業の金融資産構成において一貫して相対的に大きなシェアを占める項目には，対外直接投資，売掛債権，定期預金，MMMF持分，当座預金などがある。しかし1980年代以降，急激にシェアを拡大している項目は「雑多な資産 (miscellaneous assets)」である。**図表1-2**によると，米国の民間非金融法人企業の金融資産に占める雑多な資産の割合は，1980年代から急増し，2000年代には全体の約半分を占めるまでに至っている。これら

図表1-3　民間非金融法人企業の金融子会社投資額（ストック）

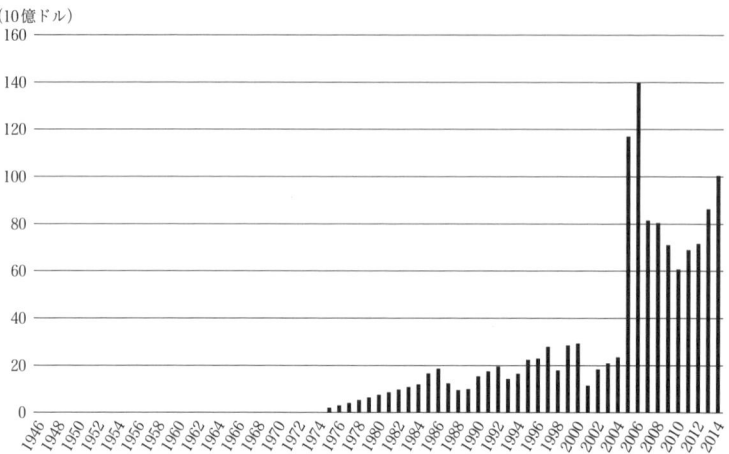

(出所) Board of Governors of the Federal Reserve System, Financial Accounts of the United States, Historical data, Annual, L. 103 (2015年6月公表分) より作成。

雑多な資産には、内訳として明示される項目として、保険契約、金融子会社への投資などが含まれる。実際、**図表1-3**を見ても、それまでほとんど行われていなかった米国の民間非金融法人企業による金融子会社投資額が、1980年代から徐々に増加し、1990年代には200億ドル規模になり、特に2000年代後半には1,000億ドルを超える水準にまで急増している。この時期に、非金融企業が金融業に積極的に参入している事実が分かる[10]。しかしこれらは雑多な資

---

10) 非金融企業による金融業への参入が緩和され始める（本業に直接関連しない金融業務まで広く認められるようになる）1980年代以降、エンロン (Enron) のような新興企業に限らず、ゼネラル・モーターズ (General Motors: GM) やゼネラル・エレクトリック (General Electric: GE)、フォード (Ford) といった米国の主要製造業大企業も軒並み金融子会社（それぞれ、ゼネラル・モーターズ・アクセプタンス (General Motors Acceptance Corporation: GMAC)、GEキャピタル (GE Capital)、フォード・モーター・クレジット (Ford Motor Credit)）からの収益を拡大させている。たとえば2003年時点で、GEのグループとしての純利益の42％はGEキャピタルによって生み出されており、近年でも半分以上のシェアを占めている。また同じ2003年、GMとフォードはほぼすべての純利益を消費者リース事業から計上している。2004年にはGMACは29億ドルの所得を取得しており、GMの全所得の約80％の貢献をした。シアーズ (Sears) やターゲット (Target) に代表される小売業でも金融子会社依存は高まっており、2007年にはシアーズの税引前所

第1章　金融化とその諸現象　25

図表1-4　民間非金融法人企業の総所得に占める受取金利、受取配当の割合

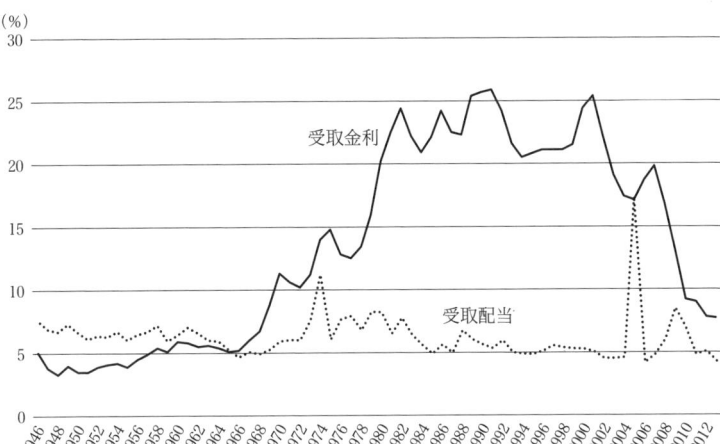

(出所) Board of Governors of the Federal Reserve System, Financial Accounts of the United States, Historical data, Annual, S. 5. a (2015年6月公表分) より作成。
(注) 非金融法人企業の総所得は、純営業余剰 (operating surplus, net：純付加価値から被用者報酬と、生産や輸入にかかわる税金などを引いたもの) に受取財産所得 (property income (received)：受取金利、受取配当、対外直接投資の再投資収益からなる) を加えたものとする。そこから支払財産所得 (uses of property income (paid)) を引いたものが企業の国民純所得 (net national income) となる。

産の一部を占めるにすぎず、その圧倒的大部分は「不明」である。いわゆる安全資産に分類される金融資産は公的統計でそのほとんどが捕捉されていることを想定すると、不明という事実が示すのは、少なくともその大きな部分をリスク資産が占めていることである。

以上のような民間非金融法人企業による金融子会社投資を含む金融資産の取得・保有、金融資産残高の高まりに伴って、企業の経常的な所得に対して、金

得の3分の1がハイリスク金融取引によって生み出されており、2000年代初めにはターゲットの純利益の約15％がクレジットカード業務から生み出されていた。またウォール街のアナリストの推計では、2000年におけるS&P 500企業の収益の約40％が貸出、トレーディング、ベンチャー投資、その他金融業務から生み出されており、その3分の1は非金融企業によって取得されたものであったとされている (Blackburn (2006), p. 44, Lin and Tomaskovic-Devey (2013), pp. 1291-1294)。もちろん、非金融企業において金融業務が役割を高めている事実は、裏を返せば、金融部門で巨額の損失が出た場合にはグループ全体の損失に直結するということでもある。

融資産に付随する所得が貢献する度合いも高まってきている。金融資産に付随する所得の代表は，受取金利と受取配当である。**図表1-4**によれば，米国の民間非金融法人企業の総所得に占める受取金利，受取配当のシェアは，1960年代までそれぞれ5％前後であったのが，1980年代以降，受取配当には目立った変化を見出せない一方，特に受取金利が20％超へと急速に拡大している。ここから，企業は増大させつつある金融資産のうち，負債性資産の所有とそれに基づく収益を大幅に拡大させていることが分かる。一方，注意が必要なのは，ここには金利，配当以外の金融的所得が含まれていないことである。たとえば保有資産の値上がり益，すなわちキャピタルゲイン（M&Aに関わるものも含む）や，上述の金融子会社を運営することによる収益，オフバランスのSPEを経由した収益などは含まれていない[11]。これらの規模について，公表されているマクロ統計から正確な値を知ることはきわめて困難である。

　こうした企業の所得，利潤の獲得経路が金融化していっていることに関して留意が必要なのは，企業はそのプロセスで金融資産を増大させると同時に負債も増大させている事実である。**図表1-5**によると，米国の民間非金融法人企業の負債（信用手段（credit instruments））残高は，金融資産残高同様，1980年代からその増大していくペースが上がり，1990年代には2兆ドル，2000年代には4兆ドル，現在では6兆ドルを超える規模にまで急激に膨らんでいる。それらが総資産に占める比率を見ても，1970年代には10〜20％であったのが，1980年代には20％台を超える水準に到達している。こうした企業負債の増大には様々な要因が想定されうるが，そのきわめて重要な要因の一つが，企業による金融的活動，特にM&A活動の活発化の影響である。これについては第3

---

11) キャピタルゲインを含む統計に，内国歳入庁（Internal Revenue Service: IRS）が公表する「Corporation Complete Report」（http://www.irs.gov/uac/SOI-Tax-Stats-Corporation-Complete-Report）の各年号がある。Lin and Tomaskovic-Devey (2013), p. 1287は，同データを用いて企業の金融所得（financial income: 金利，配当，ネットのキャピタルゲインの合計）を計測した結果，非金融企業の実現利潤（realized profit）に対する金融所得の比率は，1970年代まで20％程度であったのが，1980年代に入って急速に上昇した結果，1980年代半ばには30％台を超え，その後も維持されていること，その傾向は特に製造業企業でより顕著に見られ，1990年代には40％，2000年代には50％を大きく超えていることを示している。

図表 1-5　民間非金融法人企業の負債（信用手段）残高と総資産比

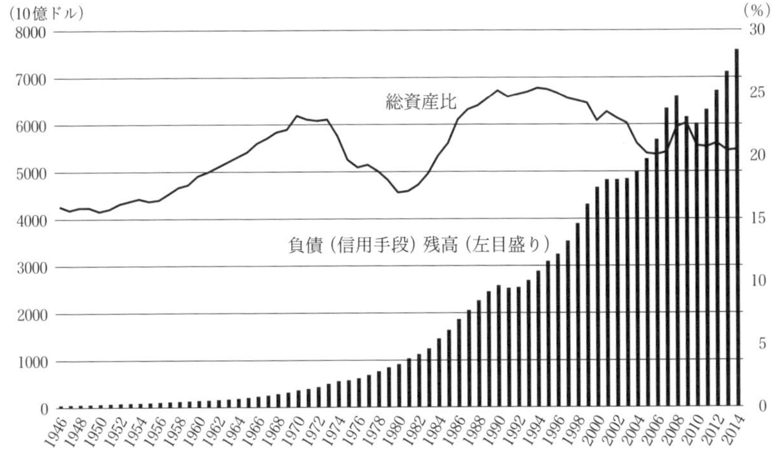

（出所）図表 1-1 と同じ。

　章で詳しく述べる。ともあれ，こうした企業による金融資産と負債の両建てでの増大という事実の評価についてはより詳細な分析が必要になるだろう。少なくともそれは，企業が単に余裕資金を金融投資に向けているとする理解や，既存の経営資源を金融的経路にシフトさせているという理解だけでは捉えきれない事態とも言える。それらはたしかに行われていようが，加えて，負債増大も伴い（レバレッジを高め）ながら，より積極的に金融活動に参入していることが想定される。

　以上，利潤の金融化の下，企業は金融資産や金融業務からの収益への依存度を高めているが，そのことは企業業績が以前より金融市場の好不調に強く影響されるようになってきていることを意味する。金融市場の状況はこれまでも企業の資金調達面で重大な影響を与えてきたが，その影響が運用側にも広がることで，いまや企業経営に最も強力な影響力を持つ要素になったと言っても言い過ぎではない。先の定義に従うならば，ここでは非金融企業自らが金融的主体や金融機関のように振る舞うようになるにつれて，金融が非金融企業に対して持つ影響力は，金融的動機の高まりや金融市場というルートを通じて相対的に発揮されていると認識できる。

図表 1-6 株式保有主体に占める広義の機関投資家の割合

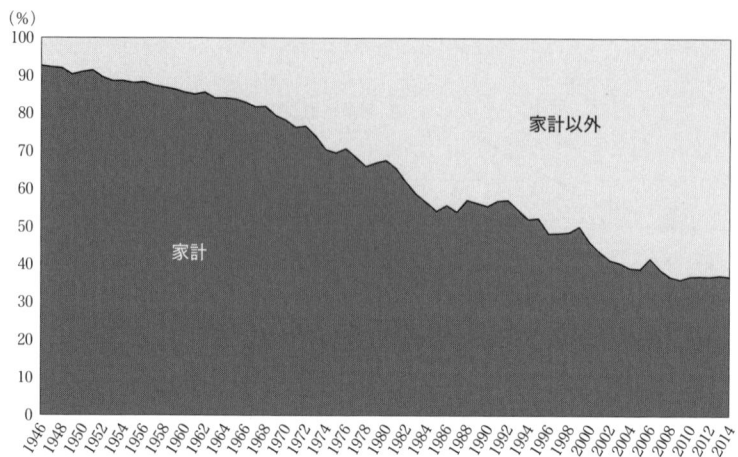

(出所) Board of Governors of the Federal Reserve System, Financial Accounts of the United States, Historical data, Annual, L. 213 (2015年6月公表分) より作成。

(2) 支配の金融化

次に支配の金融化は，具体的には，企業統治における株主，特に機関投資家の優位性が高まり，株主価値を最重要視した経営が非金融企業に半ば強制されていくプロセスを指す[12]。これは最も直接的には，株式保有主体としての機関投資家の地位の高まりによってもたらされる。**図表 1-6** によると，米国の民間非金融法人企業の発行済み株式時価総額のうち，家計が保有する割合は，戦後すぐには約90％を占めていたが，1970年代以降急速に縮小し，1990年代には50％を切り，2000年代には約40％にまで低下している。家計を個人投資家，逆に，家計以外の株式投資家を，集団投資スキームという意味での広義の機関投資家とするならば，それらによる株式保有は急速に拡大し，1990年代以降は過半数を占めている。

ところで，そもそも機関投資家は，顧客から資金の運用を任され，顧客の投

---

[12] 支配の金融化については，金融化アプローチによる分析が最も進んでいると言え，レギュラシオン派，ポストケインズ派，社会経済学派などを中心に多数の研究成果が残されている。さしあたり，Orhangazi (2008)，Krippner (2011)，Stockhammer (2013)，Lazonick (2013)，Palley (2013) などを参照。

図表1-7 民間非金融法人企業の総所得に占める支払金利，支払配当の割合

(出所) 図表1-4と同じ。

資目的に従い，予定した運用成績を達成することを最大の目的とする。そのため，株式投資のリターンの悪化が見込まれる場合には，保有株式を売却する (exit) か，当該企業に対して株主としての諸権利を行使してリターンの改善を図る (voice) かを選択する。後者のルートは多様であるが，その一つが，企業に対して，利益を配当として株主に分配するよう要求することである。**図表1-7**によると，米国の民間非金融法人企業の総所得に占める株主への支払配当が占めるシェアは，1970年代まで20％台中盤から前半で推移しながら漸減傾向にあったが，1980年代後半に上昇に転じ，1990年代以降は25〜30％で推移するようになっている。また株主にとってのリターンを高める別のルートとして，自社株買いがある。自社株買いは，市場に出回る株式数を減らすことから，一株当たり利益 (earning per share: EPS) を引き上げ，株価を吊り上げる効果がある。指摘されるところでは，米国企業の総付加価値に占める自社株買い額の比率は，1970年代までほぼゼロであったが，1980年代以降は平均3％前後となり，特に2000年代には約3兆ドルもの自社株買いが行われたとされる[13]。

---

13) 小倉 (2013b)，64頁。

さらに図表1-7からは，配当に限らず，支払金利も，1970年代以降，急速にそのシェアを高めており，1990年代には総所得の40％前後もが金利として支払われるようになっていることが分かる。こうした金利支払いの増大は，上述のように，第3章で検討する企業のM&A活動活発化（コーポレート・コントロール (corporate control) 市場の成立）に関わる負債の増大と密接な関連を持っているのであるが，その重要な背景として，機関投資家による株主価値を高める要求が強く影響していたことが指摘されている[14]。

これら企業による配当支払い，自社株買い，金利支払いといった事柄が絶対的にも相対的にも増大している事実は，いずれも機関投資家が企業経営者に株主価値を高める要求を強めた結果として認識される。

さて，上述のように，株式保有主体として勢力を拡大している機関投資家であるが，そこにどこまでを含めるかについて必ずしも明確な境界が定められているわけではない。一般に理解されるところでは，その投資運用スタイル別に，パッシブ (passive) 運用（株価指標などのベンチマークに連動する成果を目指す運用）を主要な投資手法とする年金基金や保険会社，アクティブ (active) 運用（ベンチマークを超える成果を目指す運用）を主要な投資手法とするいわゆる代替投資ファンド（ヘッジファンドやPEファンド，ベンチャーキャピタル (venture capital) など），両者にまたがる様々な種類のミューチュアル・ファンドがその代表例となっている。そして支配の金融化の下，株主，特に機関投資家の企業経営に対する影響力が急速に高まっているとされるが，その主体として特に注目が集まっているのがPEファンドや一部ヘッジファンドなどに代表されるアクティビスト (activist) 投資家である。近年，それらの資産は増大を続け，大口株主として高配当を要求するような形で直接に，または資本市場（敵対的買収 (hostile takeover) や株式売却の圧力など）を通じて間接に，企業に株主価値経営の実施を強力に要請しているとされる[15]。金融化の先の定義に従う

---

14) Orhangazi (2008), p. 20 も参照。
15) 一例として，Greenwood and Schor (2008) の推計によれば，米国で1994年から2006年に取られたアクティビスト的イベント（企業経営に影響力を与えることを目的に株式の5％以上保有することをアナウンスした事例）は，1994年には10件であったが，1998年には74件，2002年には89件，2006年には137件と，年々増加傾向にある。またKaplan

ならば，ここでは金融の影響力は，金融的主体（機関投資家）や金融市場（株式市場及びM&A市場）を通じて相対的に発揮されていると認識できよう。

III 企業の金融化以外の構成要素
——家計の金融化，政府の金融化，金融の深化——

　初期的な金融化アプローチは，以上のような，利潤の金融化と支配の金融化という，二重の意味での企業の金融化に重点を置いて分析を進めてきた。一方，上述のエプシュタインの定義が示す金融化の構成要素は企業の金融化だけに留まらない。経済部門別に見るならば，企業以外の主要経済部門である家計，政府の行動変化にも，そして同時に金融部門自体の変化にも，それら企業の金融化と並ぶ重要な事象として，同時に注目が向けられなければならない。本稿はそれらを「家計の金融化 (financialization of household sector または household financialization)」，「政府の金融化 (financialization of government sector または government financialization)」，「金融の深化」と呼ぶ。それぞれ確認していこう。

(1) 家計の金融化

　まず家計の金融化について確認する。家計は，マクロ経済統計上，企業と並ぶ民間経済主体であり，一国の資金循環における主要な資金の出し手である。ここで，本稿で捉える家計の金融化には，狭義には，家計（富裕層から貧困層まで幅広く含まれる）による金融投資や金融負債のフロー，ストックでの拡大などが含まれる。広義には，それらに加え，家計の日常生活に対する文化・思考的な側面での金融的影響，金融的計算の日常への組み込みなども含まれうる。
　家計の金融化を示す主要な量的指標として，たとえば**図表1-8**によると，米

---

and Stromberg (2008), pp. 7, 36 によると，PEファンドへの年間投資金額は，1980年には約2億ドルであったが，2007年には2,000億ドル以上にまで拡大しており，世界でPEファンドがスポンサーとなって行われた買収 (LBO) は，1985-89年の5年間では取引金額が約2,570億ドル，件数が642件，1990-94年では約1,490億ドル，1,123件，1995-99年では約5,540億ドル，4,348件，2000-04年では約1兆550億ドル，5,673件，2005-07年6月では3兆6,170億ドル，17,171件であり，それらの約半分が米国（とカナダ）で実施された。

図表 1-8　家計（非営利組織含む）の金融資産残高と総資産比

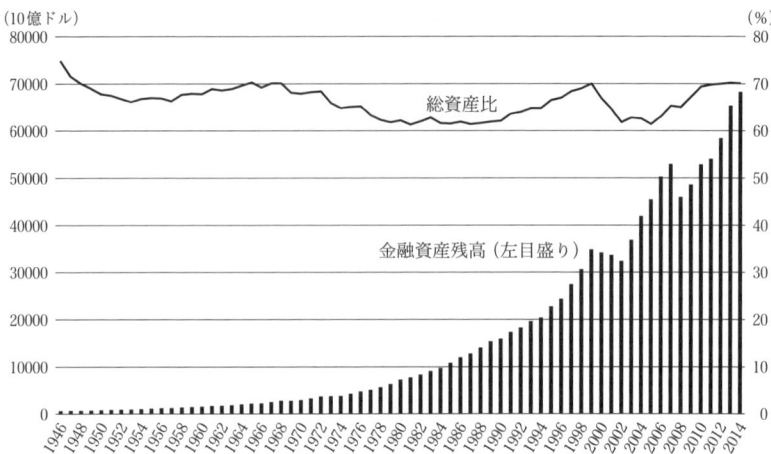

(出所) Board of Governors of the Federal Reserve System, Financial Accounts of the United States, Historical data, Annual, B. 101（2015年6月公表分）より作成。

図表 1-9　個人の金利・配当所得と可処分所得に占める割合

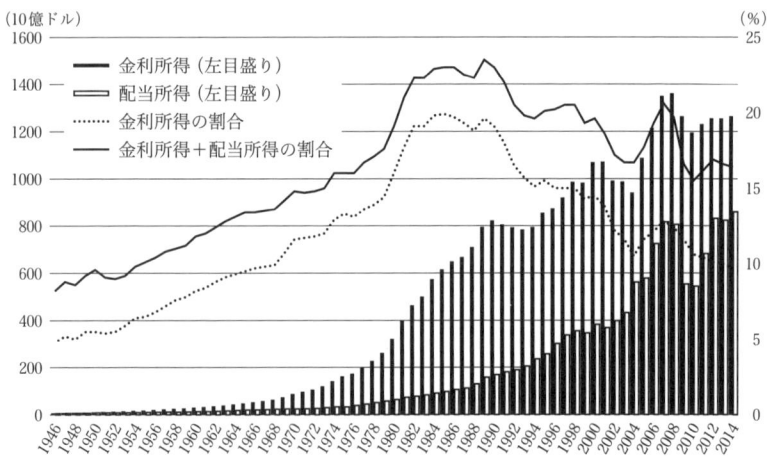

(出所) Bureau of Economic Analysis, National Income and Product Accounts (NIPA), Table 2. 1, 7. 10, 7. 11 より作成。
(注) ここでの個人 (persons) には非営利組織や個人企業を含まない。なおNIPA統計において，金利には「Monetary interest（名目利子）」と，「Imputed interest（帰属利子）」という二つの概念がある。帰属利子は受取利子から支払利子を引いた実質の利子である。本図表及び図表 1-11 における「金利」は名目利子を指す。

国の家計（非営利組織を含む）の金融資産残高は，1980年代以降，急速に増大し，1990年代半ばに20兆ドルを超えた後，2000年代に入って30兆ドル台から加速度的に60兆ドルを超える水準まで到達していることが分かる。総資産に占める金融資産の割合には目立った上昇傾向が見られないが，これは総資産のうち金融資産以外の最大の要素である不動産の保有が同時に増加しており，それらの価格が上昇を続けてきた影響でもある。家計はこれら不動産保有の一部も，実質的な金融投資として行っている[16]。

　家計の金融資産の内訳については次章で詳しく検討する。結論を述べれば，企業と同様，やはり家計もリスク資産の保有を増大させており，それによって金融所得への依存度を高めている。**図表 1-9** によると，米国の家計の金利所得と配当所得は1980年代以降，いずれも急速に増大しており，特に金利所得は1980年代に2,000億ドル程度から約8,000億ドルまで10年間で4倍近くも増えており，1990年代にも増加傾向を見せた結果，2000年代には1兆ドルを大きく超える水準に至っている。配当所得については1980年代以降，着実に増加し，ピークの2000年代半ばには約8,000億ドルとなっている。またそれらが可処分所得に占める割合も，やはり上昇を続けており，1990年代前半にピークを迎えた後，漸減傾向を示している。一方，企業部門同様，ここには金融的所得のうちキャピタルゲインの実現益などが含まれていないことには注意が必要である。また詳細は次章に譲るが，家計の金融資産増大は一部の富裕層に限らず，広く一般家計を含む形で展開しており，それらは主にミューチュアル・ファンドや年金基金（特に確定拠出 (defined contribution) 型年金）などへの投資拡大に依っている。それらの実現益もこの図表の金利・配当所得には含まれない。**図表 2-5** に示されるように，1990年代以降，家計が保有するそれら資産の残高は急増しており，ここでの金利・配当所得のシェア漸減をカバーして余りある所得を生み出していたことが想定される。両者を含む家計の金融的所得は，この図表で示されたものよりも大きくなる可能性が高い。

　なお，そうして年金基金やミューチュアル・ファンドなどに集中した家計資金は，上述の企業による投資運用の増大とも相まって，機関投資家の資産増大

---

16) Greenspan and Kennedy (2007).

図表 1-10　家計の負債（信用手段）残高と総資産比及び住宅モーゲッジ残高

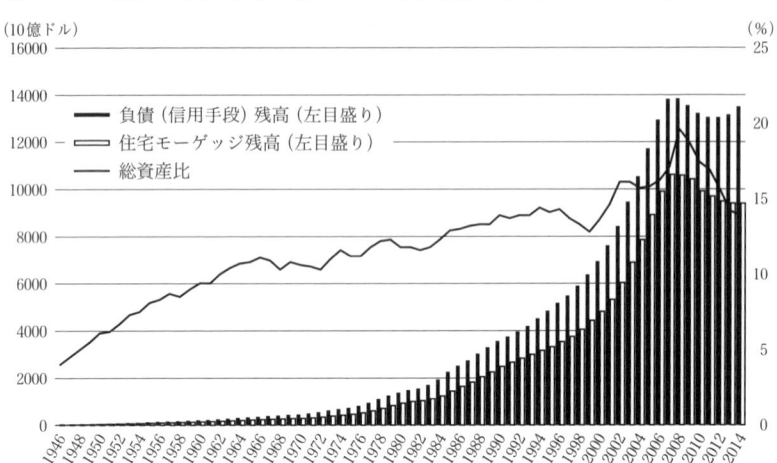

(出所) 図表 1-8 と同じ。

に重大な貢献をした。こうしたますます増大を続ける機関投資家の資金は，多くは安定的なリターンを求めて国債に代表される安全資産に，一部はよりハイリターンを求めてリスク資産や代替投資などに流れていくことになる。これは金融化の歴史的展開においてきわめて重要な事実であり，この点については第4章以降で検討する。

　さて，家計の金融化を理解するうえでは，企業の金融化同様，バランスシートの両面に目を向けることが重要である。つまり，金融資産の増大に加え，家計は負債面でもその負担を増大させている。**図表 1-10** によれば，1980年代以降，米国の家計の負債残高と総資産比は急増しており，残高は1980年代半ばに2兆ドル，1990年代半ばに4兆ドルを突破し，2000年代を通じて約6兆ドルから12兆ドルを超える水準にまで激増している。こうした家計負債の増大には，消費者ローン，自動車ローン，学資ローン，クレジットカード・ローンなど，主に銀行以外の主体が提供する，様々な形態での貸出の増大が影響しているが，**図表 1-10** から一見して明らかなように，そこに最も貢献したのは住宅モーゲッジ (mortgage: 抵当貸出) の増大である[17]。住宅モーゲッジの急増は，政府による持ち家促進政策，低金利政策などの影響や，後述の政府支援機関

図表1-11　個人の支払金利と可処分所得に占める割合

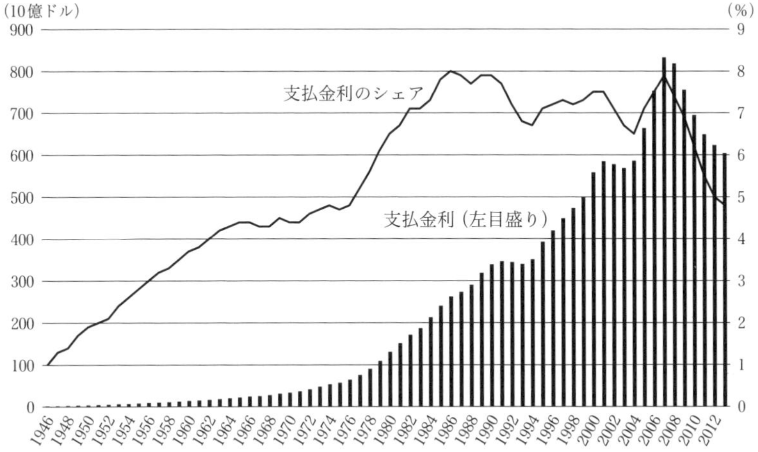

(出所) 図表1-9と同じ。

(government sponsored enterprise: GSE) による貸出や保証，そして特に1990年代後半以降における住宅金融専門会社による貧困層を対象としたサブプライムローン (subprime loanあるいはsubprime lending) の急拡大などを通じて実現された。

　そうした住宅モーゲッジが主導する家計負債の増大により，家計の所得に占める金利支払いの負担も急速に増大している。**図表1-11**によれば，米国の家計による支払金利総額は，1980年代以降急増しており，1980年代に2,000億ドル，1990年代半ばに4,000億ドルを超え，ピークの2000年代半ばには8,000億ドル台に到達している。それとともに可処分所得に占める支払金利の割合も高まっており，1970年代前半まで4％程度であったそれは，1980年代以降，8％前後へと倍増している。

　このように家計は，先の定義に従うならば，その資産・負債両面で，金融的

---

17) 家計の負債の高まりについては，より詳しくはFRBのSurvey of Consumer Finances (http://www.federalreserve.gov/econresdata/scf/scfindex.htm) の各データを参照。2010年版データによると，家計負債に占める住宅モーゲッジの割合は年々高まっており，1989年に71.3％だったのが，1995年に78％，2004年に79.3％，2010年には79.5％に上昇している。

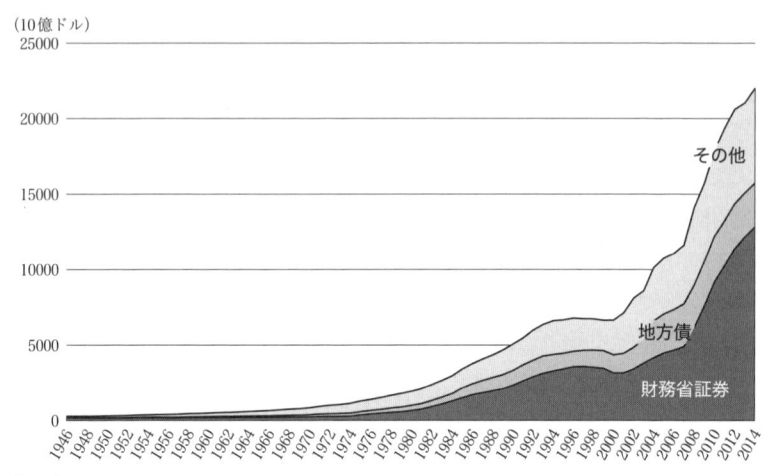

図表 1-12 米国の公的主体の負債残高

(出所) Board of Governors of the Federal Reserve System, Financial Accounts of the United States, Historical data, Annual, L. 105 (2015年6月公表分) より作成。
(注)「その他」には,米国貯蓄債券,買掛債務などが含まれるが,いずれも小規模であり,圧倒的大部分は「雑多な負債 (Miscellaneous liabilities)」である。

動機,金融市場,金融機関などを通じて,以前よりも金融の影響を強く受けるようになり,今や家計自体が,機関投資家への資金の究極的出し手として,主要な金融的主体にもなっていると言える。こうした家計の金融化については,量的にそれほど多くはないものの,一部の先行研究が注目を寄せている[18]。

(2) 政府の金融化

次に政府の金融化について確認する。政府は,企業と家計という二大民間経

---

[18] たとえば Martin (2002), Ertürk et al. (2005), Montgomerie (2007), Bryan et al. (2009), Davis (2009), Fligstein and Goldstein (2015) などを参照。マルクス派の Bryan et al. (2009) は,家計の金融化は,マルクス (Karl Marx) の想定する労働者とは異なる,労働力の再生産を金融的に行う (様々な金融的エクスポージャー (exposure) に晒され,それらを自主的に管理し,それらの影響下で消費を行う)「資本としての労働者 (labor-as-capital)」という新しい階級を (あくまで資本自身のために) 生み出した,という興味深い主張を行っている (pp. 462-464, 468-470)。また家計の日常生活は経済的活動 (消費や労働など) だけでなく非経済的活動 (教育など) によっても構成される。そうした分野の金融化にも,社会学者を中心に少しずつ注目が集まり始めている。たとえば Eaton et al. (2016) などを参照。

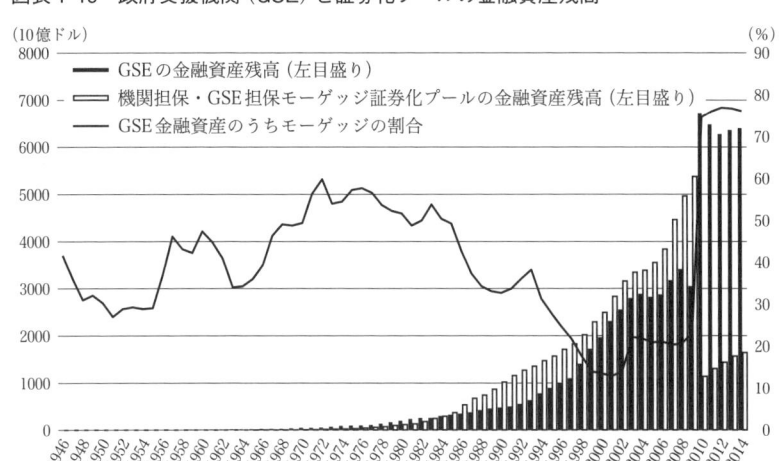

図表 1-13　政府支援機関（GSE）と証券化プールの金融資産残高

（出所）Board of Governors of the Federal Reserve System, Financial Accounts of the United States, Historical data, Annual, L. 124, 125（2015年6月公表分）より作成。
（注）2007-09年の危機を経て，バランスシートから切り離されていた保証モーゲッジが吸収されたため，金融資産残高が急増し，逆に証券化プールが急縮小している。

済主体と並び，一国の資金循環において重要な役割を担っている。政府の金融化という用語は本稿が独自に使用するもので，金融化アプローチの先行研究にその使用は見られない。具体的には，主に政府（中央政府と地方政府。広義には，政府系の民間機関や政府間組織，金融政策実施主体としての中央銀行なども含む）に対する広義の金融の影響力・役割が増大していくプロセスを指す。政府の金融化は，公開情報の制限もあり，定量的に示すことが困難な，定性的側面の強い事象である。そうした事情から，現状では金融化アプローチによる分析がほぼ手つかずであり，まとまった成果は残されていない。そうしたなかでも，公表データやいくつかの信用できる情報に基づき，それを部分的に示すことは可能である。

　政府の金融化を示す個別的事象として，第一に，政府による負債の急増がある。**図表 1-12**によると，米国の公的主体による負債残高は，連邦政府による財務省証券（Treasury Bill: TB）と地方政府による地方債の発行残高及び総負債残高が1980年代以降，増加傾向にあり，1990年代に落ち着きを見せた後，特に2000年代だけで3倍近くに膨れ上がっている。政府負債の急増の背景は

様々であるが，いずれにせよ政府にとっては，こうした債券を売れ残ることなく売却できるかや，それらの流通市場での価格，利回り，格付けの変化などの諸条件が，自らの資金調達に決定的な影響を与えることになる。またこれら公共債は金融市場において圧倒的規模を持ち，主に金融機関と機関投資家によって大量に保有・取引され，中央銀行の金融政策でもオペレーションの対象になったり，貸出の担保に利用されたりもしており，その供給量や利回りなどが金融市場の全体的動向に重要な影響力を持つ。そうした状況から現在では，政府は，常に金融市場や金融機関，金融的主体（機関投資家）の動向・反応を意識して行動しなければならなくなっている。

　政府の金融化を示す事象は，政府の負債増に留まらない。第二に，政府の金融資産残高も増加を続けている。**図表1-12**と同じデータによると，それは1985年には約1兆ドル，1995年には約1兆5,000億ドル，2005年には約3兆ドル，直近の2014年では約5兆ドルとなっている。加えて，**図表1-13**によると，米国GSEの金融資産残高が，1970年代以降に急増し，1990年代後半に1兆ドル，2000年代後半には3兆ドルを超えている。GSEは民間の株式会社であり，政府が出資しているわけではないが，事実上，政府による公共政策の実施機関としての位置付けを持つ。それらは特に住宅政策において重要な役割を果たしており，政府の持ち家拡大政策を促進する目的に即した住宅金融サービスの提供，具体的には主に住宅金融専門会社による住宅モーゲッジの保証を行う。そうした住宅金融を通じた政府系機関の資産増大はたしかに政府の金融化の一側面であるが，それだけではその重要性のすべては見えてこない。なぜならこれら機関は資産の大部分をバランスシートから切り離しているからである。より重要なのは，それらが保証を行った住宅ローン債権を担保に発行された債券（政府機関保証債）が，事実上の政府保証付き債券＝信用力のきわめて高い安全資産として，金融市場に大規模に流通していた事実である。**図表1-13**からも，それら証券化のための債権プールの資産規模が1980年代以降，急増していることが分かる。このように，政府は間接的に，自ら金融機関としての役割も強めている。

　また政府の金融化の第三の側面として，公的ファンド，特にいわゆる「政府系ファンド（sovereign wealth fund: SWF）」の急速な拡大を指摘できる。SWFとは，

図表 1-14　公的ファンドのランキング（2014年12月：10億ドル）

	ファンド名	国名	種類	運用資産
1	Social Security Trust Funds	アメリカ	国民年金	2789.5
2	年金積立金管理運用独立行政法人	日本	国民年金	1100
3	Government Pension Fund Global	ノルウェー	SWF	863
4	Abu Dhabi Investment Authority	UAE	SWF	773
5	SAMA Foreign Holdings	サウジアラビア	SWF	757.2
6	中国投資有限責任公司	中国	SWF	652.7
7	中国国家外貨管理局	中国	SWF	567.9
8	Kuwait Investment Authority	クウェート	SWF	548
9	韓国国民年金公団	韓国	国民年金	455
10	Stichting Pensioenfonds ABP	オランダ	公的年金	440
11	Federal Retirement Thrift Investment Board	アメリカ	公的年金	439.7
12	香港金融管理局	香港	SWF	400.2
13	Caisse des Depots et Consignations	フランス	公的年金	353.5
14	シンガポール政府投資公社	シンガポール	SWF	320
15	California Public Employees' Retirement System	アメリカ	公的年金	292.9

（出所）ソブリン・ウェルス・ファンド・インスティテューションのHP (http://www.swfinstitute.org/public-fund-league-table/) より作成。

広く認識されるところでは，政府が出資する投資基金（社会保障のための基金は除く）を指し，外貨準備（中央銀行除く）や経常収支黒字，原油などの商品輸出の収益などがその原資となる[19]。2014年12月時点での，年金も含む世界の広義の公的ファンドの運用資産残高は約21兆ドル（10億ドル以上運用資産を持つファンドの総計）と見積もられているが，**図表 1-14** によれば，それらの運用資産規模上位15位までのうち，SWFが半分以上を占め，その大半がアジアの新興国，産油国が運営するものである。SWFの資金は，その多くが公共債や政府機関保証債など流動性の高い安全資産に向かい，一部は株式などのリスク資産や流動性が非常に低くよりハイリスクな代替投資に向かうなど，様々なクラスの金融資産にきわめて大規模に分散的に運用されている[20]。そのため，

---

19) http://www.swfinstitute.org/sovereign-wealth-fund/
20) 加えて，2007-09年の国際金融・経済危機のプロセスで巨額の損失を被った米系大手金融機関は，これらSWFから巨額の出資を受けることになった。特にアブダビ投資庁，シンガポール政府投資公社，中国投資有限責任公司といった中東・東アジアのSWFが，シティグループ (Citigroup)，メリル・リンチ (Merrill Lynch)，モルガン・スタンレー (Mor-

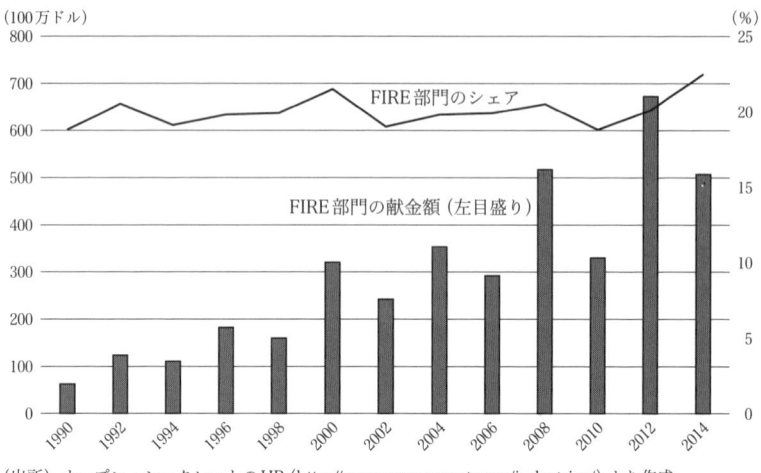

図表 1-15　FIRE部門の献金額と全部門に占めるシェア

(出所) オープン・シークレットのHP (http://www.opensecrets.org/industries/) より作成。

　これらが金融市場に対して持つ影響力も広範かつ非常に大きなものとなっている。一方，このことは，それらを大規模に行う政府の財政が金融市場の好不調に大きな影響を受けることも意味する。このように，政府は直接・間接に，金融的主体として重要な役割を果たすようになっており，その中で，金融市場と政府の相互依存関係も強まっていると言える。

　最後に政府の金融化をより直接的に示す指標として，金融部門による政治献金 (contribution) の高まりを指摘できる。**図表 1-15** は，公表情報に基づいて米国のNPOが発表した，米国の金融，不動産，保険 (Finance, Real Estate, Insurance: FIRE) 部門による，1990年以降の，民主，共和両党への選挙献金額と，その全部門に占めるシェアを示している。FIRE部門の献金額は記録が残されているこの25年間を見ても，1億ドル規模から5億ドル以上へと増加を続けており，その全部門におけるシェアも一貫して20％前後で首位を占め続けている。こうした金融機関の政治的影響力の存在と行使，その高まりについて，本稿は金

gan Stanley) といった大手金融機関に数十億ドルの出資を行っている (それらの一部はすでに売却済みである) (Tett (2009), 訳, 297-298頁)。

融権力という概念で把握すべきと捉えており，この点は第7章と終章でより具体的に検討する。

　以上見たいくつかの事例以外にも，たとえば大規模公共事業への批判，財政規律の重視，「小さな政府」論の展開などに基づく財政政策の行き詰まりを背景とした，政府の金融政策への依存度の強まりや，産業構造の変化，特に製造業の停滞を背景とした，経済成長のけん引役としての金融市場，金融業への政府の期待（「金融立国論」などと呼ばれることもある），政府と金融業界が協力して推進する，「金融リテラシー (financial literacy)」を家計につけさせようとする「金融教育」なども，政府の金融化を示す事例として指摘できよう。ともあれ，これらにより，政府に対する金融の影響力が，1980年代以降より多様なルートを通じて直接・間接に強まっており，逆に，金融に対する政府の影響力も強まっていること，つまり両者の相互依存性が高まっている事実を，部分的ではあるが認識することができた。政府の金融化の証拠については，本稿を通じてさらに補強されていく。

(3) 金融の深化

　さて，金融化の構成要素として最後に指摘すべきが，金融の深化である。ここでの「金融」は，上述のように，マクロ経済統計上の経済主体としての「金融部門」を含む，広義の金融である。金融の深化という用語も，政府の金融化同様，本稿独自に使用するものであり，金融化アプローチの先行研究による使用は見られない[21]。具体的には，広義の金融が，それ自体として，金融グローバル化や情報化，金融イノベーションなどを通じて，その金融技術，金融商品，金融手法，金融業務などを多様化・高度化・複雑化させていく，金融の内生的な (endogenous) 発展プロセスを指す。金融の深化は，公表データの制限はあるものの，非常に多様に定量的指標で示すことが可能である[22]。

---

21) 「金融の深化」という用語自体は，「経済社会における金融的選択肢の拡大とそのポジティブな効果」といった意味で，開発経済学のテキストなどで使用される。一方，本稿が捉える金融の深化は，それらも含む，より広義の金融の質的・量的な発展・高度化・進化のプロセスであり，開発経済学的文脈に見られる途上国やそのポジティブな効果を前提とするものではない。

そしてこの金融の深化こそが，金融化アプローチの先行研究による着眼・分析が特に薄い分野である一方，本稿の中核を占めるテーマでもある。上述の，企業の金融化，家計の金融化，そして政府の金融化が，この金融の深化と密接に結びつきながら展開してきた証拠については，本稿全体を通じて詳細に示されていくことになる。

IV　金融化の体系的説明の試み

　以上，詳しく見てきたように，金融化は，企業，家計，政府という各経済部門に対する，広義の金融の，より多様な経路を通じた影響力・役割の高まりを示す諸事象＝各部門の金融化を構成要素として包含・統合した，1980年代以降の歴史的プロセスとして捉える必要がある。ここでは，影響主体としての金融には，銀行だけでなく投資銀行・証券会社，ファイナンス・カンパニーなどの多様な金融機関が含まれるだけでなく，様々な金融的主体 (特に機関投資家)，金融的動機，金融市場なども含まれるようになっており，その金融自体が，金融化のプロセスを通じて質的・量的に変容・深化を続けている。他方の被影響主体には，企業だけでなく家計や政府も全面的に含まれるようになっており，それら自体が場合によっては金融そのもの (金融的主体，金融機関) になっている。加えて，影響が伝わっていく経路も，かつてのような融資や株式保有，取締役兼任などに基づく直接取引関係によるものに留まらず，市場の価格変化や流動性の状況，格付けや自己資本比率に代表される諸制度，そして文化・思考・慣習的影響といった，より間接的な経路が重要性を増していっている。

　一方，それら各部門の金融化を足し合わせれば経済全体の金融化になる，という単純な理解では未だ不十分である。金融化をより体系的に理解するには，各部門の行動が，互いに強く影響し合い，依存し合いながら，経済全体の金融

---

22) 小倉 (2013b)，53-56頁。一例として，金融の深化の過程で，マクロ経済統計上の金融部門はそのバランスシートの両面を急激に膨張させており，金融資産残高は，対GDP比で1970年に約150%，1995年に約300%，2007年に約450%となっており，金融負債残高はそれぞれ約10%，約60%，約115%となっている。

化のプロセスを構成しているという視点を持つことがきわめて重要になる。上述のように，先行研究はすでにそうした金融化の体系的説明を試みており，それらの成果は大きく三つに区分することができる。

　まず金融化アプローチの先行研究は，主に企業の金融化に初期的な焦点を当ててきたこともあり，金融化を体系的に説明しようとする試みも，それら企業の金融化を基軸に行おうとしてきた。この試みはさらに大きく二つの潮流に分かれる。第一は，主に利潤の金融化に基軸を置くものである。それらによれば，金融化の出発点は，非金融企業の生産的投資需要の減退である。1970年代以降，オイルショックや経済の成熟化，産業構造の変化などの下で実体経済が停滞するなかで，収益的な投資機会を見つけられず余剰化した非金融企業資金の一部は，金利支払いや配当分配などを通じて金融部門（金融機関や機関投資家）に移転する。他方で企業は収益の家計への分配を抑制し，内部資金を蓄積したり経営者への支払いを増やす。そして残る一部は，負債を伴いつつ，貨幣資本として，収益性の高さを見込んだ金融投資など金融的な利潤獲得経路に向かう。こうして，企業から金融部門に分配されたり，金融市場に投入された資金は，金融市場内を環流することで金融取引を活発化させる。一方で，家計は，分配の減少を埋め合わせるためにリスクを取って金融投資に参入したり，負債を急速に高める。ここでは，企業の置かれた収益性に関わる状況とそれらへの対応行動，つまり企業にとっての内生要因が軸となり，家計と金融部門の行動が結びつけられて金融化全体が体系的に説明される[23]。

　企業の金融化を基軸に金融化の体系的説明を試みる第二の潮流は，主に支配の金融化に基軸を置くものである。それらによれば，株主，特に機関投資家の地位の高まりが金融化の出発点となる。主に1980年代以降，徐々に積み上がる機関投資家の資金と，学術界における新制度学派 (new institutional economics) による「プリンシパル＝エージェント理論 (principal-agent theory)」の展開は，

---

[23] こうした議論は，米国のマルクス派や一部ポストケインズ派などが展開している。特に Foster and Magdoff (2009) などを参照。彼らは主にスウィージーの議論に依拠しつつ，*Monthly Review* 誌上で「伝統的な」マルクス主義的な立場（実体経済面を重視）から金融化アプローチを展開する。それらによると，資本主義の発展の必然的帰結としての独占化・過剰生産能力と，それに基づく実体経済の停滞傾向が金融化をもたらす最大の契機となる。

株主による企業統治の必要性・絶対化の主張につながっていく。企業経営者はそれに従い，株主価値経営を最重要な経営指針に設定し，株価と株主資本利益率 (Return on Equity: ROE)，総資産（総資本）利益率 (Return on Asset: ROA) などの引き上げのための様々な施策を実施する。機関投資家による四半期レベルでのパフォーマンス評価の下で，経営視点の短期化を余儀なくされた企業経営者は，一方で，利益を短期的に引き上げるために実物投資を縮小して，負債を伴うM&Aや金融投資などの財務的活動の拡大を選択しつつ，労働者には雇用の流動化や労働分配の引き下げなどを強制し，他方で，株主には配当や自社株買いなどを通じて利益の還元を行う。前者は総需要を抑制すると想定され，後者は株価上昇に基づく資産効果を通じて消費拡大につながる可能性もある。ここでは，株主，特に機関投資家の地位上昇と株主価値重視経営の要求，つまり企業にとっての外生要因としての金融要因が軸となり，それに対応する企業の行動がその他の部門に派生的に影響していく形で，金融化全体が体系的に説明される[24]。

以上の，利潤の金融化と支配の金融化という，二つの企業の金融化を基軸に金融化を体系的に説明しようとする先行研究の試みは，金融化アプローチの現時点の到達点とも言える[25]。そうしたなかで最近，第三の潮流として，特に政府の役割に基軸を置き，より包括的な視点から金融化の体系的説明を試みる先行研究も出てきている。それらは，主に階級論・権力論の視点から，株主や経

---

[24] こうした議論は，主にレギュラシオン派や一部ポストケインズ派による議論である。特にレギュラシオン派は，そうした株主価値重視の企業統治をアングロサクソン型資本主義の主要特徴と捉え，それを「金融主導型 (finance-led) 資本主義」，その下での成長軌道を「金融主導型成長」と呼称して分析を進める (Boyer (2011)，訳，8章などを参照)。一方でそれらは，有効な潜在的投資先の存在を前提に，金融化（特に支配の金融化）の結果として実体経済への投資面での悪影響が発生するとも主張する (Stockhammer (2004)，Orhangazi (2008), Tomaskovic-Devey and Lin (2015) なども参照)。第一の潮流の議論との関連では，金融化は実体経済の不調の原因なのか，それとも結果なのか，という論点は，企業の金融化に焦点を当てた金融化アプローチの最も主要な対立点と言える。

[25] それに対してマルクス派に属するLapavitsas (2010) は，いずれの議論にも否定的立場を採っており，金融と実体経済の間の因果関係は，「実体経済→金融」や「金融→実体経済」といった一方向的なものではなく，双方向かつ間接的なものと捉えるべきとする。著者もこの立場に基本的に同意する。

営者，高額所得者といった「上部階級(upper classes)」が共同で行う，高所得のさらなる追求，階級権力復活のための諸戦略が，政府の「新自由主義」的な諸施策として実現されていくことを基軸に，現代経済の様々な事象を説明しようとする。具体的には，そうした施策には，全般的な規制緩和策と民営化，税制面での高額所得者優遇策，経済団体の優遇と労働者団体の抑圧，社会保障支出の削減，成長産業としての金融の設定と金融市場の活性化策，金融市場の要請に応える金融政策などが含まれる。そしてこれらがそれぞれのルートを通じて，企業や家計に対して自己責任での金融的諸活動の選択を促すのである。ここでは金融化は，グローバル化などと並ぶ，新自由主義戦略の一つの重要な経路として認識され，階級権力の実現形態としての新自由主義的な諸施策を結節点に，それが企業や家計の状況を変化させ，それらへの対応として採られる様々な行動が各部門の金融化として現れる，と説明される[26]。

　以上，金融化の体系的説明を試みる先行研究の三つの主要な潮流に対し，著者は，金融化の機軸を，非金融企業における生産的投資の減退に求めるとしても，企業経営に対する株主の地位の高まりに求めるとしても，上部階級による高所得追求手段としての新自由主義的な諸施策に求めるとしても，いずれも金融化を体系的に理解するうえで非常に有意義であり，それぞれは必ずしも対立する視点ではなく，それら自体が分析上の重大な誤りを抱えているということでもない，と考える(**図表1-16**も参照)[27]。一方，プロローグで述べたように，これらの議論ではいずれも，本稿が焦点を当てる金融の深化，特に金融機関の

---

26) そうした議論についてはCrotty (2005)，Duménil and Lévy (2011) などを参照。Krippner (2011) も政府の政策に重きを置いて金融化を説明しようとするが，それらは意図的なものではなく，国家が直面する危機(社会的危機，財政危機，正当性の危機)に対する，場当たり的な対応の結果であったとする。

27) 一方で，第一の議論は，金融化を基本的に企業における変化の「結果」とのみ想定しており，分析がやや一方向的である点や，政府の金融化の視点が弱い点などで，第二の議論は，株主による企業経営への影響を過大評価している点や，機関投資家の実態(特に金融機関との関係性)の分析が必ずしも厳密になされていない点などで，第三の議論は金融化をあくまで新自由主義の複数の経路の一つとして並列的に捉える点や，「金融」を一つの階級として広義に捉えるあまりそこに存在する質的違いや階層性を必ずしも分析に反映させられていない点などで，それぞれ分析上の不十分さを残している。そしてそうした不十分さの大半は，金融それ自体の分析が不足していることに由来すると考える。

図表 1-16　金融化における各部門の行動と連関の概略

行動主体＼対象	企業	家計	政府	金融
企業	・生産的投資の停滞・抑制，過剰蓄積，貨幣資本の過剰化 ・株主価値重視経営の徹底，短期利益の追求，株主分配の増加 ・財務担当役員の地位の高まり	・所得分配の縮減 ・労働者に対する金融投資および負債の推進 ・雇用の流動化と労働強化	・政府の金融化を直接・間接に容認	・負債を利用したM&Aの実施 ・配当・金利・手数料などを金融部門に支払い ・余剰金の金融市場での運用 ・金融業への進出
家計	・耐久消費財などへの消費需要の停滞 ・企業の金融子会社から負債 ・機関投資家の資金源として企業に間接的に圧力	・消費抑制傾向 ・負債による消費の維持・拡大 ・負債による住宅購入拡大	・政府の金融化を直接・間接に容認	・富裕層中心に機関投資家に資金を投入 ・金融サービス利用の拡大 ・金利・手数料などを金融部門に支払い
政府	・減税を中心とした諸制度改革の実施 ・公共事業の削減 ・会計規則の変更	・金融緩和政策 ・富裕層向け減税 ・公共サービスの縮小・民営化 ・「貯蓄から投資へ」の推進 ・「金融リテラシー」をつける金融教育推進	・新自由主義の採用 ・金融部門をリーディングセクターに設定 ・金融部門関係者の積極登用，金融界の考え方の受け入れ	・金融緩和政策 ・全面的な金融自由化・規制緩和の実施 ・金融セーフティネットの設定 ・SWF運用 ・政府系金融機関の影響
金融	・運用手段・リスク管理手段の開発・提供 ・PA理論の促進 ・株主価値最大化を要求	・運用手段・リスク管理手段の開発・提供 ・資金提供先の拡大 ・金融を絶対化する文化の醸成 ・金融的計算の日常化	・政府の金融化を促進 ・巨額の政治献金 ・人的つながり ・国債市場の統治と影響力	・高度な金融商品の開発・商品化 ・ファイナンス理論の実務への応用 ・大規模化・コングロマリット化 ・機関投資家の資産と影響力の拡大

(出所) 小倉 (2013b) に加筆・修正。
(注) 網掛けのマスは各部門の（内発的な）行動変化を示し，それ以外のマスは縦軸の主体の行動が横軸の主体にどのような影響を与えているかを示している。各部門の行動変化が相互に影響を与え合いながら進展している点を表す一例を矢印で示した（実際には諸部門の相互連関はより複雑に存在している）。

業務の実態・変化やそれらによる主体的な行動，金融技術の高度化と急速な広がり，金融市場の質的・量的変化といった，金融の領域で現実に生じている重要な事実にあまり着目されておらず，それらに関する詳細な分析も行われていない。著者は，金融化の体系的説明にそれらを組み込めていないことを，金融化アプローチの重大な欠点と認識しており，それらを組み込んだ金融化の捉え直しを急務と考える[28]。

結び

　本章は，まず金融化とは何かを示したうえで，金融化を構成する個別的諸現象を経済部門別に具体的に把握した。金融化は，広義の金融の経済・社会に与える影響力・役割の高まりを示す現代資本主義の構造的変化であり，本章で詳しく見た通り，そうした影響が波及するルートはより多様に，より広範囲に及んでおり，また個別的諸現象が複雑に絡まり合い，相互に影響を与え合いながら，全体として展開していた。これらの点で，金融化と資本主義の歴史において過去に経験した一時的あるいは中長期的な金融の拡大現象とは，一線を画するものであることが明らかになった。

　加えて，金融化アプローチの先行研究による金融化の体系的説明の試みについても，大きく三つの流れがあることを指摘し，それらの簡潔な紹介を行った。それらはいずれも，複雑に絡み合った金融化の全体像を把握するうえで非常に有意義な議論である一方，特に企業の金融化に強い焦点を当てたそれら先行研究は，金融それ自体の内実に対する歴史的，技術的，本質的な分析のいずれも

---

[28] 髙田編著 (2013) も，序文及び第一章において現代資本主義分析としての金融化アプローチの不十分さを認識するが，その源泉は，本稿の捉えるように金融の深化，特に金融機関行動の内実の分析の不足にあるというよりは，グローバル化や情報化，新自由主義といった現代資本主義の諸特徴と金融化との有機的な関連性を全体として捉えきれていないことにある，つまり金融化を単体として認識すること自体に限界があるとする (2-4頁)。重要な指摘であるが，本稿ではあくまで金融化を分析主軸に置き，先行研究の不足点を踏まえて分析対象を設定している。なお，特にグローバル化に対する批判的かつ詳細な検討 (多国籍企業の権力行使に基づくグローバル化とその社会へのネガティブな影響) については福田 (2009) を参照。

が圧倒的に不足していることが分かった。

　以下，本稿では，金融化の歴史的展開において金融の深化，特に金融機関行動が果たした役割を強く意識し，そのことを，米国を中心とした先進資本主義諸国でほぼ一様に生じている金融機関の収益拡大 (expanding profits of financial institutions) という一つの重要な現象を手がかりに，金融市場の現実や金融機関の実際の業務，金融イノベーションの展開などに一つずつ深く分け入っていく作業を通じて証明していく。そうした分析を先行研究の議論に還元することで，金融化アプローチの現状認識面と理論面における有効性はさらに補強されることになるであろう。

第2章　金融機関の収益拡大と資金循環構造の変化
―資産運用関連業務に着目して―

　米国では1980年代以降，金融機関の収益が長期的に拡大を続けた。そこで重要な役割を果たしたのが，金融機関の証券関連業務である。そしてそうした証券関連業務に利益をもたらした主要な要因の一つに，主に1980・90年代に生じた，「証券化に基づく資金循環構造の変化」があった。本章は，そうした資金循環構造の変化に焦点を当てる。ここでの資金循環構造の変化は，具体的には「家計の金融資産構成の変化」，「企業の資金調達構成の変化」，「金融仲介構造の変化」の三つによって構成される。そうした変化の過程で米国の資金循環構造はより「直接金融型」にシフトするとともに，それは1990年代の株式市場ブームをもたらす基礎にもなり，一連の流れを通じて証券関連業務に多大な儲けが生み出されたものと考える。本章は，1980・90年代の米国における金融機関の収益の傾向的拡大という事実を手がかりに導き出される，米国金融市場に生じた変化＝資金循環構造の変化を再整理し，その内実を示すことを課題とする[1]。

I　米国における金融機関の収益拡大と証券関連業務

　はじめに，1980年代以降の米国における金融機関の収益拡大が生み出され

---

1) 同時期の米国資金循環の変化については多くの先行研究で言及されている。しかしそれらは銀行を巡る環境変化に関する議論の前提として触れる程度であることが多く，必ずしも資金循環の変化自体を明確に捉えたものではなかった。また先行研究ではそうした変化を，関連金融業務の拡大を通じた金融機関の収益拡大と結びつける視点も必ずしも持ち合わせていない。したがって本章で米国資金循環の変化を金融機関の収益拡大と結びつけたうえで，それを「三つの変化」として正確に捉え直す作業には意味があると考える。なお同時期の米国資金循環の変化に関して，銀行を巡る環境変化を議論する立場（いわゆる「銀行業衰退論」を含む）から言及した先行研究の一例として，Wheelock (1993)，Boyd and Gertler (1994)，Kaufman and Mote (1994)，Berger et al. (1995)，Edwards (1996)，勝 (1997)，添田 (1998)，Wilmarth (2002) などが挙げられよう。

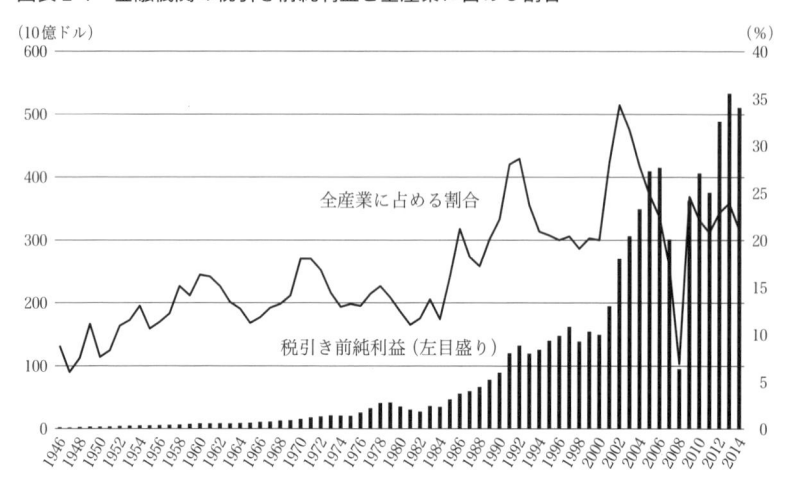

図表 2-1　金融機関の税引き前純利益と全産業に占める割合

(出所) Board of Governors of the Federal Reserve System, Financial Accounts of the United States, Historical data, Annual, F. 7 (2015年6月公表分) より作成。

た過程とその内実を確認する。前章で見た通り，1980・90年代には，家計と企業の金融所得への依存度が高まる一方，両者の金融支払いの負担も増大傾向にあった。それらは，ストックとしての金融資産・負債が増大するとともに，フローとしての金融資産の売買が活発に行われた結果であり，こうした金融活動の全般的活性化は，金融資産の売買・仲介・管理・運用などを受け持つ，商業銀行，証券会社を中心とする金融機関の収益拡大に直結する。**図表 2-1** によれば，米国の全産業部門（金融機関含む）が取得した純利益のうち，金融機関が占めるシェアは，1980年代以降，拡大傾向にあることが分かる[2]。1980年代以降，金融機関が米国経済の稼ぎ頭となっていることが確認できる。

次にそうした金融機関の収益拡大に具体的にどの金融機関が寄与したのかに

---

[2] 付加価値ベースや雇用者数ベースでも同様の上昇傾向が見られるが，純利益と比べて上昇ペースはいずれも緩やかである（小倉 (2013b) 参照）。なお金融化アプローチの先駆者の一人である Krippner (2005) はこの「全企業部門収益に占める金融機関収益のシェア拡大」に加え，同時期の「非金融企業の収益に占める金利，配当，キャピタルゲイン収益のシェア拡大」の事実を確認し，これらを米国経済の金融化（利潤が金融的経路を通じて生み出されるようになることを金融化と捉える立場から）を示す代表的指標とする。

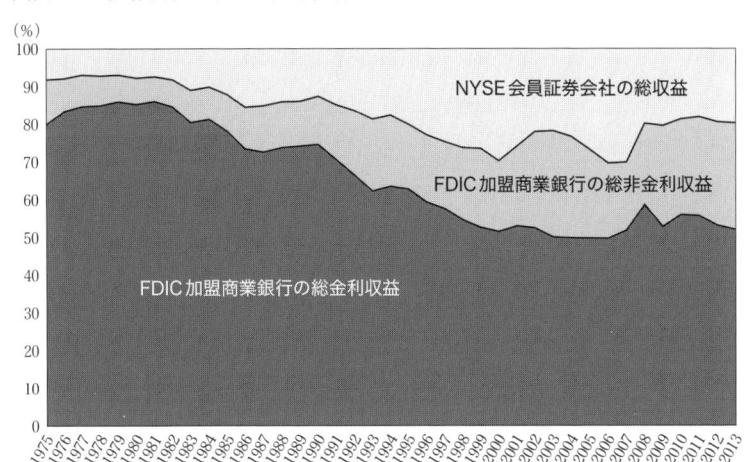

図表 2-2 証券会社の収益と商業銀行の収益のシェア比較

(出所) FDIC, Historical Statistics on Banking, Bartlett ed. (2012), p. 29, SIFMA Research Department (2014), p. 29より作成。
(注) FDIC加盟商業銀行の総収益とNYSE会員証券会社の総収益の合計を100%とする。

ついて、商業銀行と証券会社（投資銀行含む）の収益シェアを比較することで示そう[3]。図表2-2によれば、1980・90年代に商業銀行と比較して、証券会社の収益シェアが拡大していることが分かる。つまりこの時期の金融機関の収益拡大に寄与したのは商業銀行よりも証券会社の方であり、そこからは証券会社の収益源としての証券関連業務の拡大を容易に想定できる。この点をさらに確認するために証券会社の収益の内訳を見よう。

図表2-3によれば、証券会社の収益のうち、1980・90年代に「証券取引仲介手数料」と「トレーディングゲイン」のシェアが減少傾向にある一方、「引受関連収益」には目立った傾向的変化がなく、「資産運用手数料」、「ミューチュアル・ファンド販売収益」、「その他証券関連収益」、「非証券関連収益」など比較的新しい収益形態が拡大傾向にある。特にその他証券関連収益と資産運用手

---

[3] 投資銀行と証券会社の一般的区別としては、投資銀行は、証券関連業務のうち大口投資家・企業向けホールセール業務を中心に行う大規模業者、証券会社は、狭義には個人向け証券取引仲介（ブローカレッジ（brokerage）とも言う）業務を中心に行う比較的小規模なリテール業者、広義には投資銀行を含む証券関連業者全体を指す。

図表 2-3-a　NYSE 会員証券会社の収益の内訳 (1)

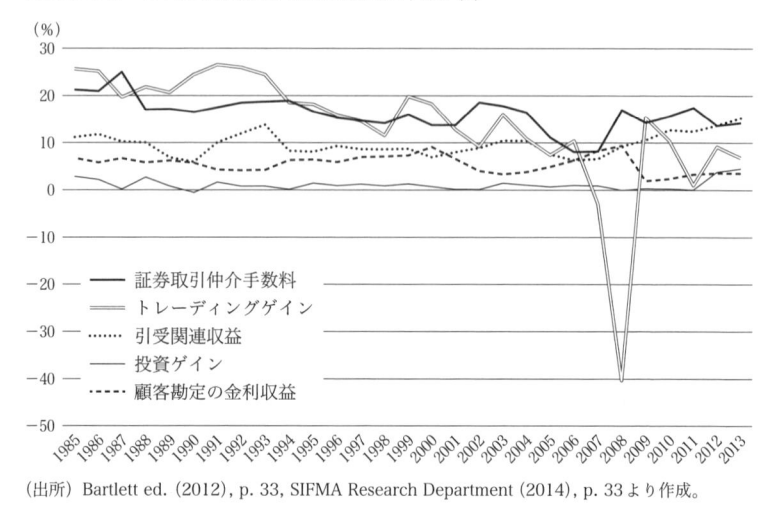

(%)

凡例:
— 証券取引仲介手数料
— トレーディングゲイン
…… 引受関連収益
— 投資ゲイン
--- 顧客勘定の金利収益

(出所) Bartlett ed. (2012), p. 33, SIFMA Research Department (2014), p. 33 より作成。

図表 2-3-b　NYSE 会員証券会社の収益の内訳 (2)

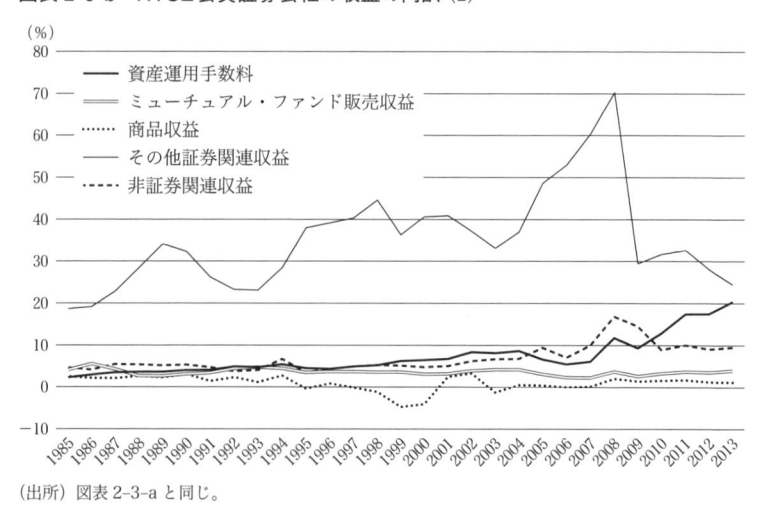

(%)

凡例:
— 資産運用手数料
— ミューチュアル・ファンド販売収益
…… 商品収益
— その他証券関連収益
--- 非証券関連収益

(出所) 図表 2-3-a と同じ。

数料の拡大が顕著であるが，前者はM&A仲介手数料やデリバティブ関連の取引手数料など，後者は個人・機関投資家向け資産運用・管理や投資顧問業務の収益が中心である[4]。ここで，資産運用手数料にミューチュアル・ファンド販

売収益を加えた業務を狭義の「資産運用関連業務」として一括した場合，同時期の金融機関の収益拡大の重要な要素として，資産運用関連業務の存在が浮かび上がる。

一方，同時期に金融機関の収益に占めるシェアを漸減させている商業銀行に目をやると，その収益構造に大きな変化が生じていることが分かる。**図表2-2**によれば，商業銀行の収益のうち，1980・90年代に金利収益，すなわちいわゆる伝統的銀行業務（預貸業務）からの収益のシェアが減少し，非金利収益が増加傾向にある。この非金利収益は具体的には，商業銀行に認められた範囲での非銀行業務，たとえば証券業務，デリバティブなどのほか，信託業務，ミューチュアル・ファンドや保険の販売，投資顧問といった広義の資産運用関連業務などで構成される（**図表2-4参照**)[5]。商業銀行が収益源を証券関連業務へ徐々にシフトさせていることが分かるが，これは主に1980年代後半以降の規制緩和において商業銀行に認められる業務が拡大したことを反映している。

以上から，1980・90年代の米国における金融活動の活性化・金融依存度の高まりは，金融機関の収益拡大に直結し，その大部分が商業銀行の伝統的銀行業務の拡大に由来するものではなく，証券会社と商業銀行の証券関連業務の拡大によって生み出されたものであることが分かる。なかでも，特に資産運用関連業務が金融機関の収益源として拡大した。以下では資産運用関連業務の拡大に着目し，そこから導き出される同時期の米国金融市場における変化，すなわち資金循環構造・金融仲介構造の変化の内実に迫る。

---

[4] その他証券関連収益には，具体的には，未公開企業株式の販売手数料，委任状勧誘の手数料，M&Aなどのサービス手数料，取引所外（OTC取引）で実施されるオプション取引の手数料，投資勘定からの金利・配当収益（レポ含む），出版物の購読料などが含まれる。非証券関連収益に何が含まれるかは明確に示されていないが，分類困難な業務の収益が残差としてすべて含まれるものと考えられる（Bartlett ed. (2012), p. 39)。

[5] 商業銀行の非金利収益は，信託業務収益，預金サービス手数料，トレーディング勘定に基づく損益，付随的非金利収益に区分される。このうち付随的非金利収益は，投資銀行業，助言，証券取引仲介，引受に基づく手数料，ベンチャーキャピタル収益，サービシング（servicing）収益，証券化収益，保険収益，ローンセールによる損益，不動産売買による損益，その他非金利収益などによって構成される。付随的非金利収益の大部分を占めるその他非金利収益には，分類・識別が困難な非金利収益が含まれる（FDICのHP参照）。ミューチュアル・ファンドの販売手数料などもここに含まれると想定できる。

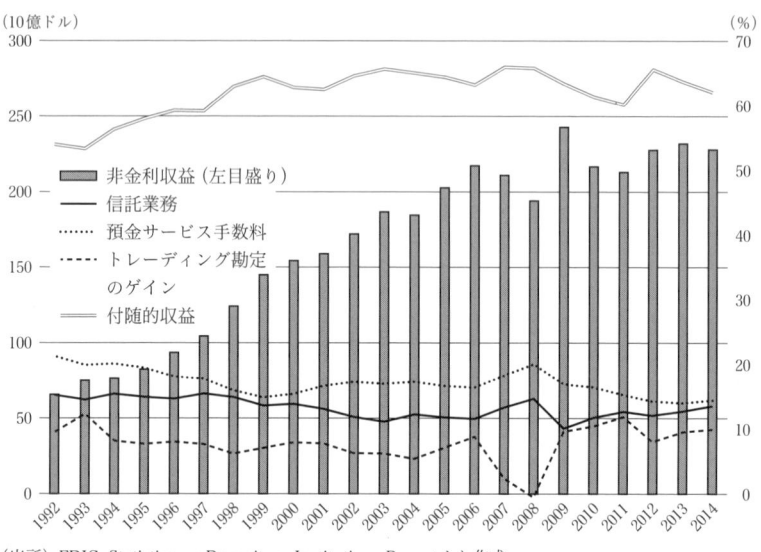

図表 2-4　商業銀行の非金利収益とその内訳

（10億ドル）　　　　　　　　　　　　　　　　　　　　　　　　　　（％）

凡例：
- 非金利収益（左目盛り）
- 信託業務
- 預金サービス手数料
- トレーディング勘定のゲイン
- 付随的収益

（出所）FDIC, Statistics on Depository Institutions Report より作成。

II　米国資金循環構造の変化

　前節で1980・90年代の米国における金融機関の収益拡大が資産運用関連業務の拡大を一つの重要な要素としていることを示したが，その背後には同時期の米国資金循環構造の変化という事実が存在している。米国では1980年代以降，広義の証券化の過程を通じて直接金融への比重のシフトが生じた[6]。歴史的に直接金融優位が指摘される米国金融システムにおいても，いわゆるグラス・スティーガル（Glass-Steagall: GS）法体制下で，1970年代までは必ずしも直

---

6) 間接金融，直接金融の捉え方・範疇について諸説存在する（たとえば日向野（1982）参照）ことを認識したうえで，銀行経由のいわゆる間接金融との対比において，ミューチュアル・ファンドや年金基金を経由する金融仲介が直接金融に含まれる（究極的なリスク負担者が資金の出し手であるため）ものと捉えて議論を進める。またここで述べる広義の証券化とは，個人の金融資産に占める証券形態の資産の比率が上昇するとともに，企業の資金調達手段に占める証券形態手段の比率が上昇する状況（直接金融化とほぼ同義）を指し，主に本稿第4章以降で扱う，1980年代以降急増した「資産証券化（asset securitization）」とは区別される。

接金融一辺倒ではなかった。1970年代までの資金循環構造における直接金融と間接金融のバランスは証券化を通じて崩れ,同時に金融仲介構造も大きく変化した。

証券化の萌芽期である1980年代以降の米国資金循環構造の変化の第一の要素は家計の金融資産構成の変化であり,第二の要素は企業の資金調達構成の変化である。そして第三の要素がこの二つの変化を結びつける金融仲介構造の変化である。本節ではこれら直接金融への新たな構造変化を分析し,資産運用関連業務を中心とする金融機関の収益拡大の内実に迫る[7]。

1 家計の金融資産構成の変化

まず資金循環構造の変化の第一の要素,家計の金融資産構成の変化に着目する[8]。図表2-5によれば,家計の金融資産に占める預金のシェアは戦後上昇し続け,1980年代前半には25％前後あったのが,1980年代半ば以降急速に低下している[9]。その一方で戦後着実にシェアを伸ばし続けているのが年金基金積立金であり,1970年代に20％台であったそのシェアは1980年代半ばに25％を超え,1990年代半ばには30％に迫るなどトップを維持している。また1980年代半ば以降急速にシェアを拡大させているのがミューチュアル・ファンドであり,1990年代後半には8％近くまで上昇して預金に接近してきている[10]。すなわち家計は,1980年代半ば以降,自らの保有する金融資産のうち,

---

7) 数値は原則として名目値を採る。ストック値(Levels)は第4四半期終了時点の値である。
8) 前章で確認した通り,家計だけでなく企業も,金融資産残高を増大させると同時にその構成を変化させているが,その資産の大半が「雑多な資産」に流れており(図表1-2),本章で焦点を当てる1980・90年代の狭義の資金循環構造の変化における資金の出し手としての重要性は相対的に低い。一方,第4章以降で取り扱う,特に2000年代に展開した新しい資金循環構造(影の銀行システム)においては,企業は家計と並び,資金の出し手として重要な役割を果たしている。
9) 家計の保有する総預金残高は戦後ほぼ一貫して拡大している。一方,こうした拡大に1980年代以降特に貢献したのが,資金循環勘定B.100で預金に分類されるMMMFの拡大であった。
10) 企業株式のシェアは株式市場の好不調の影響も受けて1980・90年代に大きく上下動しているが,フローで見ると1970年代以降ほぼ一貫して家計は企業株式を売り越している(資金循環勘定F.100)。

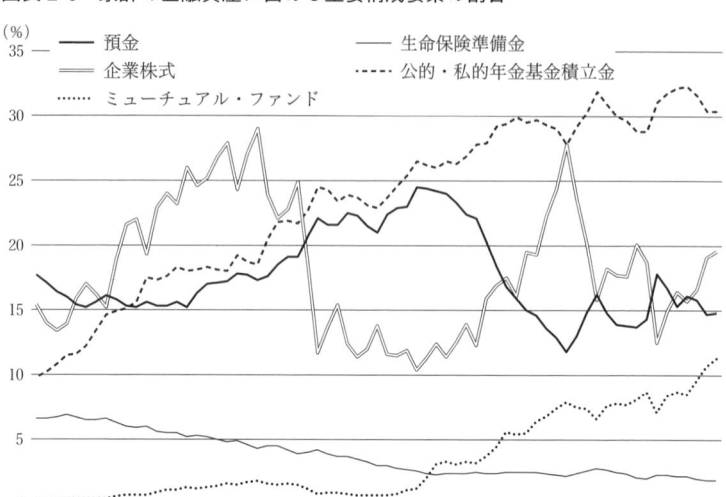

図表 2-5　家計の金融資産に占める主要構成要素の割合

凡例：預金　生命保険準備金　企業株式　公的・私的年金基金積立金　ミューチュアル・ファンド

(出所) Board of Governors of the Federal Reserve System, Financial Accounts of the United States, Z-1, Historical data, Annual, B. 101 (2015年6月公表分) より作成。
(注) 資金循環勘定上の家計 (「家計及び非営利組織」) は，米国内のヘッジファンド，PEファンド，個人信託を含むなど，純粋に家計だけを指すものではない。またここでの企業株式には非法人企業の株式は含んでいない。

安全資産である銀行預金のシェアを縮小させ，証券市場と密接に結びついた，より資産運用的な意味合いの強い年金基金，ミューチュアル・ファンドのシェアを確実に拡大させている。

2　企業の資金調達構成の変化

　資金循環構造の変化の第二の要素は，企業の資金調達に関するものである。1970年代以降の企業の資金調達状況を見ると，一方で内部資金が年々充実しているにもかかわらず，他方で外部資金調達も積極的に行っている。まず**図表2-6**によれば，たしかに企業の内部資金 (＋在庫評価調整) (破線) は，1970年代と1990年代中心に順調に拡大した企業収益と減価償却引当金などを背景に，1970年以降着実に増加している。それにより，企業の外部資金依存度を示す「ファイナンシング・ギャップ (financing gap)」(資本支出額(実線)－(内部資金＋

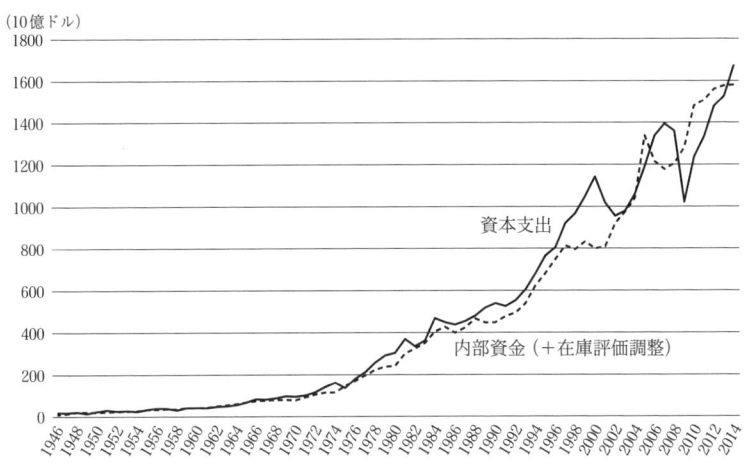

図表 2-6　企業の資本支出と内部資金（フロー）

(出所) Board of Governors of the Federal Reserve System, Financial Accounts of the United States, Z-1, Historical data, Annual, F. 103 (2015年6月公表分) より作成。

在庫評価調整))は，1990年代後半から2000年前後などの一時期を除きほぼ一貫して低い値を示し，2000年代には逆転も生じている[11]。

一方，企業は外部資金調達も積極的に行っている。企業の資金調達は大きく，他人資本（負債）である借入または債券（社債やコマーシャル・ペーパー (commercial paper: CP)) 発行と，自己資本である株式発行とに区分される。まず前者を見よう。企業の負債性手段に占めるシェアを示した**図表 2-7** によれば，企業は銀行（預金金融機関）借入のシェアを1980年代前半まで20％台後半で維持した後，1980年代半ば以降20％を切るところまで低下させている[12]。それに対し1980年代までシェアを拡大させたのが銀行以外の金融機関からの借入であったが，それも1990年代にはシェア拡大を止めている[13]。金融機関借入全

---

[11] 内部資金は，税引き前純利益から法人税，支払配当を引き，減価償却引当金を加えて算出される。

[12] 企業の総銀行借入残高はほぼ一貫して上昇している（資金循環勘定 B. 102）。

[13] 銀行以外の金融機関からの借入の主な貸出主体はファイナンス・カンパニーである（資金循環勘定 L. 216）。ファイナンス・カンパニーと銀行の競合関係についてはD'Arista and Schlesinger (1993) を参照。

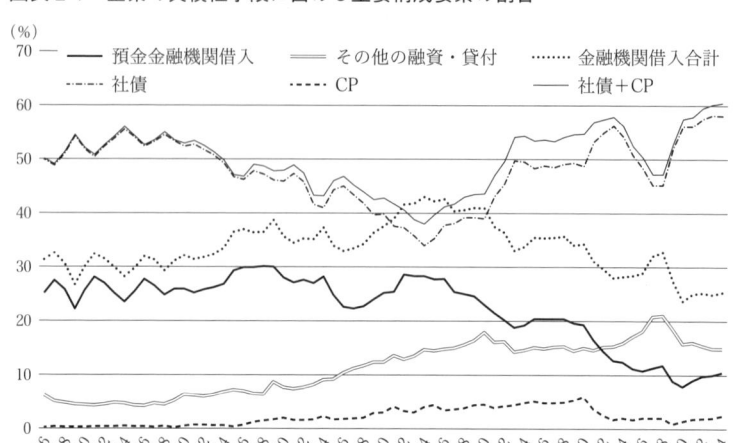

図表 2-7　企業の負債性手段に占める主要構成要素の割合

(出所) Board of Governors of the Federal Reserve System, Financial Accounts of the United States, Z-1, Historical data, Annual, B. 101（2015年6月公表分）より作成。

体がシェアを低下させる一方で，長短の債券発行による資金調達は同時期を通じて拡大した。社債とCPのシェアの変化を見ると，社債は1970年代から40％台ですでにトップのシェアを占めていたが，1980年代半ばにかけて30％台半ばまでシェアを低下させた後，1980年代半ば以降シェアを急速に回復させ，1990年代には40％台後半に達している。CPは1970年代から1990年代まで規模は小さいもののほぼ一貫してそのシェアを着実に拡大させ，1990年代半ばに5％を超えている[14]。1980年代半ば以降，企業は資金調達手段を銀行借入から長短の債券発行へ移していることが分かる。

　他方，株式発行を含む企業の外部資金調達全般をフローでみると，同時期の企業の外部資金調達の重要な特徴が見えてくる。**図表 2-8** によれば，負債による資金調達（実線）は特に1980年代後半と1990年代後半に大きく拡大するなどほぼ一貫してプラス値を示す一方で，新規株式発行による資金調達（破線）は1970年代までほとんどゼロに近い値で，1980年代半ば以降はほぼ一貫してマ

---

14) CPは短期資金調達手段（通常1ヵ月物や3ヵ月物が中心）であるため，その残高が年度末時点で記録されない可能性があることも留意する必要があり，この点は商業銀行の短期融資に関しても同様である。

図表2-8 株式発行と負債による企業の外部資金調達（フロー）

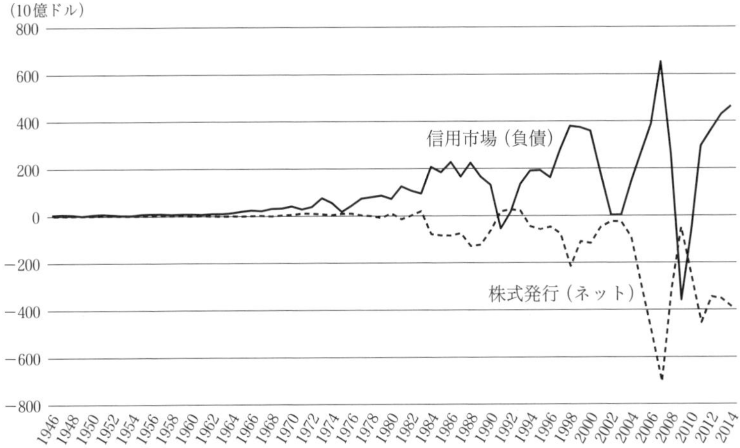

(10億ドル)

(出所) 図表2-6と同じ。

イナス値で推移している。ネットでマイナス値を示すということは，新規発行された株式総額よりも，償却された額の方が大きいことを示す。つまり資金循環勘定上，株式発行は同時期を通じて，企業部門全体でほとんど資金調達機能を果たしていなかったと言える[15]。

3　金融仲介構造の変化

1980年代半ば以降，企業は銀行借入と株式発行による資金調達のシェアを縮小させ，社債とCP発行を拡大させたことを確認したが，同時期に拡大した

---

[15] 株式発行マイナス要因としては，株式償却，金庫株化，上場廃止などがある。株式償却・金庫株化は企業による自社株買いやM&A（買収先企業の非公開化）の過程で実行された（磯谷（1997），8-13頁）。一方で，グロスで見た場合は同時期に株式発行・株式新規公開（initial public offering: IPO）はある程度なされている（総引受額で見て1980年代平均で年約300億ドル，1990年代平均で約1,150億ドル。比較のために付け加えれば，社債はそれぞれ約1,300億ドル，約9,200億ドル（SIA（2002），pp. 24-25））。つまりこの時期の企業部門は，有力な投資先を見つけられず内部資金を自社株買いやM&Aに利用して株式発行純減に寄与した大企業・成熟企業と，株式発行・IPOによる資金調達を積極的に行った成長企業・新興企業に二極化していたと捉え，前者の規模が後者を上回ったと理解すべきである。

図表 2-9　社債保有主体別割合

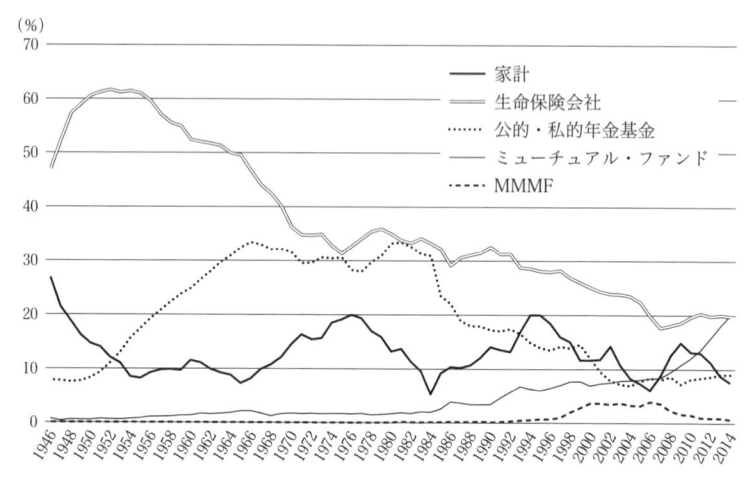

(出所) Board of Governors of the Federal Reserve System, Financial Accounts of the United States, Z-1, Historical data, Annual, L. 212 (2015年6月公表分) より作成。

　社債やCPはどのような主体が保有していたのか。まず**図表 2-9** は社債の保有主体別シェアを示したものである[16]。1980年代半ば以降，従来の主要保有主体であった生命保険会社と年金基金はそのシェアを徐々に低下させ，一方でそれまでほとんど社債を保有していなかったミューチュアル・ファンド（MMMF含む）がシェアを徐々に拡大させている。生命保険会社が最大保有主体であることに変わりはないが，ミューチュアル・ファンドの地位の高まりが確認できる。次に**図表 2-10** はCPの保有主体別シェアを示したものである。CP保有主体は，1970年代末から急速にシェアを拡大させたMMMFが25％以上を占める最大保有者となっている。その他では，特にシェアを傾向的に拡大させているのがミューチュアル・ファンドである。
　1980年代半ば以降，企業の資金調達手段としてシェアを拡大させた社債・CPの保有主体として，MMMFを含むミューチュアル・ファンドが地位を高め

---

16) 資金循環勘定上，社債は「社債・外国債」，CPは「オープン・マーケット・ペーパー (open market paper: OMP)」に分類されるが，「社債・外国債」の9割以上を社債，「OMP」の8割以上をCP (残りは銀行引受手形 (bank acceptance: BA)) が一貫して占めるため，「社債・外国債」は社債，「OMP」はCPの近似値として示す。

図表 2-10　CP保有主体別割合

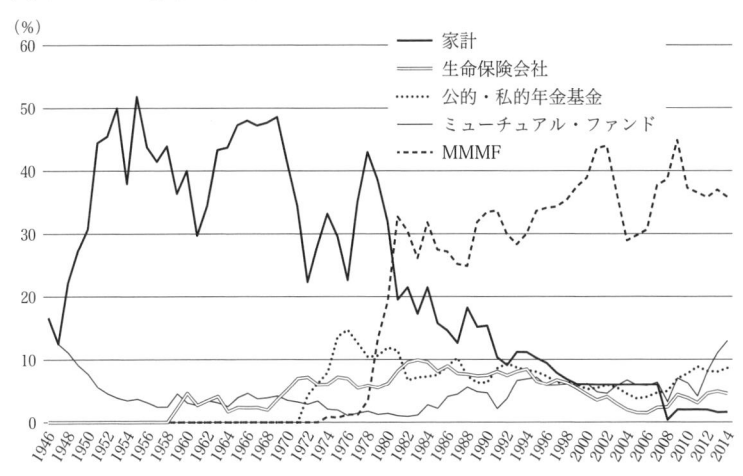

(出所) Board of Governors of the Federal Reserve System, Financial Accounts of the United States, Z-1, Historical data, Annual, L. 208 (2015年6月公表分) より作成。

ていることが分かった。そして上述のように，同時期に家計はミューチュアル・ファンド保有を拡大させている。これらから，同時期における「家計→ミューチュアル・ファンド→企業（社債・CP）」という金融仲介構造の拡大を看て取ることができ，これが同時期の資金循環構造の変化の第三の要素である。

　以上，1980年代半ば以降の資金循環構造の変化とは直接金融への比重シフトの進展であり，それと同時進行で金融仲介構造の変化＝ミューチュアル・ファンド経由の新しいフローの拡大が進展したと言える。この拡大は，前節で示した同時期の金融機関の収益拡大の一要素としての資産運用関連業務の地位の高まりとも符合するものである。

III　新しい金融仲介主体の存在

　本節では，前節で示した新しい金融仲介主体としてのミューチュアル・ファンド拡大の背景に焦点を当てる[17]。ミューチュアル・ファンドは同時期の直接

---

17) ミューチュアル・ファンドを新しい金融仲介主体として捉えて分析している先行研究とし

金融への比重シフトの直接的な推進主体であると考えられ，同時にその拡大が金融機関の収益拡大の一要素でもある。一方で，**図表2-5**でミューチュアル・ファンドと同様に家計資金を集中している年金基金の存在も資金循環上は無視できない。年金基金は**図表2-9，2-10**が示すように社債・CPの保有主体としてのシェアを傾向的に減らしており，直接金融化への新たな金融仲介主体としての寄与という点では，その役割は「直接的」には大きいとは言えない。しかし後述するように，年金基金はミューチュアル・ファンドに絡む形で直接金融へのシフトの「間接的」推進主体として重要な存在である。以下，本節ではミューチュアル・ファンドを介した新たな金融仲介の下での直接金融へのシフトがなぜ可能となったのか，その原因をさらに問い詰める。

1 ミューチュアル・ファンド拡大の背景としての金利差

ミューチュアル・ファンドの拡大はその高利回り提供に加え，それ独自の「魅力」によっても説明される。そこで言われる魅力とは，たとえばファンドの販売窓口やファンド種類の急増による「顧客利便性」の向上，電話一本での即時償還性に基づく「流動性」，ほとんど元本割れのないMMMFなどにおける「安全性」などである[18]。そうしたミューチュアル・ファンドのスキームとしての優位性は重要であるが，それが直接金融シフトを推進する新たな金融仲介主体として定着するための最も本質的・根本的な条件は，第一にミューチュア

て，Mack (1993)，永田 (1995a, b)，勝 (1997) などが挙げられる。それらと本章との重要な違いは，その拡大の根本的な要因として「金利差」に着目して分析している点である。

[18] ミューチュアル・ファンドはオープン・エンド型投資信託（会社形式）であり，いつでもその持分の解約・償還＝ファンド会社への時価売却が可能であるため，高い流動性を備えた金融商品であるとされる。それは「規模の経済 (economies of scale)」を働かせることで売買手数料や情報収集といった証券投資コストを引き下げ，個々の家計では実行不可能な金融的に高度で専門性の高いリサーチ機能を駆使して分散投資を行うことによって高い安全性と利回りを実現する（永田 (1995a)，109-110頁，三谷 (2003)，24-25頁）。さらに，多くの証券会社や商業銀行などが窓口販売を行っており，顧客利便性も非常に高い。1970年代以降はファンドの種類・数が激増するとともに，多数のファンドを抱え顧客によるファンド間資金移動の手数料を取らないファンド・ファミリーが急成長した (ICI (2005), p. 63, 三谷 (2003)，57頁)。これらの理由からミューチュアル・ファンドは家計資金を捉えたが，これは特に1980年代以降のいわゆるベビー・ブーマー世代の，老後の資金のための蓄積行動と密接に関連している。

ル・ファンドが投資家（家計）に提供する利回りが銀行預金金利よりも傾向的に高いことであり，第二にミューチュアル・ファンドが購入する企業の社債・CPの金利が銀行借入金利よりも傾向的に低いことである。この二つの条件が満たされることで初めて，ミューチュアル・ファンドは商業銀行に代わる新たな金融仲介主体になりうる[19]。1980年代半ば以降において実際これらの条件は成立したのか。

　まず前者の条件から見よう。ミューチュアル・ファンドの利回りを厳密に捉えることは困難であるが，同時期にそれが預金金利より相当程度高かったことは容易に想定できる。

　ミューチュアル・ファンドと預金の利回り格差からミューチュアル・ファンドに家計資金が流入した初期的事例として挙げられるのが，1960・70年代に発生した「ディスインターメディエーション (disintermediation)」である。1960年代半ば以降断続的に，ベトナム戦争への軍事支出や大型減税を通じたインフレ率上昇を背景に金利が高騰した際，FRBによる「レギュレーションQ (regula-

---

[19] 本章では金融仲介主体としてのミューチュアル・ファンド拡大の要因として，事実としての金利差の存在に注目している。一方で，金融仲介に関する理論からは同時期の金融仲介構造の変化はどのように捉えられるだろうか。金融仲介理論の展開を追うことは本章の課題ではないため理論的な分析は行わないが，池尾 (1989)，内田 (1997) などの簡潔なサーベイにしたがえば，金融仲介理論の中心となるのは，資金の出し手と資金の取り手の間の事前・事後の「情報の非対称性 (asymmetric information)」の存在である。それらによれば，商業銀行の存在意義は単なる「資金提供」ではなく主に「情報生産機能」とその費用負担における優位性にあるとされる（加えて，「リスク負担」や「資産変換」も重要な機能である）。そうした立場からは，情報の非対称性の改善こそが直接金融への比重シフトならびに金融仲介の変化を説明する最大の要因となろう。情報が完全で効率的な市場を前提とすれば，直接金融取引での取り手の情報は格付け制度や財務諸表などによって開示され，取り手のリスクは理論的には発行債券の金利に反映される。したがってこうした市場においては資金の出し手はそれらの情報を自ら比較・分析して取り手の発行する債券を直接購入することが合理的であり，商業銀行やミューチュアル・ファンドといった金融仲介主体の存在意義は否定される。一方このような市場は，1970年代以降の情報・通信技術革新などの下で情報の非対称性の改善が一定程度進んだ米国金融市場を説明するうえでもいまだ非現実的な想定である。またたとえ情報が完全に開示されたとしても資金の出し手にはそれらを比較・分析する時間的・能力的制限がある。したがってミューチュアル・ファンドは直接金融へのシフトを進める米国金融市場において，注18で言及した独自の優位性によって資金の出し手と取り手の間の仲介主体としての存在意義が認められることになろう。

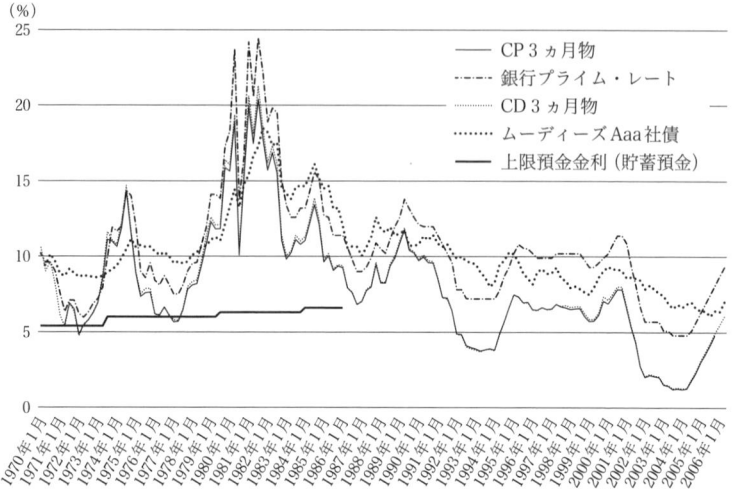

図表2-11 長期・短期の代表的な金利

(出所) Board of Governors of the Federal Reserve System の HP (http://www.federalreserve.gov/releases/h15/data.htm) と添田 (1998), 143-145頁より作成。

tion-Q: 上限預金金利規制)」下にある各種銀行預金から家計や企業の資金が流出し, ユーロダラー (Eurodollar) 預金や譲渡性定期預金証書 (negotiable certificate of deposit: CD), CP, 社債, ミューチュアル・ファンドといった長・短市場金利を反映した金融商品へ流入した (**図表2-11参照**)。特にミューチュアル・ファンドの一種で短期金融商品を中心に運用するMMMFは, 1971年の登場以来1970年代半ば頃から, その高利回りに加えて, 安全性も高く, 投資単位も小口であったために, 預金に代替するものとして家計資金を大いに吸収した[20]。

1980年代以降はMMMFに加えて, 1980年代後半に債券中心に運用する債

---

20) ディスインターメディエーションや上限預金金利規制については添田 (1998) が詳しい。銀行預金を代替する比較的安全な短期金融資産 (CP, TB, CDなど) は最低投資単位が大きく (CPで10万ドルから20万ドル), 小口預金を吸収するに至らなかった。最低投資単位が500ドルから1,000ドルのMMMFの登場こそが銀行の預金流出に拍車をかけた (添田 (1998), 151-153頁)。一方で上限預金金利は1980年預金金融機関規制緩和・通貨管理法 (Depository Institutions Deregulation and Monetary Control Act: DIDMCA) 以降, 1986年までに段階的に撤廃されたが, 預金金利の上昇には必ずしも直結せず, 一度定着したミューチュアル・ファンドへの資金の流れは拡大し続けた。

券ファンド，1990年代に株式を組み込んで運用する株式ファンドが，その高利回り提供によって家計資金を吸収した。株式ファンドと債券ファンドが投資家に支払った分配金を見ると，1980年代半ばから1990年代初めまでは金利下落・債券価格上昇を背景に債券ファンドによる配当分配が安定的に投資家に支払われ，1990年代後半には株式市場ブームを背景に特に株式ファンドのキャピタルゲイン分配の形で投資家に支払われる金額が急拡大している[21]。ここで示した分配金の他に投資家はファンド持分償還によって，持分の購入時価格（純資産価格）より償還時価格が上昇していればそのキャピタルゲインも得る。これら分配金と実現キャピタルゲインを合わせたミューチュアル・ファンドの益回りは非常に高かったものと想定される[22]。それらは1980年代前半以降一貫して低下し続けた銀行預金金利（**図表2-11**参照。図で示したCD金利より家計の貯蓄・定期性預金金利の方が傾向的にかなり低い）と比べても，十分魅力的であったと考えられる[23]。

---

[21] 配当分配は，ファンドのポートフォリオにおける証券から得られる金利や配当とネットの短期ゲインからファンドの支出を引いたものであり，キャピタルゲイン分配は，1年以上ポートフォリオに保有している証券の売却から得られるファンドのネットのゲインである (ICI (2005), pp. 18-19)。またこうして投資家に分配金として還元された資金の大部分がミューチュアル・ファンドに再投資されており，この資金還流もミューチュアル・ファンド拡大を支えている (ibid., pp. 88-89)。

[22] 分配金増加とファンドの純資産価格減少はリンクするため，純資産価格の増加分をすべて分配金に回してしまえば原理的にはキャピタルゲインは得られない。また同時期の分配金利回りを示す一例として米国の主要なファンド会社であるフィデリティ (Fidelity) 社のファンドを取り上げると，代表的な国内大企業向け株式ファンドFidelity Equity-Income (1966年募集開始) の利回りは1980年代後半から1990年代には10％を大きく超え，代表的な債券ファンドFidelity Investment Grade Bond (1971年募集開始) の利回りは1980年代後半に10％，1990年代にも5％を超えていた (https://www.fidelity.com)。またMMMFに関しては，1990年代に銀行の短期金融市場預金勘定 (money market deposit account: MMDA) （決済性を有した利付預金勘定）と比較してほぼ一貫して1～3％のプラスの金利スプレッドを保った (ICI (2005), pp. 132-134)。ただし，ここでの利回りにはコストとしての関連諸手数料が考慮されていないことには十分注意しなければならない。

[23] 金利差以外に1980年代後半から1990年代前半に生じた銀行・貯蓄貸付組合 (savings and loan association: S&L) の大量破綻を通じた金融システム不安・預金保険制度の動揺も，大衆に銀行預金の安全性に対する不安を生じさせ，ミューチュアル・ファンド拡大に間接的に寄与した。1990年代前半には家計の預金が一時的にフローで流出（残高が下落）している。

次に後者の条件を見よう。銀行借入と社債・CPの金利スプレッドは企業にとって長短の資金調達コストの差異を示す。**図表2-11**でまず短期資金について見ると，銀行借入金利の下限を示すプライム・レート（最優遇金利。図表では1年満期物）が一貫してCP金利より高い値を示しており，さらに両金利のスプレッドは拡大傾向にあることが看て取れる（満期の違いもあり，もちろん単純比較はできない）。1982年以降，長短市場金利が下落し，一方銀行も1970年代末以降プライム・レート以下の金利での貸出も行うようになってはいたが，1980年以降の上限預金金利撤廃に伴う銀行の資金調達コスト上昇の認識を背景に，全体的な金利スプレッドは高止まりしていたと言える。こうした条件下で，企業はCP発行によって銀行借入より低コストで短期資金を調達できる。長期資金についても，長期貸出金利は短期貸出金利よりも数％高く，社債金利と比較してもやはり金利は上回る傾向にある。企業による社債発行は，特に1982年以降の一般的市場金利低下・起債条件の緩和を利用して急拡大した。一方で銀行長期貸出金利の高止まりについては短期貸出金利と同様である。

このように社債・CP金利は，特に1980年代以降ほぼ一貫して，銀行借入金利よりも企業にとって一般的・傾向的に望ましかったと言える。一方で金利が高くても企業が銀行借入を利用する理由は，そもそも社債やCPを発行できるのは一部の優良大企業に限られ，数的には圧倒的多数を占める中小企業が利用しているという側面を別にすれば，銀行による企業独自の資金ニーズへの弾力的で多様な対応，各種情報・助言，信用逼迫期の信用供与などのメリットが存在するからである。逆に社債・CP発行には金利以外のコストが伴う。たとえばCP発行には，格付けサービスに対する手数料や，銀行のクレジットライン（credit lineあるいはline of credit．信用限度枠の意味）設定のための保証預金・手数料，さらに事務処理を引き受ける銀行に対する手数料，ディーラーを通さず自ら発行・売出しを行う場合その事務コストなどの非金利コストが伴う[24]。これは社債においてもほぼ同様であり，企業は1980年代以降，これら非金利コストを考慮してもなお，資金調達コストは銀行借入よりも社債・CPの方が望ましいものと捉えたと言える[25]。

---

[24] 添田 (2002)，167頁。

以上のように，ミューチュアル・ファンドが家計に対してはその時々の市場の状況に合わせた各種ファンドが高パフォーマンスを示すことで預金よりも高利回りを提供するという第一の条件を満たし，ミューチュアル・ファンドが購入する社債・CPの金利が銀行借入金利よりも低利であるという第二の条件も1980年代以降の市場金利低下などを通じて実際に成立した。これにより，1980年代以降を中心にミューチュアル・ファンドは家計資金を吸収し，その大量の資金を元手に社債・CPを購入して企業の資金調達を支えることで，商業銀行に代わる新たな金融仲介主体としての地位を急速に高めることが可能になったと言える。

2　株式市場ブームとミューチュアル・ファンド，年金基金の相互依存的進展

　ミューチュアル・ファンドはその家計への高利回り提供と安定的な社債・CP購入によって新たな金融仲介主体として，1980年代以降の直接金融への比重シフトの推進主体となった。一方で，ミューチュアル・ファンドの拡大とそれが提供した高利回り（前述の第一条件）には，特に1990年代における株式市場ブームと，**図表 2-5** で示される家計資金の年金基金とミューチュアル・ファンドへの流入拡大とが相互依存的に進展していたことが大きく関連していた。

　まずミューチュアル・ファンド（MMMF含まない）の金融資産構成を示した**図表 2-12** を見ると，その運用先の最大部分がほぼ一貫して企業株式であり，特に1990年代に急拡大していることが分かる。つまり家計資金のますます多くの部分がミューチュアル・ファンドを通して企業株式に向かっているにもかかわらず，上述のようにこれらは企業の株式発行による資金調達とは結びつかない。

25）こうした資金調達コストの優位性以外に社債・CPによる資金調達シェアが拡大した理由として，1980年代のジャンクボンド（junk bond：非投資適格債券）市場の盛行に伴う，無格付け・低格付け企業によるM&Aや純粋な資金調達目的での債券発行の増大が挙げられよう。またファイナンス・カンパニーや外国銀行による米銀の市場蚕食と1980年代後半から1990年代前半の高リスク融資の不良債権化・金融システム危機，自己資本比率規制の厳格化などに伴う，銀行の貸出抑制（credit crunch）と一部大銀行の証券業務への進出なども相対的に社債・CP発行のシェアを高めたと言える。銀行を巡る競争激化と銀行の業務展開についてはWilmarth (2002) などを参照。

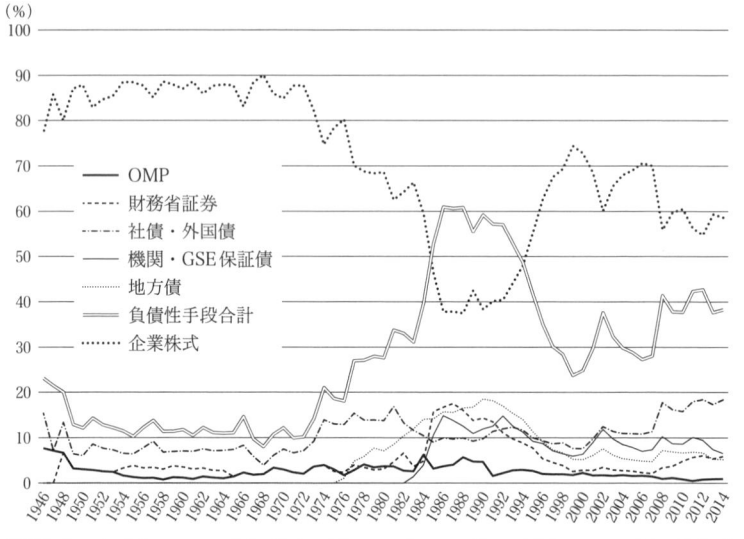

図表 2-12　ミューチュアル・ファンドの金融資産に占める割合

凡例:
- OMP
- 財務省証券
- 社債・外国債
- 機関・GSE保証債
- 地方債
- 負債性手段合計
- 企業株式

(出所) Board of Governors of the Federal Reserve System, Financial Accounts of the United States, Z-1, Historical data, Annual, L. 122（2015年6月公表分）より作成。

　それではこの企業株式への資金フローはどこに向かっているかというと，それは株式発行市場ではなく流通市場に流入している。周知の通り，1990年代に主要株価指数は上昇し続け，米国株式市場はブームを経験した[26]。これは株式流通市場において株式が活発に取引されたことによるが，株式流通市場での取引主体として中心的役割を担ったのがミューチュアル・ファンドであった。ファンドの種類別に見ても，やはり1990年代以降株式を組み込んだ株式ファンドの金融資産が急拡大している。株式ファンドは1990年代株式市場ブームを背景に家計に高利回りを提供することができた。この株式ファンドの高利回りを基に，株式ファンド（運用先には規模は小さいものの債券も含む）自体に加え，債券ファンドやハイブリッドファンド（株式と債券に複合的に投資する

---

[26] 特に1990年代後半は株式市場がブーム的好調さを持続した。ダウ・ジョーンズ工業平均株価 (Dow Jones Industrial Average) は1990年1月の2,773.25から，1995年1月に3,843.90，1999年1月には10,970.80へ，S&P 500 は同期間に339.94から500.71，1,286.37へと，それぞれ4倍近くまで急上昇した (http://finance.yahoo.com)。

図表 2-13　公的・私的年金基金の金融資産に占める割合

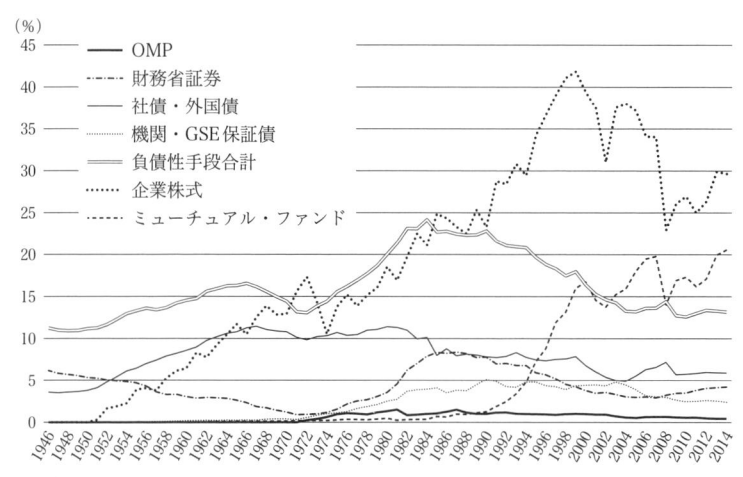

凡例:
- OMP
- 財務省証券
- 社債・外国債
- 機関・GSE保証債
- 負債性手段合計
- 企業株式
- ミューチュアル・ファンド

(出所) Board of Governors of the Federal Reserve System, Financial Accounts of the United States, Z-1, Historical data, Annual, L. 117（2015年6月公表分）より作成。

ファンド），MMMF（**図表 4-3**）といった，社債・CP購入によってより直接的に金融仲介に関与するその他のファンドも含む，ミューチュアル・ファンド全体への需要増大，市場の拡大が波及的にもたらされ，これによって，上述のミューチュアル・ファンドを介した直接金融シフトがよりスムーズに進展したと考えられる[27]。逆に，ミューチュアル・ファンドを経由した家計資金の株式市場流入が，同時期の株式市場ブームの大きな要因の一つでもあった（「家計→ミューチュアル・ファンド→株式流通市場」という資金フローの存在）。

さらにミューチュアル・ファンドから株式市場への資金流入を促進した重要な要因として，ミューチュアル・ファンド購入主体としての年金資金の存在を指摘できる。上述のように，年金基金は家計の金融資産に占めるシェアを拡大

---

[27] ICI (2005), p. 61; (2013), pp. 144, 171. 株式ファンドの純資産は，1990年の約2,400億ドルから1999年には約4兆ドルに，ハイブリッドファンドは約350億ドルから約3,800億ドルに，債券ファンドは約2,700億ドルから約8,100億ドルに，MMMFは約4,300億ドルから約1兆6,000億ドルに拡大している。それぞれのファンドのポートフォリオの内訳を見ると，1990年代末時点で，株式ファンドの約94％が株式，約1％が社債，ハイブリッドファンドの約56％が株式，約23％が社債，債券ファンドの約2％が株式，約33％が社債によって占められている。

し続けトップを維持している[28]。年金基金の金融資産構成を示した**図表2-13**によれば，年金基金は1990年代に株式投資を拡大させるとともに，その金融資産に占めるミューチュアル・ファンド保有部分を急拡大させている。

たとえば年金基金拡大の要因としてしばしば指摘される確定拠出型401kプランでは，雇用主が従業員に対して提供する投資選択肢のなかでミューチュアル・ファンド，特に株式ファンドが大きな位置を占めるようになっている[29]。年金基金は長期的な資産運用を目的にするため，短期的な価格変動によってファンドを解約・償還することが少ないとされ，ミューチュアル・ファンドの安定拡大に重要な役割を果たした[30]。年金基金は自ら株式流通市場での積極的な購入主体として株式市場ブームを促進するとともに，ミューチュアル・ファンドの安定購入主体として資金循環構造の変化の「間接的」推進主体となったとも言える。同時に年金基金にかかわる資産の運用・管理，投資顧問業なども，Ⅰ節で示した資産運用関連業務の拡大に重要な役割を果たした（「家計→年金基金→株式流通市場」，「家計→年金基金→ミューチュアル・ファンド→企業（社債・CP）及び株式流通市場」という補完的資金フローの存在）。

以上のように，ミューチュアル・ファンドが新たな金融仲介主体となる第一条件＝家計への高利回り提供は，特に1990年代の株式市場ブームの存在を重要な要因としており，またこの株式市場ブームは，ミューチュアル・ファンドと年金基金という家計資金を集中する二大資金が株式流通市場に大量に流入したことを一つの重要な要因としていた。加えて，年金基金によるミューチュアル・ファンド安定購入も，資金循環構造の変化に間接的に寄与した。こうした絡み合いの下で，ミューチュアル・ファンドが新たな金融仲介主体になる条件が満たされたと言える[31]。

---

28) 年金基金の一般的拡大についてはPoterba (1997) などを参照。
29) Shiller (2000), 訳，35-38頁。1996年時点で401k資金の3分の2がミューチュアル・ファンドや自社株の購入を通じて株式に流入していた。
30) 三谷 (2003), 30-31頁。
31) 年金基金，ミューチュアル・ファンドと株式市場の関係についてはFortune (1997); (1998), Engen and Lehnert (2000), Shiller (2000), 三谷 (2003) などを参照。

結び

　本章で示した通り,1980・90年代の米国経済における金融機関の収益拡大と証券関連業務,特に資産運用関連業務の拡大という事実の背景にある,同時期の米国金融市場における変化は,ミューチュアル・ファンドを新たな金融仲介主体とする直接金融への比重シフトという資金循環構造の変化であった。主に預金,ミューチュアル・ファンド,社債・CP間の金利差を通じて生じたこの変化は,ミューチュアル・ファンドと年金基金を通じた家計資金の株式流通市場への大量流入,年金基金によるミューチュアル・ファンド購入という,関連するフローと密接に結びつく形でよりスムーズに進展したと言える。

　資金循環構造の変化が進むにつれ,証券会社や商業銀行の側から見ても,それらに関連する業務,つまり,ミューチュアル・ファンドの販売や運用,年金基金に代表される機関投資家に対する投資顧問,投資代行,投資資産の管理といった資産運用関連業務は,ますます収益的な業務に位置付けられるようになり,それらが生み出す手数料収益は,実際に金融機関の収益への貢献度合いを高めていった[32]。ここには,伝統的銀行・証券業務で競争激化を経験した証券会社や商業銀行が,拡大する資産運用関連業務に新たな収益源を求めた事実とともに,それが手数料ビジネスであるために,特に商業銀行にとっては伝統的銀行業務と異なり,自らのバランスシートを膨らませることなく,リスクを取らずに収益を上げることができる点で,リスク管理上も望ましいものであったという事実も関連していた。そうしたことから,金融機関は顧客のニーズに合わせて既存の資産運用サービスを提供するだけでなく,次第に自ら新しいファンド(ミューチュアル・ファンドからヘッジファンドなどまで)や運用サービス(富裕層向けのプライベート・バンキング(private banking)など)を次々と生み出すとともに,それらを顧客に対して積極的に売り込むようにもなった[33]。

---

[32] Greenwood and Scharfstein (2013), pp. 7-17 を参照。資産運用業務が金融機関の収益源としての地位を高める一方,家計にとっては,資産運用を専門業者に委託する手数料は金融機関によって割高に設定されていたことが示されている。

[33] 大手金融機関は当初,手数料の低さや,投資銀行部門の顧客(大企業や機関投資家)との

そして金融機関の関与が積極的になるほど，資金循環構造の変化もより促された。こうした好循環は，結局は株式市場の好調さに大部分依存しているという意味で必ずしも安定的なものとは言えなかったが，少なくとも1980・90年代においてはそれが実現したことでうまく機能したと言える。一方，同時期の資産運用関連業務の拡大に関しては，本章で示した通り，あくまで需要側，主に家計が，預金や株式の直接保有に代わる投資手段としてそれを必要とした側面が強く見られ，必ずしもそれらを提供する金融機関側の主導性が前面に現れたとまでは言えなかった。

関係悪化や利益相反（conflict of interest）が起こる可能性もあることから，資産運用関連業務への参入・拡大に二の足を踏んでいた。しかしその先陣を切った投資銀行ドナルドソン・ラフキン＆ジェンレット（Donaldson, Lufkin & Jenrette）のそれが非常に収益性の高い業務であると認識されたことを皮切りに，ゴールドマン・サックス（Goldman Sachs）やモルガン・スタンレーなどの大手金融機関もこぞって参入するようになった。そこでは，本章で主に扱った一般個人向けのミューチュアル・ファンド，MMMFなどの運用や販売の他に，主に富裕な個人向けや機関投資家向けの高度なファンドの運用（ヘッジファンドやPEファンドの運用も含む）も行われた。大手金融機関は，それらファンドの好業績を目指す以外に，多様な商品の提供，それらの販売のための積極的かつ強力な営業も行った（Eliss (2008)，訳 (b)，111-134頁）。大手金融機関の名称を冠したりそこで販売されたりしたファンドは，その「名声（reputation）」に基づき，それ以外のファンドよりも（必ずしもパフォーマンスが良くなくても）一般的に顧客の信頼度が高いことは広く認識されている。一方で，大手金融機関が資産運用顧客に対して自社の金融商品・ファンド（リターンが悪かったり，一般的な商品の10〜20倍といった過大な費用が掛かるものも含まれる）への投資を強く勧めるといった利益相反慣行も近年数多く指摘されている（McGee (2012)，Weinberg (2013) などを参照）。また近年，金融機関が特に力を入れているのが，富裕な個人向け資産運用サービスの提供で，これはプライベート・バンキングと呼ばれる。2010年時点で世界の投資可能な資産の総額は122兆ドルあり，そのうち47.4％が100万ドル以上の投資可能資産を保持する家計（いわゆる富裕層）のものであり，いずれも近年急速に拡大していると推定されている。プライベート・バンキングでは金融機関は運用資産の約1％の収益を獲得し，0.35％のマージンが生まれるともされる。富裕層の資産規模や行動が機関投資家のそれと近づくまでに拡大するにつれ，高度な金融サービス・商品を総合的に扱う大手金融機関がこのビジネスで優位に立ち，特に積極的に活動するようになった。一方で，特に銀行系の大手金融機関はすでに預金やクレジットカードを利用する大量の顧客と広範な支店網を保持しており，また情報・通信技術の発展によってそうしたサービスの提供コストが下がったこともあり，かつてはコストの関係から対象とされなかった超富裕層には該当しない顧客の一部もそうしたビジネスに積極的に取り込むようになった。現在ではオンライン専門業者などの新規参入も相次ぎ，非常に競争の激しい分野となっている（The Economist (2012)）。

第3章　金融機関の収益拡大と投資銀行のM&A関連業務

　前章で確認した通り，米国で1980年代以降に拡大した金融機関の収益のうち，特に1980・90年代には証券会社（投資銀行含む）の収益が急速に拡大した。そうした同時期の証券会社の収益拡大の要因は複合的であったが，前章で検討した資産運用関連業務と並び，もう一つの重要な柱を構成するのが，企業のM&Aや事業売却(divestiture)などに関連する，M&A関連業務の収益が拡大したことである。本章では，特に投資銀行が行うM&A関連業務とはいかなるものかを明らかにし，それがいかに巨額の収益をもたらしえたのかを追求する[1]。

I　証券会社の収益拡大とM&A関連業務

　まず1980年代以降に米国金融機関の収益が拡大するなかで，商業銀行と比べて大きく拡大した証券会社の収益が，主にどのような要因によってもたらされたのか再確認しよう。前章の**図表2-3**から分かるように，1980年代以降の証券会社の収益のうち，伝統的証券業務と比べて，その他証券関連収益，資産運用手数料などの収益が相対的に拡大傾向にあった[2]。
　このうち特に顕著な拡大を見せるのがその他証券関連収益であり，そこに「M&Aなどのサービス手数料」（以下，M&A仲介手数料）も含まれるが，その詳しい内訳は必ずしも分かりえない（前章注4を参照）。しかし主要投資銀行が証券取引委員会(Securities and Exchange Commission: SEC)に提出する年次報告書(Form

---

1）米国金融機関の収益拡大の背景として特に投資銀行の存在に着目し，その様々な業務を追求した研究はこれまでほとんど見られない。そうした問題意識から投資銀行に着目した数少ない先行研究として，松井・奥村(1987)，松井(1991)，高田(2003)などが挙げられる。
2）証券会社の伝統的証券業務は，一般的には証券取引仲介と証券発行引受を指す。金額ベースで見ると，1980・90年代にそれらの手数料収益や，トレーディングゲイン（未実現ゲイン含む）なども拡大している。

10-k) を見る限り、その大きな部分を占めるのはおそらく「投資勘定からの金利・配当収益（レポ含む）」（投資目的で長期保有される証券からの金利・配当）などであって、必ずしもM&A仲介手数料が圧倒的に大きな比率を占めるわけではないとも想定される[3]。一方、後述のように、投資銀行のM&A関連業務から生み出される収益はこの仲介手数料のみに限られず、M&Aに関連する融資の金利収益や証券発行引受手数料など、実際には公表されたデータではM&Aに関連すると明確に分類されない様々な収益もM&A関連業務収益と捉えられるべきである。それらを含むM&A関連業務収益はデータに現れるよりもかなり大きく、同時期の証券会社の収益拡大にも大きく寄与したものと考えるべきである。

したがって1980・90年代の証券会社の収益拡大の内実を追求するには、これらM&A仲介手数料を中心としたM&A関連業務収益に注目する必要がある。なおM&A関連業務は広義の証券会社のうち、特にホールセール業務を行う投資銀行の主要業務である。以下では、投資銀行のM&A関連業務の実態にさらに迫る。まず次節で、投資銀行のM&A関連業務が確立・拡大していく背景としての、米国における1980・90年代のM&Aブームを概観する。

II 1980年代以降のM&Aの拡大

広く認識される通り、米国は20世紀に入って以降、断続的に5回（ないし6回）のM&Aブームを経験した。しかし第三次ブーム以前、すなわち1970年代前半までは、大企業が絡むM&Aが少なく、M&Aの規模もそれほど大きくなかったことや、一流投資銀行が敵対的買収に積極的に絡むことが少なかった

---

[3] たとえばM&A仲介（財務アドバイス業務）収益が明確に分類されているゴールドマン・サックスのForm 10-kによれば、同社の総収益に占めるその割合は、M&Aブーム期の1990年代末でも10%に満たない程度である。一方、Saunders and Srinivasan (2001), p. 21によれば、主要投資銀行（投資銀行業務を行う商業銀行含む）10行について、1998年における手数料収益（引受手数料とM&A手数料の合計。証券取引仲介手数料は含まれない）に占めるM&A手数料の割合は平均で23.8%であった。またSIFMA Research Department (2014), p. 37によると、主要投資銀行の手数料収益に占めるM&A手数料の割合は2000年代を通じておおむね20～30%台を記録した。

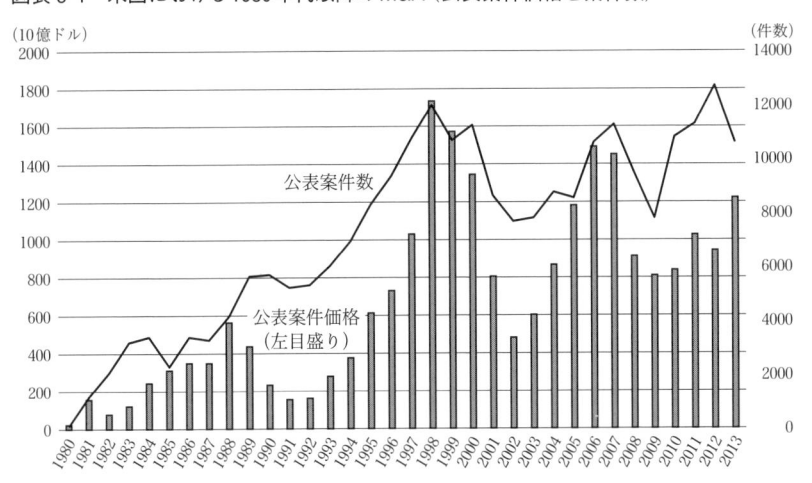

図表 3-1　米国における1980年代以降のM&A（公表案件価格と案件数）

(出所) SIA (2002), p. 23, SIFMA Research Department (2014), p. 18より作成。

こともあり，M&A関連業務が投資銀行の主要業務として確立されているとまでは言えなかった[4]。その確立は，第四次ブームが開始する1970年代半ば以降，特に1980年代以降であったと言える[5]。このことは，前節で指摘した1980年代以降の投資銀行のM&A関連業務収益の拡大の事実とも符合する。

図表 3-1は，1980年代以降の米国企業が絡むM&Aの総件数と総買収金額を示している。一見して分かるように，M&Aの総件数，総買収金額ともに1980年代初めから後半にかけて徐々に拡大しており（第四次ブーム），1980年代末から1990年代初頭にいったん停滞期を迎えた後に，1990年代を通して再び急拡大している（第五次ブーム）。以下本節では，これら2回のM&Aブームに着目し，その背景と特徴を簡単に示す。

---

[4] M&Aの取引金額が1件10億ドルを超えると一般的に大型合併として捉えられ，100億ドルを超えるものは超大型合併と言われることが多い。
[5] 1960年代以前の投資銀行は企業へのアドバイス業務を手数料を取らずに行うことも多かったが，これは将来，その企業が証券を発行するときに主幹事の地位を獲得して巨額の手数料を得ることが期待できたからであった (Heyes and Hubbard (1990), p. 130)。それゆえ同時期には各投資銀行にM&Aを専門とする独立した部署はほとんど存在しなかった。

1 1980年代のM&Aブーム

 1960年代後半から1970年代前半のコングロマリットM&Aブーム（第三次ブーム）収束後，ほどなくして，米国は1970年代半ばから1980年代にかけて第四次M&Aブームを経験した。同時期にM&Aが拡大した背景として広く指摘されるのが，1981年に誕生したレーガン (Ronald Reagan) 政権による諸施策である。同政権下での運輸部門，放送部門，医療部門といった諸部門に対する広範な規制緩和を通じて当該部門に激しい競争が生み出され，また情報・通信産業や金融業の台頭といった産業構造の変化が同時進行したこともあって，様々な業界で大規模な企業再編を迫られた。こうした企業再編過程でM&Aが活発に利用された。また同政権による1981年の大規模減税策の一環としての法人税における諸優遇措置（投資減税など）は，企業に余剰資金をもたらしてM&A活動を活発化させ，同時に富裕層を対象とした減税は1970年代から続く機関投資家の資産急増を促し，それらにM&Aに関連する資金の提供役を果たさせた。さらに1984年に司法省がM&Aに関するガイドラインを改正して独占禁止法を緩和したことも，同時期のM&A活動を活発化させた大きな要因となった。

 こうした背景の下に生じた1980年代のM&Aブームは，1984年前後を境に前半と後半とで異なる特徴を持つ。まず前半は，一方で第三次ブームの主役であったコングロマリットが期待した収益を上げられず，不要な事業部門を売却するという事業再構築の動きがあり，他方で大企業による本業との関連を重視した多角的かつ大型のM&Aが盛んに行われたことを大きな特徴とする。GEやエクソン (Exxon)，モービル (Mobil) といった大企業が1件10億ドルを超える大型買収を行うとともに，モルガン・スタンレーのような投資銀行がその仲介，しかも敵対的買収の仲介をも多額の手数料を取って行うようになった[6]。この時期を境に，投資銀行のM&A関連業務がきわめて収益性の高い業務として確立したと言える。

 次に後半の特徴は，いわゆる「乗っ取り屋 (raider)」による敵対的買収と，M&A手法としてのレバレッジド・バイアウト (leveraged buyout: LBO) やジャン

---

6) 松井 (1991), 8-10頁。

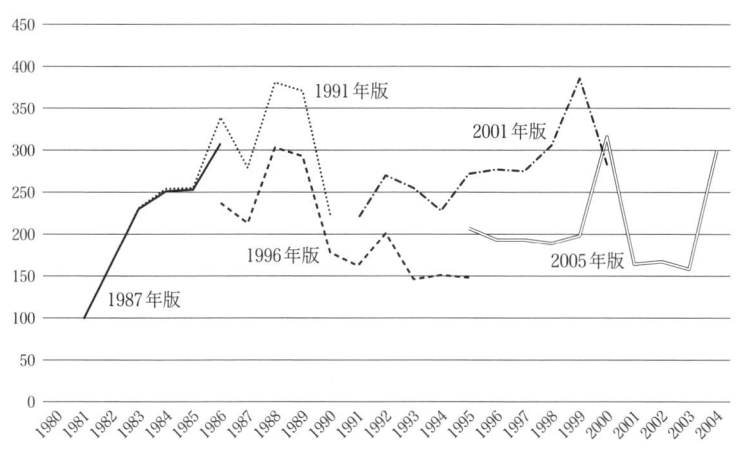

図表 3-2　米国における LBO 件数

(出所) Mergers & Acquisitions 誌の各年版 Almanac より作成。
(注) Mergers & Acquisitions 誌の Almanac は各年によってデータ・ソースが異なる場合があり，また随時過去のデータの修正なども行っているため，グラフがつながらない。特に数値に大きな差異が生じるのは各データ・ソースによって LBO の定義が異なることが主因と想定される。

クボンドの利用などに代表される，マネーゲーム的 M&A が増大したことである[7]。**図表 3-2，3-3** によれば，1980 年代後半に LBO の件数とジャンクボンドの発行（引受）額及びその社債全体に占める割合が増加している。LBO では買収資金のほとんどが，ターゲットにされた企業の資産や将来のキャッシュフロー（cash flow）を担保とする負債によって調達される。それが可能になったことと，非投資適格の格付けしか持たない主体もジャンクボンドを発行できるようになったことで，買収側の調達可能資金は急拡大した[8]。こうした 1980 年代

---

7) 投資ファンド，コールバーグ・クラビス・ロバーツ（Kohlberg Klavis Reberts: KKR）などに代表される会社乗っ取り屋の典型的手法は，実際に企業を乗っ取ったうえで企業のリストラを行い株価収益率（price earning ratio: PER），株価などを上昇させたうえで，転売してキャピタルゲインを得ることである。加えて，実際に企業を買収せず，買収標的企業の株式の一部を買い集めて経営者に対して買収の脅しをかけ，時価より高い株価で持株の買戻しを迫ることによっても乗っ取り屋は莫大な利益を得た（松井・奥村 (1987)，58-59頁）。
8) 松井 (1991)，14-22頁。1980年代にジャンクボンド市場を生み出したのは，ドレクセ

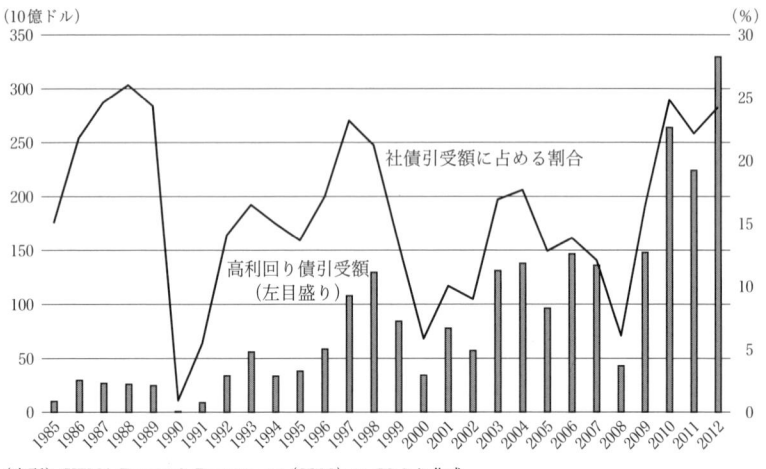

図表 3-3　米国におけるジャンクボンド引受額と社債引受額に占める割合

(10億ドル)　　　　　　　　　　　　　　　　　　　　　　　　　　　　(%)

グラフ中のラベル：社債引受額に占める割合、高利回り債引受額（左目盛り）

(出所)　SIFMA Research Department (2013), p. 20 より作成。

後半のLBOブームにおいても，そのM&Aに際して助言を行い，また買収資金の調達を仲介したのは投資銀行であった。

　LBOを中心とするマネーゲーム的な敵対的買収の波は1989年をピークに急速に収束に向かい，それとともに第四次M&Aブームも終結した。そうした敵対的買収が減少した理由については様々なことが指摘されている。具体的には，1986年税法改正に基づく企業売却から生じるキャピタルゲイン税率優遇措置の廃止，全米各州の企業買収防止法が1980年代後半に連邦最高裁判所の判決で認められるようになったこと，1987年のブラック・マンデー (Black Monday) による株価暴落・景気後退とそれに伴う買収側の買収余力の低下，企業による各種敵対的買収防衛手段の強化，そして1990年ドレクセル社倒産に伴うジャンクボンド市場の崩壊などが挙げられる。ブームの収束とともに，投資銀行のM&A関連業務も一時的に縮小することになった（**図表2-3**で，その他証券関連収益のシェアが1989年から1990年代初頭にかけて大幅に縮小しているこ

　ル・バーナム・ランベール (Drexel Burnham Lambert) 社のミルケン (Michael Milken) である。

2　1990年代のM&Aブーム

　第四次M&Aブームが，LBOの行き過ぎに対する若干の見直しを伴いつつ1989年前後をピークにいったん収束した後，1990年代前半以降，米国経済が回復基調に入るにつれてM&Aも再び拡大する。この拡大は1990年代末まで続く第五次M&Aブームへとつながった。1980年代のブームとの大きな違いは，その規模が圧倒的に大きいことである（**図表3-1**参照）。同時期には取引金額が100億ドルを超える超大型M&Aも発生するようになった。すでに1980年代にM&A関連業務を主要業務として確立していた投資銀行にとって，巨額の儲けを稼ぎ出す好機が来たと言える。

　第五次ブームの最大の背景は，1990年代を通じた経済の長期的拡大と株式市場ブームである。特に情報・通信産業，メディア産業，サービス業，金融業など，景気拡大と株式市場ブームを先導した主体が，同時期のM&Aを積極的に行う主体にもなった。

　第四次ブームと異なる特徴として，第一に，M&Aの中心主体が乗っ取り屋から企業へ移ったことである。1990年代には，戦略部門の規模拡大のためのM&A，非戦略事業のスピンオフ，事業再構築（人員削減・資産売却・財務再構築）のためのM&Aといった，企業による「戦略的M&A」が中心になった。ジャンクボンド市場が1992年以降復活する一方，LBOはそれほど顕著には増加しなかった（**図表3-2，3-3**参照）ことは，1980年代後半に盛んに行われた主にジャンクボンドを利用したマネーゲーム的LBOが減少したことを象徴している。また敵対的買収も1980年代と比較して1990年代には減少した[9]。第二に，M&A手法に大きな変化が見られた。同時期の長期的株式市場ブームを背景に，株式交換 (stock swap) によるM&Aが多く見られるようになった[10]。株式交換では，株価（時価総額）が高ければ，売却側企業にとっては企業を高

---

9) Schwert (2000) 参照。
10) たとえば *Mergers & Acquisitions* 誌の1990年版・1996年版のAlmanacによると，M&Aの支払いに占める，すべて株式（自社株に限らない）によって支払われた比率は，1989年では6％であったが，1995年では21.7％となっている。

く売却できるし，買収側企業にとっては有利な交換比率でM&Aを実行できたり，資金調達が楽になったりする[11]。第三に，同時期のM&Aブームは，米国企業が関与するクロス・ボーダー (cross-border) M&A，特に米国企業が外国企業を買収するM&Aの拡大によって促進された[12]。こうしたクロス・ボーダーM&Aの拡大は，同時期のグローバル化と規制緩和の進展とともに，国際競争を生き残るためのM&A，特に米国企業と欧州企業・アジア企業の間でのM&Aが盛んに行われたことによる。

以上のように，M&A規模の大型化，戦略的M&Aの増加，クロス・ボーダーM&Aの拡大などの特徴を持つ1990年代のM&Aブームの下で，投資銀行は，M&A部門の拡大や海外部門の増設など，積極的かつ敏速な対応を採ることで，M&A関連業務収益をさらに拡大させることができた。ところで**図表3-1**から分かるように，この第五次M&Aブームも，2000年末のITバブル崩壊や証券市場における大規模不祥事などの影響で2001年以降収束した。しかし米国のM&Aは，2003年から再び回復軌道に入り，国際金融・経済危機が発生する2007年まで拡大傾向が続いた。これを第六次ブームと呼ぶこともある。その特徴は，特にPEファンドに代表される買収ファンドの果たす役割が再び高まったことである。PEファンドについては第5章で再言及する。

III 投資銀行のM&A関連業務が巨額の収益を生み出した要因

米国におけるM&A市場の拡大の事実を1980・90年代中心に確認した。すでに部分的に指摘した通り，同時期のM&A市場の拡大は投資銀行の行うM&A関連業務の拡大と同時進行で進展し，同時期を通じてそれは投資銀行の主要業務となった。本節ではまずそうした投資銀行のM&A関連業務について

---

11) 一方，株式交換を利用したM&Aが活発化するなか，株価が過大評価されている企業が過小評価されている企業を，合併後のシナジー (synergy: 相乗作用) 効果など考慮せずに株式交換により買収する動きも一部で見られた (Martynova and Renneboog (2005), p. 9)。
12) *Mergers & Acquisitions*誌の1996年版・2000年版のAlmanacによると，1989年では米国企業が外国企業を買収するケースが379件，外国企業が米国企業を買収するケースが702件であったのに対し，1999年では前者が1,452件，後者が1,034件となっていた。

簡潔にまとめたうえで，投資銀行がそうした業務を行うなかで，I節で指摘した巨額の収益をいかに生み出しえたのか追求する。

1 投資銀行のM&A関連業務

　投資銀行のM&A関連業務にはM&Aに絡む様々な業務が含まれる。たとえば企業間M&Aにおいて，ある企業が別の企業を買収したり，別の企業に子会社・事業部門・資産などを売却したりする場合に，またある企業が敵対的買収の標的になったとき経営陣が当該買収を拒否し防衛措置を採る場合に，買収側企業，売却側（防衛側）企業の双方にアドバイザー（adviser）として投資銀行がつく[13]。投資銀行は弁護士や公認会計士なども含むM&Aチームを結成して当該M&Aに関する様々な助言を行い，相手企業やそのアドバイザーとの様々な交渉・契約などを代行する。具体的な業務内容としては，買収（売却）候補企業の洗い出し，事前精査（due diligence），買収（売却）価格の決定を中心とするM&Aに関わる諸費用の算出，候補企業側との交渉・契約，買収方法の決定（現金買収か株式交換かなど），敵対的買収の防衛の場合は防衛方法の決定などが含まれる。これらが投資銀行のM&A関連業務の中核としてのM&A仲介業務である。

　しかし投資銀行の役割はそれだけに留まらない。M&Aに絡んで，企業は買収資金，防衛資金，その他の資金のために資金調達，特に負債によるそれを行うケースが非常に多い（そしてこの負債は第1章で確認した同時期の企業負債の増大に重要な貢献をしている）。企業が資金調達を行う場合にそのアレンジ（arrange: 支援）を行うのは投資銀行であり，それが証券発行を通じる場合はその発行引受を行い，借入の場合はその資金をつなぎ融資の形で一時的に提供したりする[14]。また資金提供のためのファンドを組成することもある。

---

13) 敵対的買収が活発になる契機として指摘されるのが，1974年のカナダのインターナショナル・ニッケル（International Nickel）社によるエレクトリック・ストレッジ・バッテリー（Electric Storage Battery: ESB）社の敵対的買収を，一流投資銀行であるモルガン・スタンレーが仲介した事例である。このときESB側について防衛の助言を行ったのが同じく一流投資銀行のゴールドマン・サックスであった。ゴールドマン・サックスは敵対的買収の防衛の第一人者として確固たる地位を築き，1980年代には市場シェア50％以上を占めた（Endlich (1999), 訳, 115-122頁）。

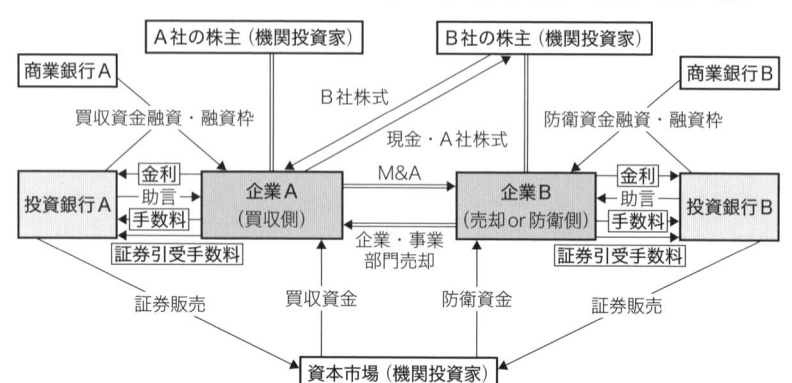

図表 3-4　企業間 M&A における投資銀行，企業，機関投資家の連関と資金の流れ

(出所) 著者作成。
(注) 企業間 M&A の形態は多様に存在しうるが，ここでは最もシンプルなものを想定している。

このように企業間 M&A に関連する様々な業務に投資銀行が積極的に関与するのであり，これらが M&A 関連業務と呼ぶものの実体である[15]。投資銀行やその他の主体が M&A にどのように関与するかについての概観は，**図表 3-4** を参照されたい[16]。なお M&A 関連業務では，一握りの一流投資銀行のシェアがきわめて高くなる傾向にある[17]。その理由は，第一に，それらが有能な人材，

---

[14] こうした融資は商業銀行が行ったり，複数の金融機関が参加するシンジケート・ローン (syndicated loan) 形態を採ることも多く，特に当該 M&A が LBO である場合はリスクが高い分，利ざやも非常に大きくなる。

[15] 本章では，主に企業間 M&A のみを分析対象とし，たとえば買収ファンド (PE ファンドやベンチャーキャピタルなど) による M&A や，投資銀行自体が未公開企業株式を中心に買い手となる M&A (マーチャント・バンキング業務やプリンシパル・インベストメント業務と呼ばれる) などについては，1980年代後半以降 M&A 市場においてそれらが重要な位置を占めること，また投資銀行の収益にとってもそれらが重要な役割を果たすことを認識しつつ，基本的に対象外とする。

[16] 投資銀行の M&A 関連業務に関しては，Smith and Walter (1990), pp. 493-506, 西村 (2005), 186-267頁などを参照。

[17] たとえば2005年の米国企業が関与した全 M&A (公表案件：買収金額ベース) において仲介を行った金融機関を見ると，ゴールドマン・サックスが35.6％，モルガン・スタンレーが31.7％，次いで銀行系の JP モルガン・チェース (JPMorgan Chase) が23.6％，シティグループが20.6％，再び投資銀行のリーマン・ブラザーズ (Lehman Brothers) が19％，メリル・リンチが18.8％のシェアを占めている。一つのディールに複数の金融機関が絡むため，シェアの合計は100％にならない (Thomson Financial の HP を参照)。

様々な業務を通じて蓄積された市場情報，資金調達手段へのアクセスなどを独占的に保持しており，それらを元に数多くの過去のM&A成功実績を持つからである[18]。第二に，それらが機関投資家との既存の関係を広範に保持するからである。機関投資家との関係がM&Aを首尾よく完了させるうえで重要な役割を果たすことについては後述する。第三に，M&A仲介は特定の個人の能力・名声に非常に左右される業務であるが，一流投資銀行しかそうした「スタープレーヤー」を雇うための高額の報酬を支払えないからである。これらの理由からきわめて高いシェアを示す一握りの一流投資銀行には，当然圧倒的に巨額の収益が生み出されることになった。

2　M&A関連業務が巨額の収益を生み出した要因

　本来M&A自体は，M&Aを行う当該企業2社及び被買収側企業の株主の間で基本的に完結しうるものである。しかし上述の通り，M&Aに関しては調査，交渉，買収価格算定，契約文書作成，資金調達支援など様々な付随業務が伴うのであり，またM&Aの規模や複雑性は時代を経るとともに増している。こうした複雑な諸業務を行うには高度な専門知識と経験，資金調達に関するアレンジ力などが必要になるが，それを個別企業が独自に行うのはきわめて困難である[19]。したがってそれらを総合的に保持する投資銀行，特に少数の一流投資銀行にはM&Aの専門仲介役として存在意義が見出され，それらの提供するM&A関連業務には見返りとして企業から巨額の手数料が支払われることになる。ただこうしたM&A関連業務の特殊性・複雑性を指摘しただけでは，米国投資銀行が1980・90年代にそこから巨額の収益を生み出しえた説明として不十分である。M&A関連業務が同時期に米国投資銀行に巨額の収益を生み出しえた理由として，少なくとも以下2点を指摘すべきである。第一に，同時期に

---

18) Kosnik and Shapiro (1997), p. 9, Rau (2000), pp. 312-313などを参照。
19) Servaes and Zenner (1996), pp. 790-794は，当該M&Aにおいて，取引費用や，契約費用，情報の非対称性が大きければ大きいほど，M&Aにおいて投資銀行が利用される可能性が高まることを指摘している。またKosnik and Shapiro (1997), pp. 9-10は，M&A仲介業務の特殊性・複雑性が顧客企業に対する投資銀行の優位性を与えていると指摘している。

米国投資銀行主導でM&A関連業務自体が急速に拡大したことであり，第二に，M&A関連業務から生み出される収益が複合的性格を持っていたことである。

(1) 投資銀行主導のM&A関連業務の拡大

まず指摘すべきは，1980・90年代にM&A関連業務自体が急速に拡大したために，投資銀行のM&A関連業務収益が拡大したということだ。前節で確認した通り，同時期に2度のM&Aブームが生じるなかでM&Aの案件数と規模が急速に拡大したため，それに伴って当然，投資銀行のM&A関連業務も拡大した。しかしそれだけではM&AならびにM&A関連業務拡大の表層を捉えたにすぎない。留意しなければならないのは，同時期のM&A関連業務拡大がM&Aブームに依っていたということは，それが投資銀行にとって安定的な収益源とは言えないということである。ブームはあくまで一過性であり，その終結とともに当然投資銀行の関連業務・収益は大幅に縮小してしまう。そこで投資銀行はブームができるだけ継続・拡大することを望むだろう。ここで注目すべきは，M&Aの大部分は企業側の要因によって決まるためM&A関連業務の拡大・縮小も投資銀行にとって基本的に所与であるが，実際には，M&A関連業務の拡大を，ある程度，投資銀行自ら促進しえたことである。投資銀行がそれを行うことができた重要な要因は二つある。

第一の要因は，投資銀行が企業，機関投資家との間の既存の取引を通じたネットワークをM&A関連業務拡大のために有効活用できたことである。特に一流投資銀行は既存の業務を通じて，大企業，大機関投資家と広範な結びつきを有している。それがM&A関連業務を実行し，新たに開拓していくうえで有利に働いた。まず投資銀行と企業とは，主に証券発行引受業務などを通じて取引関係を持つが，それら企業がM&Aに関与する際，アドバイザーを主要取引投資銀行に依頼することが多い。投資銀行にとってM&A関連業務は既存の取引の保持・拡大・開発のための手段となるし，企業の内部情報を得たり，企業の最高経営責任者 (chief executive officer: CEO) などとの人的つながりを強化する手段にもなる[20]。次に投資銀行と機関投資家とは，証券売買業務や前章でも確認

---

20) 松井・奥村 (1987), 226-227頁参照。

した資産運用業務などを通じて密接な結びつきを持つ。M&Aでは当該企業株式の大量保有者であり，買収・防衛企業それぞれが発行し投資銀行が引き受けた証券の埋め込み先にもなる機関投資家がキャスティング・ボートを握っており，投資銀行にとって機関投資家との既存の結びつきがM&Aを成功させるうえで有効に機能する。投資銀行はこれら企業や機関投資家との広範なネットワークを組織・統治できたために，それを活用して多くのM&Aを成功させて自らの評判を高めるとともに既存のネットワークを強化・拡張でき，それによってさらにM&A関連業務を拡大させることができた[21]。

　第一の要因がある意味で投資銀行の「正攻法」だとすると，第二の要因は「裏技」に該当する。それは，投資銀行が，1980年代以降の株式市場ブームとM&Aブームから収益を得ただけでなく，自ら率先してそうしたブームを創り出すことを通じて，M&A関連業務をある程度まで自ら拡大させることができたことである。上述のように，M&Aブームが収縮すれば当然M&A関連業務も縮小し，株式市場ブームが崩壊し株価が下落すればM&A案件も減るので，投資銀行は常にブームを煽り続ける動機を持つ。加えて，グローバル化の進展や情報・通信技術革新，「ブティック」と呼ばれるM&A専門業者の新規参入など，投資銀行のM&A関連業務を取り巻く競争環境も次第に変化しつつあった。競争の激化は収益減少に直結しうる[22]。したがって高まる競争下で投資銀行がM&A関連業務収益を確保するためには，企業や機関投資家を株式市場ブームとM&Aブームに巧みに引き込み続ける必要がある。そこで投資銀行は，企業をM&Aに駆り立てるために，多くの案件を自ら持ち込むとともにブームに乗り遅れないよう競争を煽り，株式市場ブームを維持するために，自己勘定取引(proprietary trading)で株価を買い支えたり，投資銀行の調査部門に在籍するアナリストに投資銀行業務部門に有利になるようなレポートを出させ，株価を維持させる役割を果たさせたことも指摘される[23]。こうしたブームを自ら創り出

---

21) 松井 (1991)，4頁などを参照。なお投資銀行と企業，機関投資家とのネットワークは商業銀行のそれとは異なり，基本的に案件ごとに完結するトランザクショナル (transactional) なものの結合体であり，投資銀行は取引先との長期的な関係をさほど考慮することなく多くのM&A案件に関与できるとされる。
22) Deloitte (2012a) などを参照。

す裏技を駆使して，投資銀行はM&A関連業務を拡大させることができた。

　以上二点が，1980・90年代にある程度まで米国投資銀行自身がM&A関連業務を拡大させることができた重要な要因であり，こうしたM&A関連業務自体の拡大がM&A関連業務収益の拡大に直結した。

(2) M&A関連業務収益の複合的性格

　M&A関連業務収益の拡大は，上述の通り，主要にはそれら業務自体の拡大に基づく。加えて，M&A関連業務の収益構造にも，収益拡大の重要な要因があった。すなわち，M&A関連業務は投資銀行にとって収益上旨みのある業務であったということである。投資銀行にとってのM&A関連業務の旨みは，M&A関連業務の収益構造の複合的性格に基づく。

　まずM&A関連業務収益の第一は，M&A仲介手数料である。**図表3-5**を見ると，すでに確認したM&A市場の拡大に歩調を合わせて，投資銀行の取得したM&A仲介手数料も増大していることが分かる。このM&A仲介手数料には大きく分けて二つの決定方式がある。第一が，M&Aが成功するかどうかにかかわらず決定される固定的な手数料であり，第二が，M&Aが成功したときに支払われる成功報酬の意味合いを持つ変動手数料である。特に買収側企業のアドバイザー投資銀行に支払われる手数料は，多くの場合，成功報酬的な変動手数料構造を採る[24]。この変動手数料はリーマン方式 (Lehman Formula) と呼ばれ

---

23) 投資銀行による積極的なM&A（買収，売却，防衛）案件の「持ち込み」の事実は，多くの金融実務経験者が証言するところである（たとえばLewis (1989)，訳，386-389頁，Rolfe and Troob (2001)，訳，141-180頁，石上他 (2007)，70頁，Eliss (2008)，訳，a，394-407頁などを参照）。一方で，そうしたM&A案件の多くが，市場シェアの維持・拡大と手数料収益を目的とした投資銀行が，質の悪い案件でも顧客に積極的に推奨してM&A実績を積み上げようとするといった，顧客との間の利益相反的慣行を伴ったため，実際にはM&Aを実施した企業の企業価値向上につながっていないことも指摘されている（Plaksen (2010) などを参照）。またLin et al. (2005) は，投資銀行に在籍するアナリストは投資銀行業務部門（引受やM&Aなど）の顧客企業の「買い推奨」をなかなか引き下げないなど，公平性を持った評価をしていないことを指摘している。
24) McLaughlin (1990), p. 221 によれば，1980年代前半において，買収側企業のアドバイザー投資銀行に支払われる手数料は80％がM&A成功時のみに支払われる変動手数料形態を採っていた。

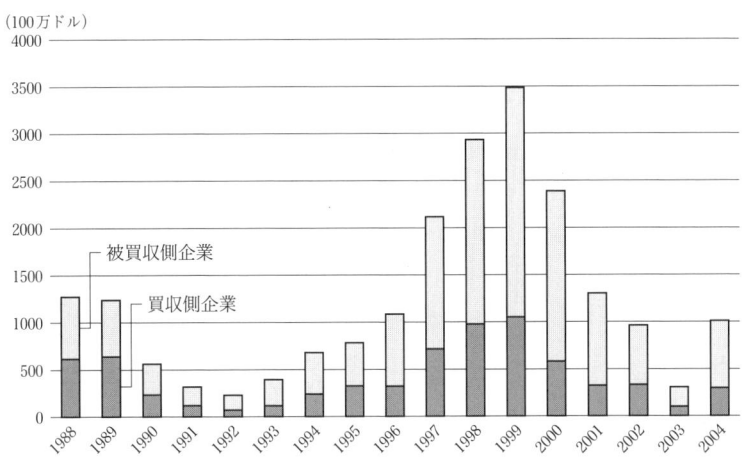

図表 3-5　投資銀行に支払われた仲介手数料

(100万ドル)

(出所) 図表 3-2 と同じ。
(注) 1995年までは *Mergers & Acquisitions* 誌のAlmanacの1996年版、それ以降は2005年版を使用。ただし1996年版のデータと2005年版のデータに厳密な意味での継続性はない。

る方式を基準に決められることが多く、目安として取引価格が100万ドルまでの場合はその5％、200万ドルまでは4％＋α、300万ドルまでは3％＋α、400万ドルまでは2％＋αで、400万ドル以上の場合は1％＋αとなっている[25]。こうした仲介手数料に限って言えば、投資銀行の主要業務である証券の発行引受手数料よりも低く設定されており、広く考えられているよりも実際にはかなり低いとも認識できる[26]。

しかしここで注目すべきは、投資銀行がM&A仲介業務を行うなかでほとんどリスクを取っていない点である[27]。引受業務では、発行された証券を投資銀

---

[25] 西村 (2005), 205-206頁を参照。またMcLaughlin (1990), p. 220によれば、1980年から1985年の手数料 (買収側・被買収側の双方を含む。また手数料形態としては固定型・変動型の双方を含む) の平均は買収金額の1.29％で、10億ドル以上のM&Aに限れば0.6％であった。さらにKosnik and Shapiro (1997), p. 12によれば、モルガン・スタンレーの手数料基準では、1億ドルのM&Aで1％、5億ドルで0.5％、10億ドルで0.4％、40億ドルで0.23％であった。

[26] McLaughlin (1990), p. 213によれば、M&A仲介手数料率は証券引受手数料率のおよそ半分であった。

行が自己資金で一括で買い取るため，機関投資家などへの転売が完了するまで一時的にリスクを取ることになるし，場合によっては売れ残りが出るリスクも存在するなど，多少なりともリスクが存在する。しかしM&Aの仲介のみを行う限りでは基本的に自己資金を投入することなく，契約企業から手数料を取得できる。したがってM&A仲介業務の収益性はきわめて高いと言える。一方，この手数料は固定型でも変動型でも買収金額に応じて決定されM&Aの規模が大きくなればなるほど大きな手数料が得られるため，リスクを取らない投資銀行にはM&Aの規模・買収金額をできるだけ大きくしようとする動機が生まれる。さらに成功報酬型の変動手数料ではM&Aに失敗すれば儲けが得られないため投資銀行は是が非でも成功させる必要があるが，万一失敗しても所定の必要経費は基本的に企業側の負担となるので大損をすることはない。このように，投資銀行と契約企業の間にはある種の利益相反構造が存在し，この構造を元に同時期に投資銀行は企業に対してM&Aの大規模化を促して，実際に巨額の手数料を取得できたと考えられる[28]。

次にM&A関連業務収益の第二は，M&Aに関連する企業の資金調達のアレンジからの収益である。M&Aに関連して企業は外部資金調達を行うことが多く，その資金調達は証券発行か借入を通じて行われ，前者の場合は仲介投資銀行が発行引受を行うことが多く，後者の場合も同じ投資銀行がつなぎ融資として一時的に資金を提供し，その後，証券発行（この証券も同じ投資銀行が引き受ける場合が多い）を通じて調達した資金によってすぐ返済される場合が多い[29]。これらを通じて投資銀行には金利・手数料収益が付随的に発生するが，特にLBOなどでは通常の企業向け貸出や発行引受よりもリスクが高いと見なしてかなり高い金利・手数料を設定することもできる。このように投資銀行はM&Aに関連する企業の資金調達をアレンジすることで利益を得るが，それは投資銀行にとってますます重要なものになってきている[30]。上述のように，

---

[27] 髙田 (2003) は，投資銀行が基本的には自ら大きなリスクを取る金融仲介機関ではないことと，リスクを商品化し投資家に転嫁することが投資銀行の業務の本質であることを指摘している。

[28] McLaughlin (1990), p. 227, Kosnik and Shapiro (1997), p. 11 などを参照。

[29] 松井 (1991)，4頁などを参照。

M&Aに絡む証券発行引受は手数料業務ではあるが多少のリスクを伴う。しかしそうしたリスクは熟練した投資銀行であれば比較的容易に機関投資家などに転嫁可能であろう。さらにこの業務では引受手数料の他に、うまくいけば引き受けた証券を機関投資家に高く転売することでキャピタルゲインも生み出されうる。首尾よく転売できればその後のM&Aの成否とも関係がないため、M&A資金のアレンジは成功報酬型のM&A仲介業務よりも投資銀行にとってさらに割の良い業務と言えるかもしれない。

以上のように、M&A仲介手数料と資金調達アレンジ収益というM&A関連業務収益の二段階性が収益上の大きなメリットであり、そうした業務がいずれも基本的に大きなリスクを取ることがないという性質が、投資銀行にとってそうした業務の魅力をさらに高めた。

結び

1980・90年代に米国投資銀行がM&A関連業務から巨額の収益を生み出しえたのは、第一に、それらが既存の業務での関係を最大限活用して自らM&Aブームを巧みに誘導・促進し、M&A関連業務をある程度まで自己増殖させることができたからであり、第二に、M&A関連業務自体が収益の二階建て構造とリスクを事実上取らない業務という性質によって、投資銀行にとって非常に旨みのある業務であったからであった。本章で確認した通り、ここでは企業や機関投資家に対する投資銀行側の積極的働きかけが顕著に見られ、前章で検討した、同時期の金融機関の収益拡大に貢献した資産運用関連業務と比べても、関連サービスの需要主体である企業や資金提供役の機関投資家がそれを強く求めた側面よりも、それを提供する側の投資銀行の主導性がより強く現れていると認識することができる。

M&A後の企業が高収益を上げ続け、その株価も上昇し続けるならば、M&Aに関与する投資銀行、企業、機関投資家すべてが利益を享受できるかもしれない。しかしブームに煽られて短期的視点でM&Aを実施した企業も多い

---

30) McLaughlin (1990), p. 212 参照。

ことを前提にすると、そうした状況が全面的・長期的に続くことは想定しづらく、何らかの要因で企業収益が落ち込んだり株価が下落したりすると、M&Aブームのなかで巨額の手数料を投資銀行に支払うと同時に大量の負債を負った企業はその元利金の支払い負担によって経営を急激に悪化させるだろうし、リスクの高い証券を購入させられた機関投資家やブームに乗せられて同証券を購入した個人投資家は大損することになろう。実際、こうした事態が発生したことはすでに指摘されるところである。しかしそもそも基本的に大きなリスクを取っていない投資銀行だけは、儲けを減らすことはあっても大損することはない。それだけでなく、第1章で言及したように、こうしたM&A活動活性化自体が企業の金融化の重要な要素である一方、終章で指摘するように、それはより広範な経済・社会的負担を追加的に発生させるものでもあった。その意味で、そうしたスキームを創り出し、同時期にM&A関連業務から巨額の収益を取得した米国投資銀行は、その収益のすべてではないが非常に大きな部分を、他の経済主体の犠牲の下で初めて生み出すことができたといっても過言ではない。

第4章　金融化と影の銀行システム

　2007年春に米国住宅金融市場を舞台に突如として顕在化し，2008-09年にかけて多方面に展開した金融危機は，米国内の金融システム危機に留まらず，株価急落と全般的信用収縮を伴う国際経済危機に発展した。この金融・経済危機に対しては，その原因，実態，対策などを巡り，様々な立場から数多くの検討がなされてきた。それらにより，複雑な諸要素が幾重にも絡まり合い，次々と新たな問題を現出させながら進展した今次の危機は，現象としては全容把握されつつある[1]。一方，これまでの議論の多くは，今次の危機のより深奥にある重要な背景を見逃している。それはすなわち，1980年代以降の現代資本主義の変化・特質としての金融化である。金融化アプローチの諸研究は，今次の危機を金融化という歴史的文脈で捉えようと試みる[2]。そして彼らが金融化と今次の危機とを結びつける重要な要素と認識するのが，「影の銀行システム」である。それらによると，1980・90年代に規模と範囲を徐々に拡大させながら進展してきた米国の金融化は，2000年代に入りギアを一段上げ，その大部分は影の銀行システムの急拡大によって説明される。

　影の銀行システムの急拡大が金融化に持つ諸影響のうち，特に重要なのは，それが金融取引を仲介する多様な主体を生み出し，それらの間の複雑な連関が金融取引の種類と規模を増大させ，そのことが金融機関の業務を変容させその収益を急激に膨張させたことである。本章の内容を先取りすれば，第一に，影の銀行システムは，金融仲介のプロセスをより細かく分解するとともに延長させた。そしてその金融仲介のますます大きな部分が，銀行ではなく，投資銀行，

---

[1] 今次の危機を巡る分析のうち最も包括的で綿密なのが，いずれも2011年に公表された，米国金融危機調査委員会による報告書（FCIC (2011)）と米国上院国土安全保障委員会常設調査小委員会による報告書（U. S. Senate (2011)）である。
[2] 金融化アプローチによる今次の危機に対する初期的分析として，Blackburn (2008), Lapavitsas (2008), Crotty (2008), Dore (2008), 髙田 (2008b) などがあり，それらの総括的な分析として，Wolfson and Epstein eds. (2013) などがある。

MMMF，ヘッジファンド，PEファンド，多様なSPEなど，規制のあまりかからない多様な新しい仲介主体によって担われるようになった。第二に，影の銀行システムの下での新しい金融仲介は，金融イノベーションによってもたらされた新しい技術を駆使した証券化（仕組み金融取引）と市場での担保付短期資金調達をベースとし，それらを用いて各仲介主体が行う複雑かつ重層的な取引は，金融取引の種類と規模を急速に増大させた。第三に，この展開は，金融機関の業務を変容させた。銀行業では，預金と企業向け貸出の利ざやによって収益を生み出す伝統的銀行業務から，また証券業では，主に株式や債券の発行引受や証券取引仲介などによって手数料を得る伝統的証券業務から，影の銀行システムに付随して発生した多様な手数料業務や，そこから派生・増殖した新しい金融商品への自己勘定での投資などへと，中心的業務がそれぞれシフトした。そしてそれらは同時期に金融機関に巨額の収益を生み出す重要な要素となった。

　このように影の銀行システムの拡大は，1980年代以降展開してきた金融化を2000年代に量的・質的両面で大きく変容させた。一方，次章の結びで検討するように，その影の銀行システムの拡大自体に，1980年代以降展開してきた金融化（特に第2章で確認した1980年代以降の資金循環構造の変化）が重要な役割を果たしていた[3]。そうした金融化と影の銀行システムの相互連関のなかで，今次の危機は，2000年代の金融化のきわめて重要な要素としての影の銀行システムの収縮・崩壊が，金融化の矛盾を一挙に噴出させた過程，と捉えられる。金融化と影の銀行システムの相互連関を踏まえるならば，今次の危機は，2000年代の特殊な状況下で例外的・突発的に発生した側面だけでなく，金融化した現代資本主義下でたびたび発生してきた様々な危機と究極的には源流を同じくするという側面からも，つまりその特異性と連続性の両面から，理解される必要があるだろう。

　本章と次章では，2007-09年の金融・経済危機を手がかりに，2000年代に急速に進展した金融化，金融機関の収益の急速な拡大の内実を探っていく。ま

---

3) 影の銀行システムが2000年代の金融化を変容させた事実についてはStockhammer (2013), p. 517などを参照。逆に，1980年代以降の金融化が影の銀行システムの拡大の背景にあったという指摘は，先行研究ではほとんど見られず，本稿の重要な貢献であると考える。

ず本章では，2000年代の金融化と今次の危機とを結びつける影の銀行システムに焦点を当て，それがどのように急拡大し，なぜ必然的に収縮・崩壊することになったか，その過程を追う。

I 影の銀行システムとその拡大

1 影の銀行システムとは何か

まず影の銀行システムについて確認する[4]。影の銀行システムは，広義には，「正規の銀行システムの完全に外部に存在するか，一部が外部に存在するような事業体や活動を含む金融仲介のシステム，端的に言えば非銀行型の金融仲介」を指す[5]。一方，狭義には，そうした金融仲介とそこに内在するリスクが，「証券化」と「担保付短期資金調達（ホールセール・ファンディングとも言う）」を通じて複数のプロセスに分解されたうえで再結合され，それらが様々な「影の銀行 (shadow bank)」主体によって担われるネットワークを指す[6]。一般に，

---

[4] 「影の銀行システム」という用語は，資産運用会社PIMCOのマカリー (Paul McCulley) が初めて使用したとされる (McCulley (2007))。以降，同じPIMCOのグロス (Bill Gross) やニューヨーク大学のルービニ (Nouriel Roubini) らが頻繁に使用し，*Financial Times* など主要メディアでも取り上げられるようになった。最近では世界中の政府や金融規制当局，国際機関なども大きな注目を寄せており，それらの研究者による多くの学術論文や調査報告，議会証言などでも使用・分析されるようになっている。

[5] FSB (2013) p. 5. ただし国際的なマクロ金融の安定化を目指す金融安定理事会 (Financial Stability Board: FSB) は，将来的にはシステミック・リスクを及ぼしうる金融仲介活動に対象を限定していく必要性があることも同時に主張している。

[6] Pozsar et al. (2010), p. 1, Claessens et al. (2012), p. 4. なおここでの証券化は，第2章で言及した広義の証券化（証券ベースのマネーフローの拡大。いわゆる直接金融化とほぼ同義）と異なり，それらの一部を構成する狭義の証券化（資産証券化）を指す。具体的には，キャッシュフローを生み出す何らかの資産を担保に新たな証券を発行する金融技術のことであり，たとえば貸出債権が証券化されるプロセスでは，まず貸し手から借り手に資金が貸し出され，次にその貸出債権が証券化のために設立されたSPE（ABCPコンデュイット (ABCP conduit. コンデュイットは「導管」の意味) などと呼ばれる）に移されて他の貸出債権とともにプールされ，続いてそれらプールされた複数の貸出債権を担保にSPEによって証券（証券化商品）が発行され，最後に投資銀行などがその証券を全額引き受けて投資家に販売する。この時，証券の投資家には，元の貸出債権が生み出す元本と利子から支払いが行われることになる。証券化商品は，その担保となる資産の種類によって様々なものが存在するが，その代表が不動産担保ローン（モーゲッジ）を担保資産とするもので，

図表 4-1　一般的な金融仲介としての直接金融と間接金融

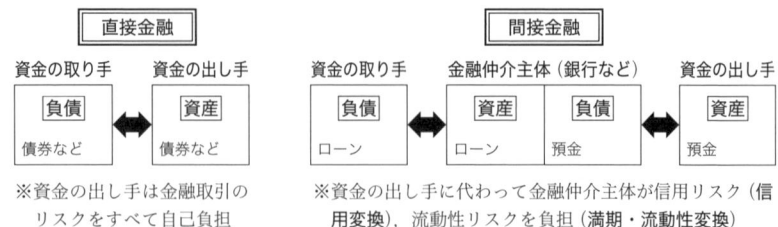

直接金融

資金の取り手　資金の出し手
[負債]　⟷　[資産]
債券など　　　債券など

※資金の出し手は金融取引のリスクをすべて自己負担

間接金融

資金の取り手　金融仲介主体（銀行など）　資金の出し手
[負債]　⟷　[資産｜負債]　⟷　[資産]
ローン　　　ローン　預金　　　　預金

※資金の出し手に代わって金融仲介主体が信用リスク（信用変換）、流動性リスクを負担（満期・流動性変換）

（出所）著者作成。

　金融仲介主体が金融仲介で果たす主要な機能は、信用変換と満期・流動性変換とされる（**図表4-1参照**）。影の銀行は、影の銀行システムの仲介主体として、銀行とは異なる形で、すなわち証券化と担保付短期資金調達の複雑な連鎖プロセスを通じて、資金の最終的な出し手と取り手を仲介し、その過程でそれら金融仲介機能のすべてまたは一部を果たす[7]。

　ここで影の銀行の諸特徴を整理しよう（**図表4-2参照**）。まず連邦預金保険公社（Federal Deposit Insurance Corporation: FDIC）に付保された預金で資金調達を行うことで取り付けへの耐性を持ち、FRBの最後の貸し手機能＝ディスカウント・ウィンドウ（discount window: 連銀貸出）へのアクセスを持つことで緊急時の流動性支援を受けると同時に、公的規制（支払準備率規制や自己資本比率規制など）の対象にもなるのが「現実の銀行（real bank）」であり、商業銀行、S&Lなどが該当する。それに対し、影の銀行は、預金による資金調達を認められず、主に資産担保CP（asset backed commercial paper: ABCP）などの短期債券を発行す

　　これをモーゲッジ担保証券（mortgage backed securities: MBS）と呼ぶ。MBSは大きく住宅モーゲッジ担保証券（residential mortgage backed securities: RMBS）と商業用モーゲッジ担保証券（commercial mortgage backed securities: CMBS）とに区分される。信用力の低い個人向け住宅ローンであるサブプライムローンも住宅モーゲッジの一形態で、それを担保に発行された証券化商品もRMBSである。証券化の技術自体は比較的古くから存在するが、急速に拡大するきっかけとなったのは1970年に米国の連邦政府抵当金庫（Government National Mortgage Associaction: GNMA. ジニーメイと称される）が発行したMBSであったとされる。MBS以外の証券化商品は資産担保証券（asset backed securities: ABS）と呼ばれる。証券化については特にAshcraft and Schuermann (2008) も参照。

7) Adrian and Ashcraft (2012), pp. 2, 15-16.

るか，レポなど有価証券を担保にした市場からの短期借入によって資金を調達する。これら資金を提供するのは，最終的な資金の出し手としての家計や企業から資金を集中した機関投資家（MMMFや年金基金など）である（影の銀行のバランスシートの負債面。**図表 4-2** の破線の矢印及び**図表 4-3** を参照）。

また影の銀行は，そうした短期で調達した資金を用いて，最終的な資金の取り手としての家計や企業に対して商業銀行やファイナンス・カンパニーなどが保持するローン債権を担保に発行された，様々な長期性の証券化商品で主に運用を行う（影の銀行のバランスシートの資産面。**図表 4-2** の実線の矢印を参照）。それら運用面での重要な特徴として，その取引資産の複雑性，不透明性，非流動性が存在する。それらの代表的な運用先は，債務担保証券（collateralized debt obligation: CDO）と呼ばれるもので，これはMBSや様々なABSをプールして，それらのキャッシュフローを担保に新たに発行された証券化商品である（**図表 4-2** の中央部を参照）。原資産からのキャッシュフローの受け取りに優先・劣後関係を設定することでCDOは複雑なトランシェ（tranche: 階層）構造を持つ。その他にも，影の銀行は，CDOのキャッシュフローを担保にした再証券化によって生み出される二次・三次CDO，CDOなどの債務保証の役割を果たすデリバティブ契約であるクレジット・デフォルト・スワップ（credit default swap: CDS），複数のCDSのプレミアム支払いキャッシュフローを担保に発行されたCDOであるシンセティック（synthetic）CDOといった，いずれも証券化をベースに生み出された複雑で非流動的な仕組み金融取引を，主にOTC取引で，さらにタックスヘイブン（tax haven）やSPEなど不透明なオフバランス取引を経由して行う[8]。

このように影の銀行は，現実の銀行同様に主に短期調達・長期運用によって資金の出し手と取り手の間の金融仲介を行うが，それと同様の規制に服することはなく，高い自由度を持ってそれを行うことが可能となっている。特にレバレッジ規制を回避できるため，現実の銀行に比べて非常に高いレバレッジをかけてそれを行える。一方，付保預金やディスカウント・ウィンドウが存在しないことは，現実の銀行に比べて非常に高い流動性リスクに晒されていることを

---

8) OTCデリバティブとしてのCDSについては次章で主に取り扱う。

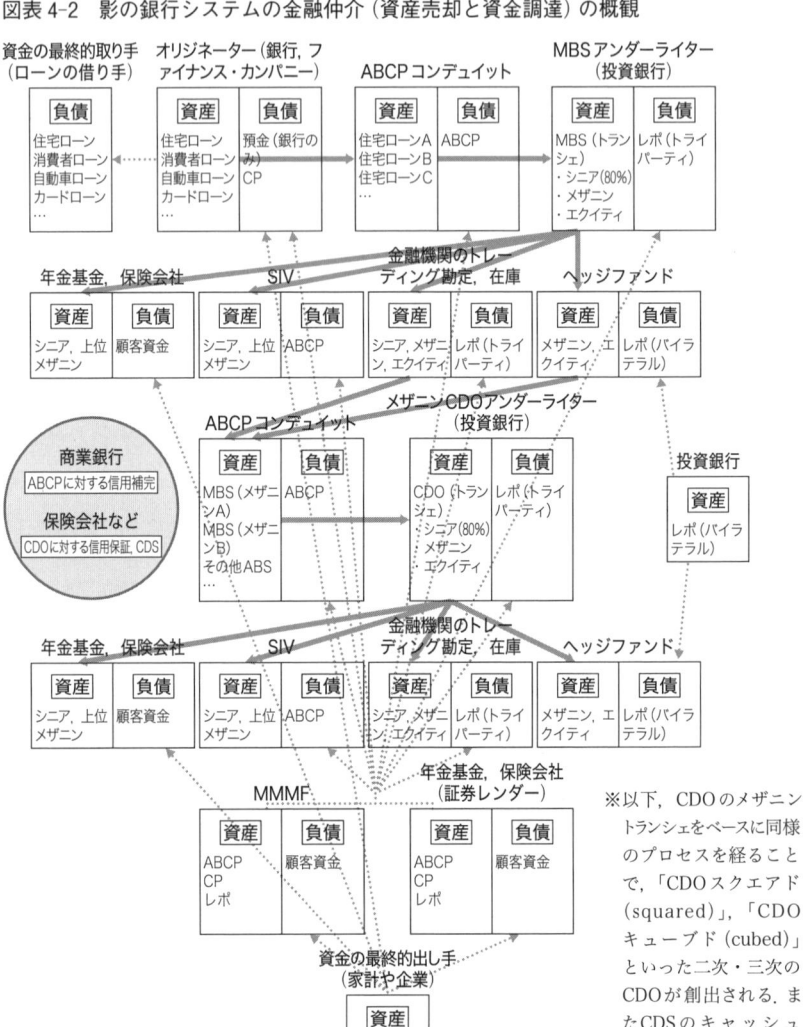

図表 4-2 影の銀行システムの金融仲介（資産売却と資金調達）の概観

(出所) Pozsar (2008), Pozsar et al. (2010), FCIC (2011), Claessens et al. (2012), Krishnamurthy et al. (2012), 石倉 (2011), 池尾 (2013) などを参考に著者作成。
(注) 太い網掛けの実線の矢印は資産が売却される流れ，細い網掛けの破線の矢印は負債が調達される流れを指す。

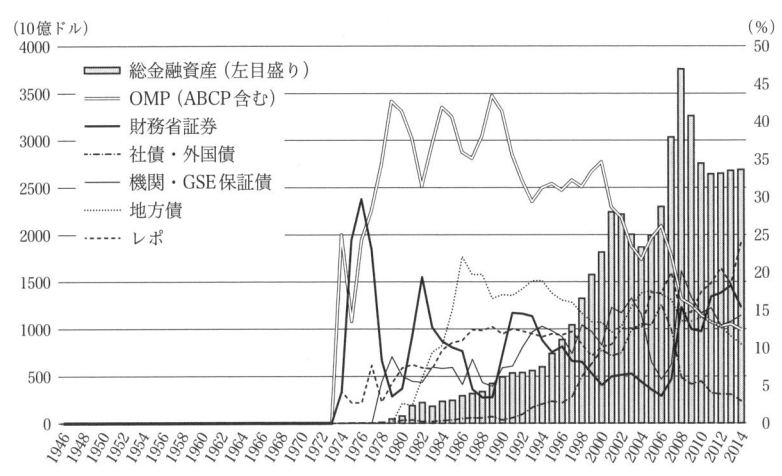

図表 4-3　MMMFの金融資産残高とそこに占める資産別割合

凡例：
- 総金融資産（左目盛り）
- OMP（ABCP含む）
- 財務省証券
- 社債・外国債
- 機関・GSE保証債
- 地方債
- レポ

（出所）Board of Governors of the Federal Reserve System, Financial Accounts of the United States, Z-1, Historical data, Annual, L. 121（2015年6月公表分）より作成。

意味する。それに対し，影の銀行は，クレジットラインやモノライン（monoline）保険，CDSなど，民間主体から信用補完（credit enhancement）を受けることで公的保証を代替する（**図表 4-2**の左の円を参照）。

ところで，現時点で，影の銀行に分類される機関や影の銀行業と見なされる業務について，必ずしもコンセンサスがあるわけではない[9]。影の銀行には，広義に捉えた場合は，以上のような流れに関与する「非銀行」の金融仲介主体，すなわち，投資銀行・証券会社，ファイナンス・カンパニーやモーゲッジ・レンダーなどのノンバンク，保険会社，年金基金，ミューチュアル・ファンド，MMMF，投資コンデュイット（ABCPコンデュイットや仕組み投資ビークル（structured investment vehicle: SIV）），ヘッジファンド，PEファンド，GSEなどが広く含まれる。一方，狭義では，上述の金融仲介機能の全部または一部を果たしているかが判断基準となり，投資銀行や保険会社，年金基金，ミューチュアル・ファンドなどが外れることに加え，ヘッジファンドやPEファンドなどが除外される場合もある[10]。それらに対し，ABCPコンデュイットやSIVは典型

---

9) Taub (2013).

的な影の銀行であるとされる。なぜならそれらは，ABCPやレポなどを通じて短期資金を調達し，仕組み金融商品などの長期性資産に投資することから流動性変換（長期⇔短期）を行っており，短期資金の提供者（MMMFなど）に対しては金融機関の信用補完などを通じて信用リスクが実質的に存在しないように見せていることから信用変換も行っていると捉えられるからである。

　MMMFは顧客に即時換金を約束して主にCPなどの短期資産に投資する（短期⇔短期）ことから流動性変換を行っているかは判断に迷うところ（部分的に証券化商品への投資も行っている）であるが，投資家に事実上の元本保証をしていることから信用変換は行っていると捉えられ，やはり代表的な影の銀行と認識される。

　以上を整理すれば，影の銀行システムとは，証券化と担保付短期資金調達を基軸に持ち，預金金融機関以外の主体が担う金融仲介であり，影の銀行には，広義にはそうした金融仲介に関与する預金金融機関以外の諸主体すべてが，狭義にはそのなかでも特に金融仲介機能（信用変換や流動性変換）を明確に果たしている諸主体が含まれる。加えて，その重要な特徴として，第一に，資金調達に関して，市場での担保付の短期負債に強く依存するとともにレバレッジを非常に高めており，第二に，仕組み金融取引など非常に複雑・不透明で流動性の低い金融取引を行い，第三に，公的規制を回避できる代わりにセーフティネットの対象にもならず，民間主体の様々な信用補完でそれを代替する，といった特質をすべてまたは一部持っている[11]。

2　影の銀行システム拡大の実態

　次にそうした影の銀行システムがどれほど拡大してきたかを確認する。影の銀行システムは一部途上国を含む世界中で拡大を続けているが，それが最も顕著に進展してきたのは米国である[12]。米国で影の銀行システムの拡大が急速に進んだのは2000年前後以降とされる。しかしその全体の規模の正確な把握は，

---

10) Deloitte (2012b), pp. 4-6.
11) レバレッジの高さや取引の不透明性，民間信用補完による公的保証の代替などは，論者によって影の銀行システムの特徴と認識されない場合もあるが，本稿は重要な特徴と捉える。
12) FSB (2013).

影の銀行には基本的に情報公開の義務がほとんどないためデータ取得が困難であり，加えて，影の銀行と現実の銀行が複雑に絡み合って境界線があいまいであるために，不可能である。また上述のように影の銀行システムにどのような主体や取引が含まれるかに関するコンセンサスも存在しないため，推測されるその規模も文献により大きな隔たりがある。そうした事実を考慮したうえで，主要文献によれば，2010年時点での影の銀行システムの資産規模は，少なく見積もって約10兆ドル，多く見積もって約24兆ドルとされる[13]。いずれにせよ，近年における影の銀行システムの急拡大を示している。

次に影の銀行システムの諸構成要素について個別に確認する。ここでは特に，その主要要素である証券化及び仕組み金融取引（ABS, CDOとそれと密接に関連するCDS）と，担保付短期資金調達市場（ABCPとレポ），そして主要な影の銀行主体（投資コンデュイット，ヘッジファンド，投資銀行）の三つを取り上げ，その規模拡大の事実を示す。

第一に，仕組み金融取引について確認する。仕組み金融取引は高度で複雑な仕組みを用いた金融商品・取引のことで，狭義には資産（特に貸出債権）の証券化に基づいて生み出されるABSから派生したものを指す。ABSは近年複雑に展開しながら影の銀行が行う金融取引で中心的役割を果たしてきた。さしあたり，ABSの一種のCDOと，主にCDOの信用補完に用いられたCDSについてその拡大状況を確認する。CDOは1987年に米国で初めて発行されたが，そ

---

[13] 影の銀行システムを最も狭義に捉えるのがDeloitte (2012b), p. 9で，2008年に銀行業資産が15兆ドルだったのに対し影の銀行部門の資産は21兆ドルに到達し，その後縮小を続けて2010年時点で約10兆ドルとされる。一方，非常に広く捉えるのがFSB (2013) で，影の銀行には銀行，保険，年金基金，公的金融機関，中央銀行に分類されないすべての金融機関が含まれ，その資産規模は2010年は24兆ドル，2012年では26兆ドル（銀行業資産の1.7倍）に達した。債務規模で見たTaub (2013), p. 447によれば，影の銀行の債務規模は2010年時点で約16兆ドル，他方で銀行のそれは約13兆ドルと推定される。金融危機前の時点についてはTett and Davies (2007) やTett and Guha (2008) などの指摘があり，2007年時点で影の銀行システムの規模は5.9兆ドル，一方で規制下の銀行業は9.4兆ドルと推定されていた。さらに2007年8月までの2年間で，米国のすべての信用拡大の半分以上が影の銀行によってもたらされたとする指摘も存在する。ただし，これらの推計はいずれも，影の銀行と現実の銀行とを明確に区分しているが，後者の前者への密接な関与を前提とすると，そうした区分は本来容易ではない。

れが急拡大したのはCDOの担保にMBSが積極的に組み込まれるようになった2000年代以降とされる。米国のABS発行残高は，1999年に5,836億ドルだったが，2004年には1兆ドルを超え，ピークの2007年には2兆ドルに迫った。そのうちCDOは，1999年には1,359億ドルでABSの4分の1程度であったが，2007年には約1兆ドルに到達してABSの約半分を占めた[14]。一方，CDSの規模は，世界の想定元本（想定元本については第6章で説明する）は2004年に記録が公表され始めた時点で6兆ドル程度であったのが，2007年末には58兆ドルを超え，3年間で10倍に拡大した[15]。

第二に，担保付短期資金調達市場について確認する（詳しい用語の説明は後述する）。その第一の要素はABCPである。ABCPの発行残高は，2004年まで6,000億ドル程であったが，その後急拡大し，2007年半ばのピーク時には1兆2,000億ドルに達した[16]。第二の要素はレポである。レポ市場は2002年から2008年に2倍に拡大し，約10兆ドルを超える市場規模まで到達した[17]。

---

14) SIFMAのHP (http://www.sifma.org/uploadedFiles/Research/Statistics/StatisticsFiles/SF-US-ABS-SIFMA.xls?n=17226CDO) を参照。なお発行額の急上昇は，前章で見た同時期のグローバルなM&A活動の活発化によっても促進された。なぜならM&Aを実行する際に行われる負債はシンジケート・ローンを通じて調達され，その債権がCDOに組み込まれたからである。またABSの発行の70％以上は米国で行われているが，それに次ぐ約13％のシェアを占めているのが代表的なタックスヘイブンであるケイマン諸島であり，特にCDOの発行では米国金融機関の支援の下，ケイマン諸島が積極利用された (Cetorelli and Peristiani (2012), pp. 51-52)。

15) BIS, Semiannual OTC derivatives statistics (http://www.bis.org/statistics/derstats.htm)

16) Anderson and Gascon (2009), p. 603.

17) Gorton and Metrick (2009), p. 10, Krishnamurthy et al. (2012), Adrian and Ashcraft (2012), pp. 5-8, Duffie (2011), 訳，20-23頁などを参照。レポは銀行が仲介して行われる「トライパーティ (tri-party) レポ」と，二者間で直接行われる「バイラテラル (bi-lateral) レポ」に区分され，前者は2008年時点で2兆8,000億ドルの市場規模があった。レポの大部分は翌日物のため，1日でこれだけの金額が動くということである。トライパーティレポでは主にMMMFなど現金を多く保有する機関投資家が資金提供役を果たし，在庫証券を多く保有する大手証券会社などが資金調達側となっており，米国投資銀行は資産取得の資金のおよそ半分を，レポ市場を使用して調達していたともされる。トライパーティレポで仲介を行う銀行はクリアリング・バンクと呼ばれ，JPモルガン・チェースとバンク・オブ・ニューヨーク・メロン (Bank of New York Mellon) がほぼすべての仲介を担当した。バイラテラルレポは主にヘッジファンドなどが資金調達を行うために利用され，ここでは投資銀行が資金提供役を果たした。

第三に，影の銀行システムの主要主体として重要な役割を果たした投資コンデュイット，ヘッジファンド，投資銀行について確認する。まずABCPコンデュイットやSIVに代表される投資コンデュイットは，レポやABCPの発行を通じて短期資金を調達し，CDOなどの仕組み金融商品を組成したり購入したりする目的で大手銀行などがオフバランスで設立するSPEであり，上述のように典型的な影の銀行である。原則として，銀行はそれらと直接資本関係を持たず，互いに倒産隔離措置を採るが，信用保証を与えることで銀行の実質的子会社として機能させる。たとえばSIVは1988年に初めて登場し，近年その資産規模を急速に拡大させ，2007年のピーク時には4,000億ドルに上ったとされる[18]。次にヘッジファンドについてはその規模は過去10年間拡大し続け，2012年現在，世界全体で運用されるヘッジファンドは1万本以上，その運用資産総額は約2兆ドルともされる[19]。投資銀行については，影の銀行システムにおいて重要な役割を果たす業務は，自己勘定取引部門，資産証券化など仕組み金融部門，ヘッジファンドのプライム・ブローカレッジ (prime brokerage. 詳しくは次章を参照) 部門などである。それらの業務を通じて，影の銀行システムを事実上統治したのが米国の五大投資銀行，ゴールドマン・サックス，モルガン・スタンレー，メリル・リンチ，リーマン・ブラザーズ，ベア・スターンズ (Bear Stearns) であった。それらと影の銀行システムとの関連を示す一例として，たとえば五大投資銀行の総収益合計は1998年の500億ドル程度から2006年には1,300億ドルという記録的数値を経験したが，その多くが仕組み金融取引など影の銀行システムに由来するものであり，またそのシェアは2000年以降

---

[18] Adrian and Ashcraft (2012), p. 5. SIVを開発したのはシティバンクとされる。SIV自体は主にABCPを発行して資金調達するが，銀行はそれにクレジットラインなどの信用保証を提供することで関与する。クレジットラインの期間を1年未満に設定する (BIS規制では1年未満の場合は資本準備金を積む義務が定められていない) ことで，自己資本比率規制をすり抜けることもできた。なおニューヨーク連邦準備銀行の試算によると，2007年時点のSIVを含む銀行のオフバランス子会社の総資産は2兆2,000億ドルであった (Tett (2009), 訳, 146-147, 318-319頁)。

[19] Davies et al. (2008), Waxman (2008), Shadab (2008), IOSCO (2013) による。一方，ヘッジファンドの多くはケイマン諸島に代表されるタックスヘイブンに形式的な本拠を置くことで，情報公開の義務から逃れることができるため，どれほど正確にその規模が捕捉できているかは定かではない。

急速に拡大したと指摘されている[20]。

繰り返すが，以上の数値の提示により，影の銀行システムの正確な規模を完全に把握できたわけではない。厳密な情報公開の義務がないタックスヘイブンやSPEなどを通じて行われた諸取引は，ここで示されたよりもずっと大きな規模に拡大していた可能性もある。

II 影の銀行システム急拡大の背景
―― 金融機関行動を主軸に ――

影の銀行システムはなぜ短期間にそこまで急速に拡大しえたのか。その背景は複合的である。しかし最も大きな役割を果たしたと想定できるのが，そこから巨額の利益を得た主体，すなわち米国大手金融機関の行動の影響である。後述のように，影の銀行システムはそれらに多くのメリットを生み出したため，それらはその量的・質的拡大を促進し続ける動機を持つ。本節では，影の銀行システム拡大の複合的背景を，それを主に促進したと想定される米国大手金融機関の行動を主軸に検討する。

1 商業銀行の規制回避手段としての影の銀行システム

まず米国商業銀行は，影の銀行システムを活用することで様々な規制から解放されるメリットがあったために，それを利用した側面がある。周知の通り，1970年代までの商業銀行は，1933年GS法による銀行業と証券業の分離を中心に，レギュレーションQに基づく上限預金金利規制，1927年マクファーデ

[20) Conner (2007), p. 7. Shadab (2008) によれば，2005年8月までの8ヵ月間に，メリル・リンチとシティグループはCDOの販売手数料だけでそれぞれ1億ドル以上獲得したとされ，Conner (2007) によれば，CDO発行にまつわる手数料はその他債券の発行手数料よりも約3倍高いとされている。また2004年から2008年に米国金融機関は約2兆5,000億ドルのRMBSと1兆4,000億ドルのCDOを発行したが，その際，投資銀行はRMBSの引受1回につき100万ドルから800万ドル，CDOの私募1回につき500万ドルから1,000万ドルの手数料を課したとされる (U. S. Senate (2011), p. 8)。2004年から2007年に生み出されたCDOの30%以上をメリル・リンチ，ゴールドマン・サックス，シティグループの証券子会社が引き受けており，米国の機関以外ではドイツ銀行 (Deutche Bank) とUBSも主要な参加者であった (FCIC (2011), p. 131)。

ン法 (McFadden Act) による州際業務規制，連邦預金保険制度の設立に基づく預金保険料の支払義務といった幅広い金融規制下に置かれていた。しかし1970年代に市場金利上昇とMMMF台頭に基づくディスインターメディエーションが発生するなかで，一時的な預金流出を経験した商業銀行はそれらの競争制限的規制の緩和を訴え，その結果，1980年代以降，特に大銀行の要求に応える形で業務規制や金利規制など数々の規制緩和が行われた。これにより商業銀行は公的規制の迂回を容易に行えるようになった。一方，同時期に重要性を得ることになった自己資本比率規制 (1988年のバーゼル合意に基づくいわゆる「BIS規制」) が，商業銀行にとっての新たな競争上の負担となり，再び回避の対象となった。こうした商業銀行を取り巻く規制環境の変化を背景に，1980年代以降，規制を受けない影の銀行システムへの注目が高まった。

BIS規制により自己資本比率を8％以上に維持しなければならない米国商業銀行は，それをクリアするために，積極的にローン債権を売却・証券化し，自己のバランスシートから外すことで資産 (自己資本比率の分母＝リスクアセット) の増加を抑制した。加えて，徐々に業務の自由を獲得した大銀行中心に，非銀行業務，手数料収益を軸にした証券関連業務，特に証券化関連業務へ軸足を移していったが，これも資産増加を抑制する側面があった。一方，次章で詳しく述べるように，一部の大手商業銀行は切り離した貸出債権 (証券化商品) を，SIVを通じて実質的に再取得したり，自己勘定で直接保有したりもした。しかし形式的には別組織であるSIVを通じた実質保有には自己資本比率が適用されなかった。自己勘定で保有した場合も，自己勘定で取得され「トレーディング勘定」に計上された資産は短期売買目的での保有であるため流動性リスクが低いとされ，同じ債権でも証券化しないで保有するよりも証券化商品として保有した方が所要自己資本は低く設定された。さらに米国では，2001年に銀行規制当局が，格付け機関からAAAまたはAAの格付けを得た仕組み金融商品に対して，自己資本比率を計算する際のリスクウェイトを50％から20％に引き下げた。これにより，それらの所要自己資本は4％から1.6％にまで下落した[21]。これら商業銀行の規制回避行動 (「規制の鞘取り (regulatory arbitrage)」

---

21) dos Santos (2009), p. 21, U. S. Senate (2010), pp. 33-34, Wilmarth (2011), p. 972,

とも呼ばれる）の結果，特に証券化市場の拡大が促され，影の銀行システムが広がる礎が築かれた。

2 商業銀行・投資銀行の新たな収益源としての影の銀行システム

商業銀行の規制回避行動としての証券化の利用拡大に伴い，商業銀行や投資銀行にとって，影の銀行システムへの関与自体が次第に非常に魅力的な収益源として認識されるようになった。上述の1980年代以降の商業銀行に対する数々の規制緩和に加え，同時期には1975年の株式取引の固定手数料制度の撤廃など証券市場でも規制緩和が行われており，これらは必然的に証券市場における競争を高め，株式のブローカレッジや証券の発行引受といった伝統的証券業務の利幅を徐々に縮小させることになった[22]。同時期には金融グローバル化に基づく国際的な金融機関間，金融市場間の競争も激化し始めており，これら金融市場の全般的競争激化を背景に，1980年代以降，大手金融機関の業態を超えた絶え間ない収益源の探求が促された。商業銀行による受動的規制回避行動は，徐々に投資銀行も交えた，大手金融機関間の積極的な収益源追求競争の色合いを強く帯びるようになったと言える。

そうしたなか，新たな収益源として両者が競って殺到したのが影の銀行システムに関わる業務であった。なぜなら証券化関連業務を中心とするそれは，既存の業務より収益性が非常に高いと認識されたからである。商業銀行に対する規制緩和が1999年グラム・リーチ・ブライリー (Gramm-Leach-Bliely: GLB) 法によりほぼ完成したことで，商業銀行・投資銀行間の垣根が事実上撤廃され，以降，証券市場における両者の競争はますます激化した。しかしただでさえ競争が激しい米国証券市場に商業銀行が大々的に参入することは，必然的に過当競争状態を生む。しかも一番旨みのあるとされる業務はゴールドマン・サックスとモルガン・スタンレーという二大投資銀行の実質寡占状態にあるため，それ以外の投資銀行（メリル・リンチなど）や遅れて参入した商業銀行（シティグループなど），米国で活動する外国系銀行（UBSなど）などは，競争を勝ち抜

Claessens et al. (2012), p. 12 などを参照。
22) Eichengreen (2008), p. 2.

くためには新しいニッチ (niche) の市場を求めざるを得ない。こうしたニッチとして急拡大したのが影の銀行システムに関わる業務であった[23]。

　影の銀行システムの下では，特に証券化のプロセスで，既存の金融業務から分離されたり，新たに構築されたりすることを通じ，多様な証券化関連業務が生み出された。そうした業務は，それぞれ独立した金融機関によって担われることもあったが，大手金融グループの子会社・関連会社によって垂直統合的に行われることも多かった。そのなかで，投資銀行は主に，ABSやCDOの発行引受，レポなどにおける在庫証券の貸出，新しい金融商品のマーケットメイキング (market-making. マーケットメイキングについては次章で詳しく説明する)，ヘッジファンドなどへの資金提供などを行うことで，影の銀行システムのプロセスに全般的に関与し，その統括役として主導的役割を果たした。一方，大手商業銀行も影の銀行システムの拡大をむしろ商機と捉え，主に，貸出債権のオリジネート，元債権の管理 (サービシング)，投資銀行同様のABSやCDOの発行引受，信託形式で行われる証券化のための資産購入体の管理 (トラスティ (trustee))，影の銀行へのクレジットライン提供に代表される様々な形態での信用補完，それを通じたSIVなどオフバランスビークルの実質的運用などを積極的に行うことで，影の銀行システムに密接に関与した[24]。加えて，こうした証券化関連業務を中心とする影の銀行システムに関わる業務には，重層的な手数料構造，多様な金融商品開発の可能性，一定段階まで市場を独占できることによる先行者利得の存在などの多数のメリットも伴っていたため，金融機関はそれらへの関与の収益性の高さを徐々に認識するようになった[25]。

---

23) Tett (2009)，訳，139-141, 197頁。二番手グループが遅れを取り戻そうと猛烈な利益追求に走った状況を「ゴールドマンへの嫉妬」と表現している。
24) Pozsar et al. (2010), pp. 13-19, Adrian and Ashcraft (2012), pp. 16-17, Cetorelli and Peristiani (2012), Mandel et al. (2012) などを参照。特に商業銀行が影の銀行システムに関与する主要経路として機能したのが信用補完であるが，銀行持株会社によるそれらの総額は，2000年頃には200億ドル強だったが，その後徐々に拡大し，2008年には600億ドルに達した (Mandel et al. (2012), p. 38)。
25) 仕組み金融商品が重層的な手数料などの形でそれに関与した金融機関，特に投資銀行に多額の収益をもたらしたメカニズムについてはAshcraft and Schuermann (2008), Wilmarth (2009), (2010), (2011), Johnson and Kwak (2010), Fligstein and Goldstein (2012), pp. 17-30 などを参照。仕組み金融商品は，貸出のオリジネート機関から始まり，

このように影の銀行システム拡大の重要な背景に，大手金融機関のうち，二番手の投資銀行や遅れて参入した商業銀行などが主導した，過当とも言える利益追求競争があった。

3　金融機関の影の銀行システム促進を取り巻く環境変化

上述のように，影の銀行システムは，当初は商業銀行の規制回避動機によって，次第に過当競争下での大手金融機関の利益追求動機によって，その拡大を促されてきたと言える。一方，いくら金融機関がニッチを求めて新しい金融商品の開発を競っても，そもそもそれらへの需要が存在せず，またそれらを自由

最終的な資金の出し手である機関投資家などに行きつくまでに (**図表4-2**を再度参照)，債権をいったんプールして証券化する機関，証券を引き受ける機関，そうした証券に保証を与える機関，元にある債権の回収を行う機関，再証券化を行う機関，再々証券化を行う機関といった様々な金融機関がそのプロセスに関与する。それぞれの機関が実施する業務で発生する手数料は，最終的な買い手の購入代金に上乗せされる。たとえば1回の証券化プロセスには，オリジネーターが借り手に課す諸手数料 (それらを額面から差し引いて融資する)，オリジネーターが債権の買い手 (アレンジャー＝主に投資銀行) に課すプレミアム (たとえば1億ドルの債権を1億200万ドルで売却)，証券化商品の発行を引き受けるアレンジャー (倒産隔離されたSPEを利用する) が投資家に課す手数料，投資家が額面価格以上に支払うプレミアム，アレンジャーに資金を貸し出すウェアハウスレンダー (warehouse lender) が課す金利 (ABCPなどを発行する場合はその引受手数料や金利)，格付け機関がアレンジャーに課す格付け手数料，元債権の元利金回収や管理を代行するサービサーがアレンジャーに課す手数料 (たとえば年50 bp) などの関連収益源が発生する。ここでアレンジャーが，金利平均8.3％のモーゲッジプールを購入し，それを担保にトランシェ化した証券化商品を投資家に販売したとする。その時，格付けや信用補完を通じて，それらの加重平均クーポンがLIBOR (5.32％とする) プラス23 bp，一方サービサーなどへの支払いが合計64 bpであったとする。元債権の金利と支払金利・手数料の差を「超過スプレッド」と呼び，この例では2.11％である。超過スプレッドは，元債権の支払いが滞った際の投資家に対する信用補完の意味で設定されるが，順調に支払われる場合は，実質アレンジャーの利益にもなる。超過スプレッドは2006年時点で平均2.5％であったともされる (Ashcraft and Schuermann (2008), pp. 5-12, 31)。CDOなどの再証券化の過程ではこれらが多重に発生するとともに，CDOのポートフォリオを選択するCDOマネージャーへの手数料や，CDOの信用補完としてのCDSのプレミアムなど，新しい収益源も付随して生み出された (FCIC (2011), pp. 130-133) が，大手金融機関はそれら業務を包括して垂直統合的に統治することで多重の手数料を取得できた。この点については次章も参照。なお具体的数値としては，たとえばメリル・リンチは2006年に約520億ドルものCDOを発行し，その販売手数料として約7億ドルを得ていた (Tett (2009), 訳, 198-199頁)。

に取引できなければ意味がない。最後に指摘しておくべき背景は，金融機関が影の銀行システムの金融取引を促進するうえでより望ましい条件が整ったことである。

　第一に，金融界と学術界の協力の下での，新古典派経済学・効率的市場仮説に依拠したファイナンス理論やその応用である金融工学の展開が，影の銀行システムでの取引に基礎的条件を提供した。代表的なものとして，デリバティブの一種であるオプションの価格決定モデル (option pricing model) や，証券の分散投資や証券化商品に組み込まれる資産の分散度を測定するのにも利用される現代ポートフォリオ理論 (modern portfolio theory) などがある。これらによる理論的裏付けを得て，金融機関はCDSやCDOのような複雑な仕組み金融商品を開発し，その価格付けを比較的容易に行えるようになった。これらが実際の取引に応用されるにつれて，影の銀行が次々と生み出す複雑な金融商品の売買が，スムーズかつ低コストで行えるようになった。

　第二に，金融機関による影の銀行取引拡大には，格付け機関が重要な役割を果たした。ムーディーズ (Moody's) やスタンダード＆プアーズ (Standard & Poor's: S&P) といった民間格付け機関は，CDOのような相対で取引される複雑な仕組み金融商品に対して，上記の現代ポートフォリオ理論に即し，リスクがきわめて低い安全な債券であるとして，その大半に最高格付けを与えた。規制当局が金融市場の規制実施主体としての役割を徐々に民間主体に譲り渡していくなかで，民間格付け機関の格付けは米国証券市場において絶対的信頼を与えられており，それらによって仕組み金融商品に高格付けが与えられたことで，金融機関はその販売のお墨付きを得た。

　第三に，1980年代以降の米国政府・規制当局による新自由主義的スタンスが，影の銀行システム促進の強力な支援者となった。そうしたスタンスを代表する人物が，レーガン元大統領とグリーンスパン (Alan Greenspan) FRB元議長であった。特にグリーンスパンは，政府が規制を通じて金融的な決定を歪めない限り，市場はリスクの価格付けを常に正確に行うとする，新古典派経済理論に依拠し，自由市場の自動調整能力を信奉し，金融機関の擁護者として広く知られた。1980年代以降，金融機関が影の銀行システム促進に邁進できるようにする制度変更には，上述の商業銀行の業務に関するものに加え，投資銀行，

SPE, ノンバンク, 先物取引の規制に関するものなど多数存在し, その多くにグリーンスパンが関わった[26]。

第四に, いわゆる担保付短期資金調達市場の急速な拡大が, 影の銀行の資金調達を容易にした。上述の通り, 同時期に急拡大した担保付短期資金調達手段の第一はABCPである。ABCPは特定の金融資産のプールを担保に発行されるCPであり, 主に商業銀行などがオフバランスで設立するABCPコンデュイットやSIVによって発行される。ABCPは1990年代末以降, それらがABSやCDOを発行するための担保になる債権を購入したり, ABSやCDOに投資したりするための資金源として急速に拡大した。第二はレポである。レポの主要なものに買戻し条件付きの証券の売却があり, それは実質的には証券を担保にした短期借入の一形態である[27]。主に投資銀行が積極的に利用し, トレーディングやマーケットメイキング目的でABSなどを購入する時に在庫証券を担保に短期資金を調達する際や, ヘッジファンドなどの顧客に短期資金を貸し出す際に利用され, 後者の取引で顧客が差し入れた担保が前者の取引の担保として再利用 (rehypothecation) された[28]。

---

[26] たとえばOTCデリバティブは, そもそもそれを規制する連邦法や州法が存在しないうえに, 2000年商品先物現代化法 (Commodity Futures Modernization Act) で, 取引所取引で行われるデリバティブに課される様々な規制から完全に除外された。実質的には保険の機能を果たすCDSも, OTCデリバティブ形態を採ることで, 州の保険規制の対象にならなかった (Greenberger (2010), pp. 37-38, Johnson and Kwak (2010), pp. 7-10)。また特に重要なのが, 2004年のSECのネットキャピタル・ルール (net capital rule) 改正である。SECは五大投資銀行とシティ, JPモルガン・チェースに対して独自の規制に服することを認め, ネットキャピタルに対する負債の比率は15倍以内, あるいは最低25万ドルか負債総額の2%を下回らないネットキャピタルのいずれかを維持するというレバレッジの制限がなくなった (佐賀 (2009), 62-65頁)。これらの点については終章も参照。

[27] レポでは証券の売却 (資金調達) 側は, 保有している証券の価値 (100) よりも低い価格 (80) で売却し, 将来より高い価格 (88) で買い戻す。証券価値と売却価格の差 (100-80=20) を証券価値で割った値 (ここでは20%) は「ヘアカット (率)」と呼ばれ, 買い戻し価格と売却価格の差 (88-80=8) を売却価格で割った値 (ここでは10%) は「レポレート」と呼ばれる。レポレートは購入 (資金提供) 側から見て貸出金利の役割を果たし, 売買される証券が担保 (ヘアカットは担保にどの程度の掛け目が掛けられるかを示す) の役割を果たしている (Gorton and Metrick (2009), p. 3)。

[28] Krishnamurthy et al. (2012), pp. 2, 8. 投資銀行による担保の再利用はレポに限られず, そうした多様な担保再利用メカニズムこそが, 影の銀行システムにおける信用の無制限の

第五に，第1・2章で見た通り，機関投資家の資産が増大し，安全（高格付け）で流動性の高い金融商品への需要が急速に高まったことが，影の銀行システム拡大のきわめて重要な前提条件を構成した。すなわち，それらは一方で影の銀行システムが生み出す仕組み金融商品への投資家としての役割を果たし，他方で影の銀行主体が資金調達する際の資金提供者としての役割を果たすことで，影の銀行システムの資金循環において不可欠な存在となっていた。年金基金や保険会社，ミューチュアル・ファンド，MMMFといった伝統的な機関投資家の資産が着実に拡大を続ける一方，2000年代にはSIVやヘッジファンドなど非伝統的投資家の資産も急拡大した。後者はレポやABCPなど担保付短期資金調達市場で短期資金を調達して仕組み金融商品を購入する中心的主体となり，前者はそれらに短期資金を提供するとともに，仕組み金融商品への直接投資も行った（**図表4-2を参照**）[29]。またここに，金融グローバル化の進展に基づいて国際資金移動が活発化する下で，経常収支黒字国の余剰資金が安全資産を求めて米国金融市場に大量流入した事実も加わった（いわゆるグローバル・インバランス（global imbalances）の存在）[30]。それら機関投資家は，純粋に投資先として，あるいはレバレッジを高めるために利用するレポなどの担保として，高格付け証券への強力な需要を有した。一方，そうした需要を充足するだけの高格付け資産が金融市場に十分に存在しなかったため，影の銀行がそれらの創出を受け持った[31]。まずABSやCDOの構築の過程で，債務の支払いキャッシ

拡大の重要な要素であったとも指摘される（Kirk et al. (2014)）。
29) Adrian and Ashcraft (2012), p. 16. 伝統的機関投資家の資産の拡大についてはFRBのFinancial Accounts of the United States, Historical data, Annual, L115, 116, 120, 121 を参照。FCICの調査によれば，調査に応じた170のヘッジファンドは，2008年6月時点で少なくとも2,750億ドルをレポ市場で借り入れ，2007年6月時点で少なくとも450億ドルをMBSやCDOに投資していた。SIVは2007年時点で上述のように約4,000億ドルの資産を保有していたが，そのうち約4分の1がMBSやCDOに投資されていた（FCIC (2011), p. 135, 252）。
30) 池尾 (2013), 78頁。
31) Gorton and Metrick (2009), p. 9, Claessens et al. (2012), p. 11, Duffie (2011), 訳，第三章。特に担保付短期資金調達手段を通じた影の金融仲介において，担保は資金調達，証券貸出，OTCデリバティブなどにおいて決定的な役割を果たすが，この担保が不足していたため，影の銀行の重要な機能は，大規模な取引を支えるために担保になる資産を絶えず生み出し続けるとともに，それらを再利用することであった。たとえばヘッジファン

ュフローをトランシェ化することで格付け機関から高格付けを付与された長期資産（シニアCDOなど）を大量に生み出し，次いでそれらを購入するSIVなどが発行する担保付短期資金調達手段（レポやABCPなど）もまた，安全で流動性の高い短期資産としてMMMFなどの主な購入対象となった[32]。

　以上，1980年代以降，当初は受動的に，次第に積極的に，影の銀行システムがもたらす便益を追求し始めた米国金融機関は，そこで創出される名目的な安全資産への需要の高まりに促され，また規制当局や学術界，格付け機関などの支援も受けながら，その拡大を試み続けた。そうした金融機関による，証券化関連業務を中心とする影の銀行システムに関わる業務の拡大を通じた利益追求は，並行してそれらのリスクテイクを高めていくことにもつながったが，その内実については次章で詳しく検討する。ともあれ，今次の危機が顕在化するまで，それは金融機関に巨額の収益をもたらし続けた。

III　影の銀行システムの収縮と金融危機

　影の銀行システムの急拡大は，その名の通り，我々の眼にはもちろん，規制当局の眼にも映らない「影」として，さらにそれを促進した当の金融機関の経

　　ドは，自らのプライム・ブローカーとしての投資銀行から資金調達するために現金や証券の担保を差し入れる。こうした顧客の担保が差し入れられる勘定は，銀行自体の勘定と厳密には隔離・区別されておらず，投資銀行が他の銀行とCDSなどを結ぶ際に再利用される。その銀行は，その担保資産を短期資金調達の担保として再利用しMMMFに差し入れる。一方，こうした担保設定は，顧客による引き出しが連鎖的な流動性問題を引き起こすことを含意する。

[32] レポ市場における貸し手として重要な位置を占めているのはMMMFと証券レンダー（機関投資家のカストディアン（custodian）機関）である。2007年末時点で，両者で1兆1,000億ドルをレポ市場に提供しているが，これは非銀行の貸し手が影の銀行へレポを通じて資金を提供した総額の3分の2にあたる。MMMFは総資産の15〜20％をレポに回していた。MMMFと証券レンダーのレポの大半はTBや政府機関保証債を担保にしていた。一方，ABS投資の資金源という意味でレポより重要な役割を果たした経路は，MMMFと証券レンダーによるABCPの保有及びABSの直接保有である。危機前の2007年前半時点で，民間ABS発行残高（5兆2,100億ドル）のうち，短期資金調達を通じて保有されていたのは40％で，その構成は23％がABCPの発行，MMMFと証券レンダーによる直接保有が15％，レポが3％であった（Krishnamurthy et al. (2012), pp. 3-4, 19, 27）。

営陣ですら全容を把握できないままに進展した。しかし2007年以降，影の銀行システムは急速に収縮し，その過程こそが今次の重大な危機の主要な要因となった。本節では，影の銀行システム急収縮の原因を追求する。結論を先取りすれば，影の銀行システム自体が様々な矛盾を抱えながら拡大してきたために，その収縮の必然性も内包されていた，ということである。

1 影の銀行システムの収縮の過程

まず影の銀行システムの収縮過程として現れた今次の危機のプロセスを簡単に確認しておこう。危機の重要な画期となったのは，2007年7月に格付け機関ムーディーズが300銘柄以上のCDOを最高水準（Aaa）から投資不適格水準にまで格下げしたことであった。これにより突如として注目を浴びたのが，影の銀行システムの主要主体の一つであり，大手銀行がオフバランスで実質所有していたSIVであった。SIVは長期のCDOを担保に短期のABCPを発行して利ざやを稼いでいたが，CDOの突然の格下げによりその評価が急落したことで含み損を抱えて巨額の損失を計上するとともに，ABCPの発行もほぼ不可能になった。SIVは資金繰りのために事実上の親会社である大手銀行からのクレジットライン引き出しを求め，それによって大手銀行に巨額損失をもたらした。その過程でSIV自体への疑念が高まり，ABCPの投資家による一層の資金引き揚げに見舞われた。

同様に，資金引き揚げを被ったのが影の銀行システムの統治者でもある投資銀行であった。2008年3月，ベア・スターンズに対して支払能力に対する懸念が急速に高まり，同社は流動性危機に襲われた。ベアはCDOやCDSといった影の取引に密接に関与していたため，それらに関するリスク顕在化に伴う損失計上の影響を受け，株価が急落していた。この際FRBは商業銀行に対する最後の貸し手機能を投資銀行にまで拡大し，JPモルガン・チェースに対して合併資金を提供することで，ベアの破たんを回避する行動を採った。しかし同年9月に同じくCDOやCDSに深入りしていたリーマン・ブラザーズが危機に陥った際にはこれを救済せず，結局リーマンは破たんした。前後して，同様に巨額損失を計上したメリル・リンチはバンクオブアメリカ（Bank of America）に買収され，ゴールドマン・サックスとモルガン・スタンレーは銀行持株会社化

することで現実の銀行に移行した。こうして米国五大投資銀行は，いずれも影の銀行システムへの深入りが原因で流動性危機，それを契機とした巨額損失に見舞われ，単体の投資銀行としては姿を消すことになった。

それと前後して，同様に影の銀行主体である，モーゲッジ・レンダーの破たんが2007年春以降相次ぎ，2008年に入ってからは複数のモノライン保険会社や，子会社AIGFPを通じてCDSに深入りしていた大手保険会社AIGも，デフォルト (default: 債務不履行) の急増に基づくCDS市場の崩壊と巨額の支払負担の発生により実質破たんした。加えて，米国で絶対安全な資産としての地位を得ているMMMFも，購入していたABCPの評価急落により元本割れ及び資金流出を経験し，CDOやCDS市場の重要な参加者であったヘッジファンドも同様の状況におかれて，小規模ファンド中心に多数が破たんした。

このように影の銀行に対する相次ぐ資金引き揚げと新規資金供給の停止，すなわち「影の銀行への取り付け (run on the shadow banks)」が発生したことで，そのシステムは急速に収縮し，事実上崩壊した。そしてこのことが，資金提供，クレジットラインの設定，オフバランスでのSIV運営などを通じてそれらに密接に関与してきた現実の銀行としての商業銀行にも，巨額の損失計上を強いることになった。それにより商業銀行のリスク回避意識が高まり，貸出姿勢の硬化，民間企業に対する貸し渋り，といった経路を経て実体経済，世界経済にも甚大な影響を与えるに至った。

2　影の銀行システムの必然的収縮の原因

影の銀行システムの急収縮過程が今次の危機の基軸であることを確認した。それでは，なぜそのような事態に陥ったのか。その主な原因は，影の銀行システム自体にあまりにも多くの問題点・脆弱性が内包されていたことにある。すなわち，それはそもそも持続可能な制度ではなく，早晩収縮することは必至だったとも言える。I節で整理した通り，影の銀行システムの特質は，第一に短期負債依存と高レバレッジ，第二に流動性の低い仕組み金融商品などへの投資，第三に公的規制回避と流動性支援からの除外であった。これら三つの特質がいずれも問題点・脆弱性を内包しており，それらが危機の進展過程で一挙に顕在化したことで，結局，影の銀行システム自体を急速に自壊せしめたのである。

以下，それぞれについて見ていこう。

　第一に，短期負債による資金調達に依存して，高レバレッジをかけることが，影の銀行システムの脆弱性の大きな原因となった。まずレバレッジは，簡潔に言えば，負債により自己資本の何倍もの資金を運用し，自己資本だけから生み出される何倍もの利益を得ようとする投資戦略である。逆に言えば，損失が出た場合は当然何倍もの損失を被ることになる。投資銀行を中心とした影の銀行主体は，金融緩和政策による2000年代前半の低金利を背景に，その多くが10倍から30倍以上という非常に高いレバレッジをかけていた[33]。実際，影の銀行はレバレッジのかかった巨額評価損を被ったが，そうした評価損は時価会計原則に則って計上され，そのことが危機的状況に拍車をかけたとされる。

　次に短期負債の方法自体にも構造的問題が内在していた。投資銀行やヘッジファンドの資金調達は，上述のレポを通じた短期借入が最も多いとされる。この取引では，格付けの引き下げなどにより担保証券価値が下落した際には，担保のヘアカット（注27参照）が引き上げられることになり，追加担保の差し入れ要求（「マージンコール（margin call）」）を迫られる。証券価値が一斉に下落し，貸し手が一斉にマージンコールをかけると，借り手の一部は流動性危機に陥り，場合によっては資産の投げ売り（fire sale）に走らざるをえない。加えて，上述の担保の再利用メカニズムもこの動きを助長する。そしてこれがますます担保証券価格を引き下げる要因となり，さらなるヘアカットの引き上げや追加のマージンコールを迫られ，場合によってはレポの更新を拒否される，という悪循環に陥る[34]。こうした状況が実際に発生した。

　以上のように，現実の金融市場では，特に担保付短期資金調達手段としてのレポに内在する，急激なレバレッジの解消・逆転＝「デレバレッジ（deleverage）」が発生する可能性が一気に顕在化した。しかし現実の銀行も影の銀行もすべて

---

[33] レバレッジ比率は自己資本比率の逆数で計算されることが多い。商業銀行は規制によりレバレッジは15倍までに制限される一方で，破たんしたリーマンは2008年2月末時点で32.7倍ものレバレッジをかけ，しかも資産に対する短期負債の比率が54.59％にも達していたことが指摘されている（Zingales (2008)）。大手金融機関のレバレッジの高まりについては詳しくは次章を参照。

[34] Duffie (2011)．

が同時に金融市場で売り方に移行し，資産を売却し，負債を返済し，より多くの資本を発行することで，レバレッジを引き下げようとすることは実現不可能である[35]。

　第二に，影の銀行が，市場の事実上存在しない非流動的かつ高リスクの仕組み金融商品やOTCデリバティブで運用していたことが，影の銀行システムの脆弱性のもう一つの重要な原因となった。そもそも仕組み金融商品やOTCデリバティブのほとんどは，上述のファイナンス理論が想定する標準的な競争的金融市場では取引されえず，市場による価格付け機能はほとんど働かない。その代わりに，それを組成・販売する投資銀行などと少数の専門的顧客との間の相対で取引価格が決定される。一般に取引所で取引される金融商品やデリバティブは非常に競争的な市場では低い利幅しか期待できないので，銀行は取引所では売買されえないような複雑な取引を生み出す強力なインセンティブを持つ。たとえば，第6章で詳しく見るように，近年，銀行は特にデリバティブ商品の開発を競っているが，実際，世界のデリバティブの80％はOTCで取引されている。しかしこうしたOTCで取引される不透明かつ非流動的な仕組み金融商品やデリバティブは，そもそも市場が存在しないなかで投資家が一斉に売りに出たり，契約を解消しようとしたために，取引がほとんど成立しない状況に陥った。

　またそうしたOTCでの金融取引のうち，特にCDOとCDSについてはそれぞれ独自の問題を内包していることも指摘される。まずCDOの内包する最大の問題は，二重，三重と証券化が行われる過程で，そのリスクの性質が，原資産の信用リスクから市場リスクへと転化してしまうと同時に，原資産のリスクをその何倍にも増幅させるメカニズムが内包されている，ということである。証券価格にその変動の重心となる基準値が存在しない場合，需給関係でいつでも際限なく変動する[36]。そのため原資産である貸出債権の延滞率が数％上昇しただけで，それを担保に発行された証券の価格が数十％下落するという事態が生じうる。これに対して，そもそもこうした市場リスクに対して格付けは行え

---

35) McCulley (2009), p. 5.
36) 高田 (2008a), 90頁。

ないはずの民間格付け機関が，薄弱な根拠に基づき高格付けを与えてきたのである。次にCDSの内包する最大の問題は，その支払能力に関する裏付けのなさである。CDSもOTC取引で契約されるが，ここには，商業銀行，投資銀行，保険会社，ヘッジファンドなど，プロテクト（保証）の売り方と買い方双方に様々な主体が入り乱れて肥大化していた。デフォルトが少ない状況下では，プロテクトを売ることで安定的にプレミアム（保証料）収益が手に入るため，これに目をつけた影の銀行がCDS市場に急速に参入した。本来であれば保証能力を持たない主体が保証を行うことはありえないが，CDSはまったくの規制外にあったため，規制当局はその契約内容や規模を確認できず，歯止めが利かない状況で実際には何の裏付けもないまま驚異的に拡大した[37]。しかしデフォルトの急増，格付けの急落により，CDSの定める信用事由（credit event）に該当したことによって，プロテクトの売り手（主に大手金融機関）は巨額の保険金の支払いや担保の引き出し，解約などの請求に追われ，またプロテクトの買い手（主にヘッジファンド）は既存の取引を相殺・解消しようと新しく同様の保険契約を別の相手と締結（ノベーション：novation）しようとするも拒否されるといった事態が現実に生じることによって，CDSの保証能力に関わる矛盾が一挙に明らかになった[38]。

　第三に，影の銀行は規制を回避できる代わりに，流動性セーフティネットの対象にならないことが，影の銀行システムの脆弱性を高める大きな原因となった。流動性セーフティネットにアクセスできない影の銀行は，預金金融機関に比べて流動性危機に見舞われる可能性が高い。それに対し影の銀行は，一方で公的規制を民間格付け制度によって代替し，他方で緊急時の流動性確保のために商業銀行のクレジットラインを設定したり，保険会社などとCDSなどの債務保証契約を結んだり，いずれも民間の信用補完を受ける。しかしそれらはすべて内在的問題点を抱えるものであった。ここでは前者の格付け制度に内在する問題点を確認する。

　格付け制度が非常に発達している米国では，民間格付け機関が絶対的権力を

---

[37] Baker (2008), p. 78によると，自己資本の100倍以上のCDSを発行している銀行も存在した。
[38] Duffie (2011), 訳, 37-67頁。

有するとされる。なぜなら，格付け機関から投資適格の格付けを得る見込みが立たなければ，基本的には証券を発行することすら困難だからである。その格付けの世界は，S&Pとムーディーズの2社で証券格付けの80%前後のシェアを持つ超寡占体制にあり，また米国の銀行が保有できる証券は，1975年に開始した公認格付け機関 (Nationally Recognized Statistical Rating Organization: NRSRO) 制度の下で，そこに属する少数の民間格付け機関の高格付けを必要とする[39]。

こうした少数の格付け機関への権力集中が問題を内包している。最大の問題は格付けの客観性である。米国の格付け制度では，証券発行者が格付け機関に手数料を支払って格付けしてもらう，いわゆる「依頼格付け」が一般的であるが，証券発行の条件を民間格付け機関に依存する発行者は，高い手数料を支払ってでも高格付けを得ようとする「格付けショッピング (ratings shopping)」の動機が生まれる。加えて，大手金融機関は，どうすれば最高格付けを得られる仕組み金融商品を最も多く生み出せるか，格付け機関から助言をもらうことで，追加のコンサルティング料も支払った[40]。一方，格付け機関にとって，発行者は手数料収益源となる顧客であるため，他の格付け機関より甘い格付けを与えて顧客をつなぎとめようとする動機が生まれる。実際，上記2社にフィッチ (Fitch Ratings) を加えた米国の三大格付け機関は，それらの格付けを通じて巨額の手数料収益を生み出した[41]。両者の利害一致の末，透明性と競争を欠いた格付け制度の下で行われる格付けは必然的に客観性を欠き，適正水準よりも高くなった結果，サブプライムローンを担保にしたCDOなどの約80%のトランシェに最高格付けが付されるようになった。

---

39) SEC (2012) を参照。
40) Wilmarth (2011), p. 967.
41) 2004年から2007年に，S&Pは5,500以上のRMBSと835以上のモーゲッジ関連CDOの格付けを発行し，ムーディーズは4,000以上のRMBSと870以上のCDOの格付けを発行した。S&PはRMBSのトランシェの格付けには一般的に4万ドルから13万5,000ドル，CDOのトランシェの格付けには3万ドルから75万ドルの手数料を課し，MBSにはサーベイランス手数料として毎年5,000ドルから5万ドルを課していた。それらの結果，ムーディーズのRMBSとCDOの格付けからの収益は2002年の6,100万ドルから2006年には2億6,000万ドルに，S&Pでは6,400万ドルから2億6,500万ドル以上に跳ね上がり，それらを通じて三大格付け機関の総収益は2002年の約30億ドルから2007年には60億ドル以上へと倍増した (U. S. Senate (2011), pp. 30-31)。

加えて，格付けを行う際の分析方法にも問題がある。そもそも格付け機関はCDOのような複雑かつ非常に新しい負債性手段に対し，分析の基礎に置くべき信用履歴をほとんど有していない。特に危機発生前の数年は住宅価格上昇に基づいてCDOの基になる住宅モーゲッジのデフォルト率はきわめて低かった。こうした強気市場の履歴しか存在しない一方で，格付け機関はデフォルトの可能性を分析する際に，個別債務のリスク間の相関（分散されないリスク）や住宅価格の全体的サイクルなどを捉えて，その下落可能性やいわゆる「テールリスク (tail risk)」（詳しくは次章で扱う）の高まりを認めようとしなかった。結果として，格付け機関が最上位格付けを与えたCDOが一夜にして投資不適格水準まで引き下げられたことは，その分析手法が根本的に問題含みであったことを示している[42]。

以上示されたように，影の銀行システムは，その主要な特質すべてが重大な問題点・脆弱性を内包していた。米国住宅価格の下落と延滞率・デフォルト率の急上昇という現実のショックに対し，影の銀行システムに内在する，金融機関のレバレッジのかかった巨額損失の可能性，レポにおける急激なデレバレッジの発生可能性，何倍にも高まっていた仕組み金融商品の市場リスク，保証能力の疑わしい民間信用補完，客観的裏付けのない格付けの突然の引き下げ可能性，といった諸矛盾が一挙に顕在化した。その結果，影の銀行システムに対する不信感が急速に高まり，それに基づく影の銀行への取り付けとその急収縮の過程が，今次の危機を生み出す重要な要因となったのである。

結び

2000年代の金融化の主な要素としての影の銀行システムに着目し，その拡大と急収縮，それが今次の危機に至る過程を見た。そもそも影の銀行システムは，2000年代半ばに突如として現れたものではなく，1980年代以降の，家計・企業資金の機関投資家への集中，主に住宅金融を通じた家計負債の増大，金融規制緩和（特にレバレッジの容易化），金融機関間の国内外における競争

---

[42] Wilmarth (2011), p. 969.

図表 4-4　影の銀行システムにおける金融機関の主要なリスクテイク経路（点線の矢印）

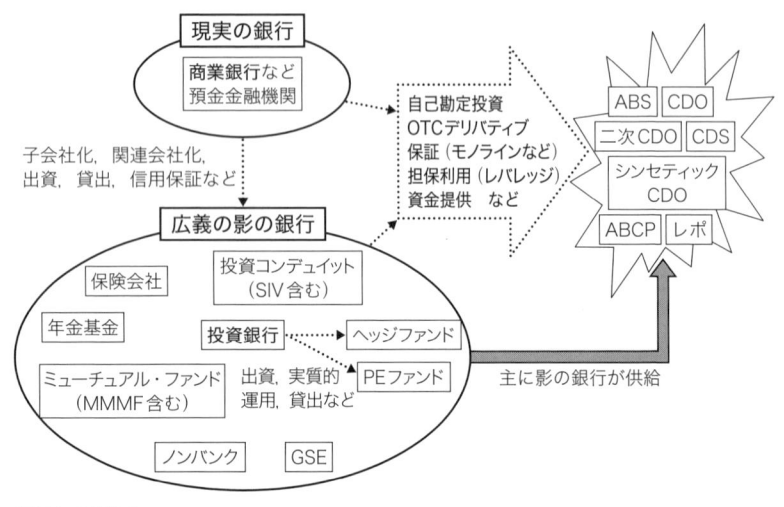

```
                     ┌─────────────┐
                     │  現実の銀行  │
                     │ ┌─────────┐ │
                     │ │商業銀行など│ │
                     │ │預金金融機関│ │
                     │ └─────────┘ │
                     └─────────────┘
                            │
    子会社化，関連会社化，           自己勘定投資      ┌──────────┐
    出資，貸出，信用保証など          OTCデリバティブ   │ ABS │ CDO │
                            │         保証（モノラインなど）│二次CDO│CDS│
                            ↓         担保利用（レバレッジ）│シンセティック│
                     ┌─────────────┐  資金提供　など    │   CDO    │
                     │  広義の影の銀行 │                │ ABCP│レポ │
                     │              │                └──────────┘
                     │ 保険会社　投資コンデュイット            ↑
                     │         （SIV含む）                   │
                     │ 年金基金　投資銀行 …… ヘッジファンド    │
                     │                                       │
                     │ ミューチュアル・ファンド  出資，実質的  PEファンド  主に影の銀行が供給
                     │ （MMMF含む）         運用，貸出など
                     │ ノンバンク　GSE
                     └─────────────┘
```

（出所）著者作成。

激化，金融イノベーションの進展といった，様々な要素が絡み合いながら歴史的に展開したことによって生み出されたものであることが分かった。これらは金融化を構成する諸要素とも一致しており，影の銀行システムは金融化の一つの過程と理解することができよう（これらの点は次章の結びで再確認する）。そしてこの影の銀行システムは，主に大手金融機関の主導下で拡大し，関連業務を通じてそれらに短期間に巨額の収益を生み出した。一方で，多くの矛盾を内包し，そもそも持続不可能な制度であったそれは，すでに臨界点を迎えていた時に一つのショックの発生によって必然的に収縮に向かい，それを最大限に利用するなかでリスクをため込んでいた大手金融機関にも，一転して巨額の損失をもたらした。

　影の銀行システムは，それを構成する証券化や担保付短期資金調達手段，OTCデリバティブ，オフバランスビークルなどを個別に，純粋に技術的に見た場合には，たしかに金融市場における重要な役割を果たしうる側面も持ち合わせており，それらの存在自体を全面否定することは妥当とは言えない（終章注8も参照）。しかしそれらが，大手金融機関の規制回避や利益動機に促されな

がら，相互に重層的に結びつけられ，複雑性と不透明性を高めながら際限なく展開し，極端な規模にまで肥大化した結果，その急収縮が今次の危機を引き起こす重大な原因となった事実は，それを一国の金融仲介システムとして存続・促進していく社会的費用があまりに大きいことを証明した。その意味で，少なくとも危機前に存在した影の銀行システムは，金融の本来の役割や正常な軌道からの「逸脱」として，そのまま「安楽死」を迎えるべきだったのかもしれない[43]。しかしそうした事態に直面した政府・規制当局は，その規模・範囲があまりに大きく，その収縮の過程もあまりに急速であったために，現実の銀行と影の銀行を丸ごと救済せざるをえなかった。たとえばFRBは緊急措置として流動性供給の対象を一部影の銀行システムにまで広げ，政府は影の銀行を内包する大手金融機関に対して巨額の公的資金注入を行ったりした。これは一方で影の銀行と現実の銀行との複雑な相互連関（「複雑に絡み合いすぎてつぶせない (Too-Interconnected-to-Fail: TITF)」）と，それが一気に崩壊した際に想定される多方面への甚大な影響を考えるとある程度やむをえなかった側面も持つが，他方でそうした延命措置は，巨額の国民負担とモラル・ハザードの蔓延という重大な懸念を引き起こした。

次章では，そうした多くの矛盾を抱えながら展開した影の銀行システムを大手金融機関が主要な収益源として拡大させていくなかで，特にそれらのリスクテイクが非常に高まっていった事実とその主要な経路（**図表4-4**はその概略図）に着目し，2000年代の金融化，金融機関の収益拡大の内実にさらに迫る。

[43) 影の銀行システムの展開を，金融の，もっと言えば資本主義の，正常な軌道からの逸脱と見なすことが妥当かどうかについては議論があろう。本稿ではこの点についてはこれ以上立ち入らない。

第5章　2000年代の金融機関の収益拡大と大手金融機関のリスクテイク

　米国で1980年代以降，漸進的に拡大を続けた金融機関の収益は，2000年代に入り急激とも言える拡大を見せ始める。第1・2章で見た通り，1980・90年代の金融機関の収益拡大に大きく貢献した要素は，主に資金循環構造の変化の下での資産運用関連業務と企業間M&A活発化を背景としたM&A関連業務であった。両業務には，金融機関は原則としてリスクを取らず，家計や企業のリスク負担の下にそれらの支払う手数料などの形で収益を上げる，という共通の特徴があった。そして2000年代のその急拡大に特に重要な貢献を果たした一つの要素が，前章で見た，証券化関連業務を中心とする影の銀行システムに関わる業務であった。証券化は影の銀行システムの中核であり，それ自体は本来，金融機関のリスク削減のために導入されたスキームでもある。実際，金融機関は自らオリジネートした貸出債権をバランスシートから切り離し，証券化して投資家に売却することで，付随する諸リスクから解放されるとともに，証券化関連業務を通じて手数料その他関連収益を取得できた。そうした証券化関連業務の拡大は，リスクを取らないビジネスモデルという点で，1980年代以降の流れと軌を一にしている。

　一方，影の銀行システムの下での表向きのリスク分離の裏で同時に進行していたのが，大手金融機関による仕組み金融商品などに関わる積極的リスクテイクであった。そしてその主要な経路となったのが，自己勘定取引，代替投資ファンド（ヘッジファンドとPEファンドが代表例）への出資（以下，代替投資），OTCデリバティブ，の三つの取引である（前章**図表4-4**参照）。これらはいずれも，今次の危機発生に重大な役割を果たしたとして，2010年金融規制改革法で商業銀行や銀行持株会社の関与が禁止・制限されるものである。そのことで，これらを巡っては現在まで多くの議論がなされてきたが，それらが金融機関の業務にどれほどの地位を占め，最近の金融機関の収益の急拡大にいかに貢献したかについては必ずしも詳細な分析が進んでいない。

本章では，2000年代に影の銀行システムの拡大と絡み合いながら展開した大手金融機関の積極的リスクテイクについて，その三つの主要な経路に着目し，それらの収益上の貢献とそれを可能にした要因を，主に大手金融機関の持つ「特別の優位性」に焦点を当てて具体的に分析する。

I　2000年代の金融機関の収益と三つのリスクテイク経路
――大手金融機関に着目して――

1　2000年代の金融機関の収益と三つの経路

はじめに，第2章の図表2-1〜2-4に再び目を向けよう。特に2000年代に着目してより詳しく見ると，以下の事実が明らかになる。まず2000年代前半から半ばの金融機関の収益はそれ以前と比べて急激に高まっている。次にその主な部分はそれ以前同様に商業銀行の非金利業務と証券会社の諸業務，特に前者によってけん引されている。そしておそらく最も重要な事実として，それらを収益源別に見た場合，そのますます多くの部分が，証券会社のその他証券関連収益や非証券関連収益，商業銀行の付随的非金利収益といった，明確な分類・識別が困難な諸業務によって生み出されている。

本章が焦点を当てる三つの金融取引に目を向けると，自己勘定取引の損益については，商業銀行の「トレーディング勘定のゲイン」及び証券会社の「トレーディングゲイン」（通常業務の一環として売却目的で保有される証券のゲイン）の大部分とほぼ一致する他，証券会社の「投資勘定のゲイン」（投資目的で長期保有される証券のゲイン）にも一部混在すると想定されるが，公表データでは，それらは商業銀行でも証券会社でも，必ずしも重要な貢献をしていないようにも見える[1]。また代替投資とOTCデリバティブの損益については，商業銀行，証券会社の明確な分類・識別が困難な収益源（たとえば商業銀行の付随的非金利収益のうち「その他非金利収益」や，証券会社のその他証券関連収

---

[1] 金融機関では，自己勘定取引やマーケットメイキングのために使用される証券在庫は「売却目的の保有」資産として明示される一方，長期投資目的で保持される証券在庫は「投資目的の保有」として明示され，日々の取引には使用されないことが一般的である (U. S. Senate (2011), pp. 33-34)。

益のうち「投資勘定の金利・配当収益」,「取引所外で実施されるオプション取引の手数料」, さらに「トレーディング」収益や「投資勘定のゲイン」,「非証券関連収益」の一部など）を構成すると想定されるが, 公表データだけではその正確な貢献度合いが必ずしも明確にならない[2]。

一方, 業界全体としては必ずしも明確にならないそれらの貢献は, 米国金融市場で突出した地位にある少数の大手金融機関に焦点を当てた場合には少し別の見方ができる。

2　大手金融機関への収益の集中

まず米国金融市場における大手金融機関の地位を, 2000年代に進展したそれらの規模及び業務範囲の一層の拡大に着目して確認しておこう。米国金融市場では, 1980年代以降徐々に集中が進展し, 1990年代にその傾向が加速したが, 2000年代にはそこに質的変化も加わった。商業銀行の地理的規制に代表される米国金融機関に対する様々な集中規制は, 1990年代までにはほぼ全面的に放棄され, それにより米国金融機関間のM&Aは活発化した。商業銀行の数は, 1980年には14,000行以上存在していたが, 1990年には約12,000行, 2000年には約8,000行, 2012年末では約6,000行と, この20年で約半分に減少した[3]。一方, 証券会社の数も, 主要投資銀行による株式公開の進展などを背景に, 商業銀行ほどではないものの2000年代にM&Aが進んだ結果,

---

2) Greenwood and Scharfstein (2013) は, データ入手上の強力な制限の存在と数値が必ずしも厳密なものでないことに留保しつつ, 商務省経済分析局 (Department of Commerce, Bureau of Economic Analysis: BEA) と国勢調査局 (Bureau of the Census) のデータなどから以下の事実を明らかにしている。第一に, 証券会社の総産出（売上げ）のうち, 資産運用手数料が最も顕著に拡大しているのに加え, デリバティブに基づく利益が, 1997年時点ではほぼゼロであったのが, 2002年には163億ドル, 2007年には453億ドルに, 負債性証券（仕組み金融商品含む）のブローカレッジとディーリングによる利益が, 1997年と2002年ではほぼゼロであったのが, 2007年には365億ドルに急拡大している。第二に, 商業銀行でも, 同時期にモーゲッジの組成や証券化（仕組み金融商品含む）関連手数料が急拡大しているのに加え, 自己勘定取引やデリバティブの大部分を含むと想定される「信用仲介とは関連しない収益」が, 1997年の673億ドルから, 2002年には1,090億ドル, 2007年には1,303億ドルと急拡大している。

3) Federal Deposit Insurance Corporation, Historical Statistics on Banking より。

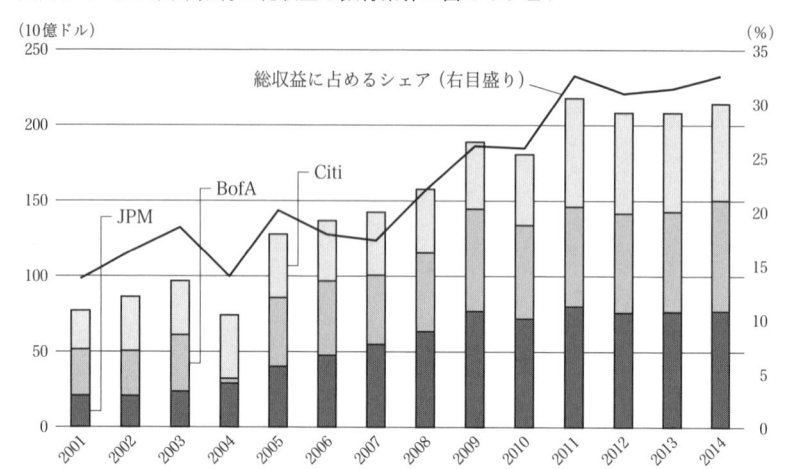

図表 5-1　三大商業銀行の総収益と銀行業界に占めるシェア

(出所) FDIC, Industry Analysis, Bank Data & Statistics, Institution Directory 及び Historical Statistics on Banking より作成。
(注) 銀行単体ベース。総収益は総金利収益と総非金利収益の合計。

1990年代の約5,500社から2013年末時点では約4,200社へと20%以上減少した[4]。加えて、1999年GLB法は、金融持株会社方式での相互参入をほぼ全面的に認めたことから、大手金融機関中心に、業態の垣根を超えたM&Aが積極的に行われるようになった。これらの過程を経て2000年代には、少数の大手金融機関による集中と金融コングロマリット化が同時進行した[5]。

---

4) SIFMA Research Department (2014), p. 28.
5) 米国の商業銀行資産のうち十大商業銀行が保有する資産のシェアは1990年の25%から2005年の55%へと2倍以上になっている (Wilmarth (2009), pp. 975-976)。そのうち、JPモルガン・チェースの資産は1999年には6,670億ドルであったのが、年率16%で成長した結果、2008年には2兆2,000億ドルに到達した。バンクオブアメリカは年率14%、シティグループは年率12%で成長した結果、それぞれ1兆8,000億ドル、1兆9,000億ドルに成長した (FCIC (2011), p. 65)。また2011年時点で、米国の総預金残高9兆ドルのうち約半分が、JPモルガン・チェース、バンクオブアメリカ、シティバンク、ウェルズ・ファーゴ (Wells Fargo) の4行 (それぞれ約1兆ドルずつ) によって保持されている (Public Citizen (2012a), p. 12)。一方、投資銀行における集中は商業銀行よりもさらに急速に進展しており、ゴールドマンの資産は、1999年には2,500億ドルであったのが、年率21%で成長した結果、2007年には1兆1,000億ドルに、リーマンは年率17%で成長した

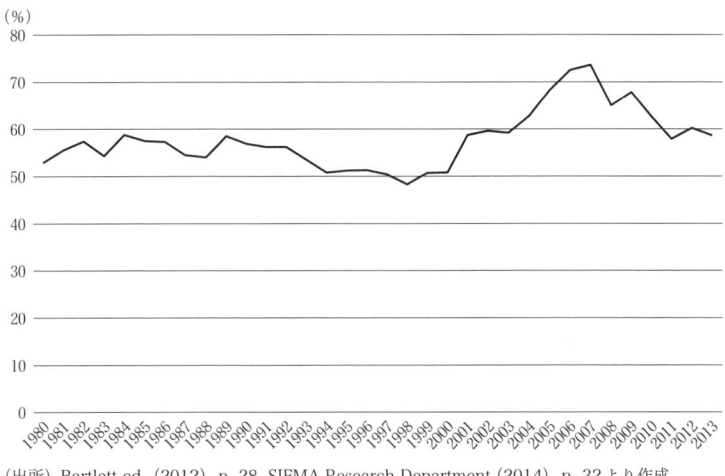

図表 5-2　トップ10証券会社の収益シェア

(出所) Bartlett ed. (2012), p. 28, SIFMA Research Department (2014), p. 32 より作成。

　こうした少数の大手金融機関における規模と範囲の拡大は，それらの収益面での地位も高めた。**図表 5-1** は，三大商業銀行（JPモルガン・チェース（JPM），バンクオブアメリカ（BofA），シティバンク（Citi））の総収益額と，全商業銀行の総収益に占めるシェアを示している。これによると，2000年代に三大商業銀行の収益額とシェアはいずれも急速に高まっており，倍近くになっている。一方，**図表 5-2** は，証券会社全体に占める上位10社の収益のシェアを示している。これによると，上位10社のシェアは2000年代に20ポイント近く上昇している。商業銀行でも証券会社でも，2000年代に少数の大手金融機関への収益面での集中が急速に進展したことが分かる。

　一握りの大手機関への収益の集中は，影の銀行システムに関わる分野でさらに高まる。たとえばデリバティブのディーリングでは，三大商業銀行に，ゴールドマン・サックス銀行を加えた4行で，2015年3月31日時点の全商業銀行の想定元本の91.5％，ディーリング収益の81.7％を占めており，それらで関連収益をほぼ独占している[6]。また2001年時点で，全商業銀行の非金利収益

結果，1,920億ドルから6,910億ドルに増加している（FCIC (2011), p. 65）。

に占める五大銀行のシェアは41％と、総収益に占めるシェアより高く、なかでもトレーディング収益では83％、証券化収益では64％を取得したとされる[7]。

3　大手金融機関の収益と三つのリスクテイク経路

2000年代に大手金融機関、特に一握りの機関が集中的に取得した収益に、本章が着目する三つのリスクテイク経路はどれほど貢献したのか。ここでは、米国金融市場で特に突出した地位にある三大商業銀行と三大証券会社を取り上げて検討する。まず三大商業銀行を見よう。前述の三大商業銀行は米国銀行市場において圧倒的な地位を占めるだけでなく、証券業務や保険業務、クレジットカード業務など多角的な業務展開を行う金融コングロマリットでもある。**図表5-3**は、それらの非金利収益のうち、自己勘定取引とOTCデリバティブを含むと想定されるトレーディング損益と、代替投資と一部OTCデリバティブの損益を含むと想定されるその他非金利収益が占めるシェアを示している。

ここから、自己勘定取引とOTCデリバティブについては、業界全体で見ると総非金利収益への貢献は概ね10％以下であったが、大手3行に絞れば、それよりも高い20％を超える水準で推移し、多い時には30％を超えていることが分かる。逆に2007-08年のように収益が落ち込んだ年には巨額の損失をもたらすことで、その主要な原因となっていることも推定できる。次にその他非金利収益については、業界全体では50％台から60％を少し超える水準であったが、大手3行についても、業界全体とほぼ同水準かやや低い値である。以上から、大手3行では、業界全体よりも自己勘定取引とOTCデリバティブの収益への貢献度合いがかなり高いことが認識できたが、代替投資の貢献は明確に

---

6) OCC (2015) (First Quarter 2015), table5, 7. ここでのデリバティブのディーリング収益は、「trading revenue from cash instruments and off balance sheet derivative instruments」を用いている（「cash」は「現物」の意）。デリバティブの上位行への集中は当初より規制当局に認識されており、そのシェアについては1995年から公表されている。上位行に該当するのは、当初上位9行であったが、8行→7行→5行と次第に減少していき、2015年現在は上位4行となっている。いずれにせよそれらの数値は、一貫して、想定元本では95％前後、収益では80％前後という非常に高い集中度を記録し続けている。

7) Crotty (2007), p. 51. Public Citizen (2012a), p. 7 によれば、2011年時点でも自己勘定取引の88％が六つの銀行によって占められていた。

図表 5-3 三大商業銀行の総非金利収益に占める三つの取引のシェア

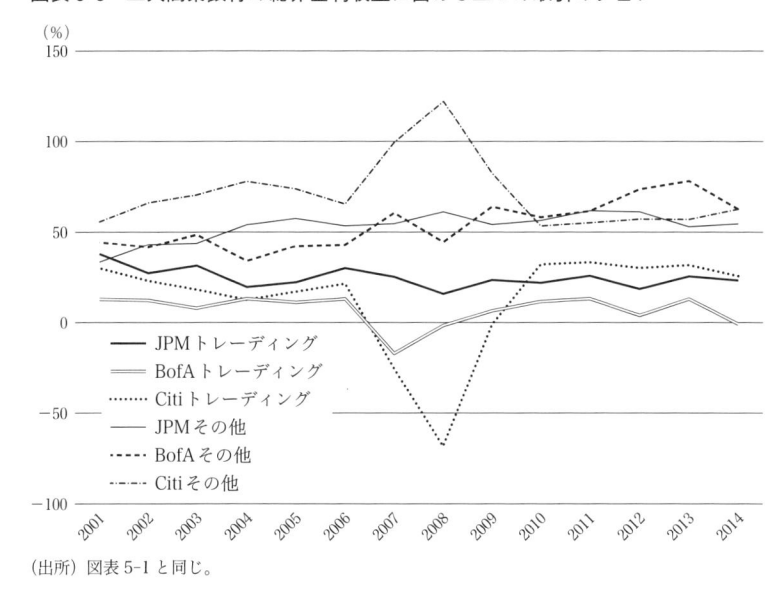

(出所) 図表 5-1 と同じ。

は認識できなかった。一方，ブルームバーグ (Bloomberg) の報道によると，JPモルガン・チェースの2012年度収益のうち「プリンシパル・トレーディング」（主に自己勘定取引を指すが，マーケットメイキングを含む）が114億ドルであったのに対し，ヘッジファンドやPEファンドへの投資による収益が140億ドルとされ，これらは同社の総収益の12％を占めた。またこの比率は，バンクオブアメリカでは10％であった[8]。

続いて三大証券会社を見よう。三大証券会社は，ゴールドマン・サックス (GS)，モルガン・スタンレー (MS)，メリル・リンチ (ML) を指し，いずれも大企業や大手機関投資家を主な顧客対象とするホールセール専門の投資銀行（メリルは元々はリテール業務に主軸を置いていた）として，それらの市場で圧倒的な地位を占める。また今次の金融危機を経て，ゴールドマンとモルガンは銀行持株会社化し，メリルはバンクオブアメリカの傘下に入るなど，いずれも銀行業務も行う金融コングロマリットに転身している。**図表 5-4** は，それら三大

---

[8] Moore and Campbell (2013).

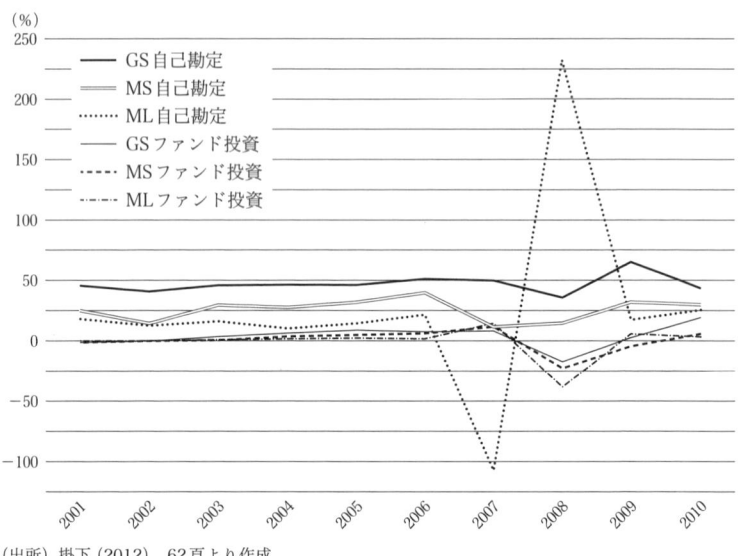

図表 5-4　三大投資銀行の総収益に占める自己勘定取引と代替投資のシェア

凡例：
― GS自己勘定
― MS自己勘定
…… ML自己勘定
― GSファンド投資
-- MSファンド投資
-・-・ MLファンド投資

(出所) 掛下 (2012), 62頁より作成。

　投資銀行の総収益のうち，自己勘定取引と代替投資にあたると想定される業務が占めるシェアを示している。OTCデリバティブは各行とも識別不能（自己勘定取引に含まれる可能性もある）であったため対象外とした[9]。

　これによれば，自己勘定取引は，業界全体では2000年代を通じて総収益の10％強しか占めていなかったが，大手3行に絞ると，同時期に概ね20％以上，特にゴールドマンでは50％前後を自己勘定取引で取得していることが分かる[10]。しかし代替投資については大手3行の財務報告でも明確な形では現れて

---

9) **図表 5-4** は各行の財務報告資料に基づくが，各行に統一された業務分類が存在せず，どの分類にどの業務が該当するかもあいまいにしか公表されていないことから，厳密性を欠く点に注意が必要である。

10) メリルは2007年にシェアがマイナス100％，2008年にシェアがプラス200％を超える異常値を取るが，これは，2007年の総収益が約110億ドルの黒字に対して自己勘定取引は約120億ドルの最終損失，2008年の総収益が約120億ドルの赤字に対して自己勘定取引は約270億ドルの最終損失を出しているためである。したがって2008年の場合は，収益への貢献度ではなく，損失への貢献度と見るべきである。また Markley and Levin (2010) によれば，破たんしたリーマンは，1998年時点で自己勘定取引額は280億ドルであったのが，それ以降急速に拡大し，2007年には3,130億ドルに上り，この時点で全

こなかった。一方，金融危機調査委員会の調査報告によると，株主総会資料に基づく計算では，ゴールドマンではトレーディング（短期の自己勘定取引）及びプリンシパル・インベストメント（ファンド投資やM&Aを含む中・長期的な自己資金投資）からの収益は，1997年には総収益の39％であったのが2007年には68％に，メリルでは同様の収益が42％から55％に，リーマン・ブラザーズでは32％から80％に，ベア・スターンズでは2002年以降100％以上（その他の業務で損失が発生していたため）に，いずれも急上昇していたことが明らかにされている[11]。

　以上，大手金融機関の収益源を見ることで，次の事実が明らかになった。まず自己勘定取引については，大手金融機関は業界全体の自己勘定取引に基づく収益の大半を取得するとともに，自らの収益源におけるその地位も業界全体で見るよりずっと高めていた。一方，上述の通りそもそも2000年代の金融機関の収益の急拡大への自己勘定取引の貢献度合いは，公表されたデータではそれほど高くなかった。この事実を額面通り受け取り，自己勘定取引を主要業務として行っているのは一握りの大手金融機関だけであって業界全体として見ればその貢献度合いは高くない，と認識するのは早計である。ここで念頭に入れなければならない重要な事実は，公表データの限界の存在である。実は大手金融機関は，その財務報告において，自己勘定取引が生み出す損益を正確に公表していない可能性が高い。後で見るように，公表されるのはあくまで自己勘定取引の一部にすぎず，大部分は意図的に識別困難な「その他」などに組み込まれるか，まったく公表されない。特に関連企業やオフバランスビークルなどを通じた損益については，実態としては本体業務の一環と見なされるものであって

収益の半分以上を自己勘定取引で取得していた。大手金融機関の救済に数兆ドルの資金が納税者から提供された後の2009年においても，大手6行（GS, BofA, JPM, MS, Citi, ウェルズ・ファーゴ）で約600億ドルの収益を自己勘定取引で取得した。
11) FCIC (2011), p. 66. ブルームバーグの報道によると，ゴールドマンとモルガンの2012年度の総収益のうち「プリンシパル・トレーディング」が占める割合は約30％とされる。またS&Pの積算では，ボルカー・ルール施行により米国八大銀行で年間20億ドルから100億ドルの税引き前純利益を削減させる可能性があるとされていることから，同ルール施行前の時点で自己勘定取引と代替投資は大手金融機関におよそ同程度の税引き前純利益をもたらしているとも推定できる (Moore and Campbell (2013))。

も，そもそもデータに反映されえない。そしてそうした公開情報の不正確性の大部分は，大手金融機関の戦略に基づく。

次に代替投資とOTCデリバティブについては，大手金融機関の財務報告でも必ずしも明確に分類されておらず，その貢献度合いは自己勘定取引よりもさらに厳密には分かりえなかったが，公的な調査や様々な報道に基づけば，やはりそれらは大手金融機関に相当な収益をもたらしたと推定できる。両者は，2000年代の金融機関の収益の急拡大に貢献した，識別困難な諸収益の重要な構成要素であった可能性が高い。しかしここでも，自己勘定取引と同様の公開情報の不正確性から，公表データに基づく数値だけではそれらの貢献を示すには不十分と言わざるをえない。加えて，そうした金融取引には，それと密接に関連する様々な業務が存在しており，それらが生み出す損益が考慮されていない点にも注意が必要である。公開情報の不正確性や多様な関連業務の存在などの認識は，三つの経路を通じた大手金融機関の積極的リスクテイクの収益上の貢献を過小評価しないために重要であり，III節で詳述する。

II 大手金融機関のリスクテイクとその高まり

本節では，前節で2000年代の金融機関の収益拡大に重要な貢献を果たしたことを確認した三つの主要なリスクテイク経路について簡潔に整理したうえで，主にそれらを通じた大手金融機関のリスクテイクの高まりとその背景を示す。

1 自己勘定取引，代替投資，OTCデリバティブとは何か

まず三つの主要なリスクテイク経路を簡潔に整理する。第一に，自己勘定取引は，自己資金を用いて自らの勘定で行われる短期的投資活動である。それは金融機関において，顧客の勘定とは区別された，トレーディング勘定という短期売買専用の特定の勘定を用いて，主には独立した部署で実施される。自己資金を用いた証券保有自体は，金融機関の一般的業務に組み込まれている。たとえば顧客企業から証券発行の引受を依頼された際に，発行証券をいったん全額保有し，売れ残りが発生した場合はそのまま自己資金で保有し続ける。また顧客が証券の空売りを実施するときには金融機関の在庫証券が貸し出されるため，

そうした目的でも自己資金で証券が保有される。さらに、自己勘定取引と類似した自己資金を用いた金融機関の取引に「マーケットメイキング」がある[12]。マーケットメイキングは参加者数や取引量が小規模な相対取引市場などで顧客の取引を容易にする目的で行われ、金融機関が、顧客の売り注文に対して自己資金で購入主体となり、買い注文に対して在庫証券の売却主体となることで、市場に流動性を供給する。これらは、広い意味で顧客のために行われるもので、短期の価格変動から利益を得ようとする自己勘定取引とは異なるものと通常位置付けられる。

　一方、自己勘定取引と顧客のための自己資金での取引とは、金融機関の実際の業務上は、資金、スタッフ、情報といった面で明確な線引きをすることが必ずしも容易ではなく、むしろそれぞれが密接に関連しているという重要な指摘も存在する[13]。たとえばマーケットメイキングでは、金融機関は、顧客の取引を容易にするために巨額の在庫証券を抱えるが、そうした証券の大部分は、実際には自己勘定取引目的で保有されていることも多い。それ以外にも、独立した部署以外での実質的な自己勘定取引も多数行われており、それらのデータは金融機関の財務報告では自己勘定取引として記録されない場合も多く、その規模を正確に捉えることは困難である[14]。

　第二に、代替投資は、主に株式や債券の現物取引を意味する伝統的投資の対義語で、投資対象に商品、不動産、デリバティブ、未公開企業株式などが含まれるとともに、原則として、個人投資ではなく集団投資スキーム（ファンド）形態で行われる。その代表例がヘッジファンドとPEファンドであり、一般的には、前者は、最新の金融理論と金融技術を駆使して、世界中の様々な金融資産に分散的かつ超短期的に投資を行うファンドであり、後者は買収ファンドとも呼ばれ、主に非公開企業の株式を取得するか、公開企業の株式の大半を取得して非公開化したのちに、株価を高める諸施策を実行し、株式の再公開に伴うキャピタルゲインを得ようとする長期投資ファンドである。それらは出資者を募る方法としてパートナーシップを採用する場合が多く、私募形式でパートナ

---

12) CGFS (2014).
13) Crotty et al. (2010), p. 2.
14) GAO (2011), p. 6.

ー（出資者）を募る。たいていの場合，取引所に上場されないため取引所の自主規制に服さず，また登記上の本拠をタックスヘイブンに置くことで規制当局による規制対象からも外れるため，取引内容や情報公開に関する規制が非常に緩い。パートナーには，一部の富裕な個人投資家の他に，大手金融機関や機関投資家などがなる場合も多く，近年，特に大手商業銀行がそれに積極的に出資を行うとともに，自らがスポンサー（実質的な運用者）となってファンドの組成・勧誘も行ってきた[15]。

　第三に，OTCデリバティブは，当事者同士が相対で取引の内容・条件などを決定したうえで実行されるデリバティブである。禁止事項や情報公開といった取引所の自主規制にも服さず，参加者間で取引条件を自由に設定でき，ほとんどの取引は集中的に決済を行う清算機関も経由しない。取引参加者からの依頼に応じて自らの勘定で参加者とデリバティブ契約を結ぶことを通常事業として実施する者をディーラーと言い，少数の大手金融機関が務める。OTCデリバティブの代表は金利スワップのような金利関連であるが，今次の危機で特に注目を集めたのが，CDSに代表される信用リスクを取引対象とする信用関連（クレジット）デリバティブである。CDSでは，ディーラーは，貸出や負債性証券などの債権者から一定のプレミアム支払いを受ける代わりに，デフォルトの場合に債務者に代わって債権者に支払いを行う。プレミアムを支払った側からすると，一種の債務保険のようなものである[16]。またCDSでは，直接債権者でない債務に対しても，そのデフォルト時に支払いを受ける契約を結ぶことも可能である。これは「裸の (Naked) CDS」と呼ばれ，危機発生時点で通常のCDSとほぼ同規模まで膨らんでいたとされる[17]。前章で見たように，CDSの

---

15) 非公開企業に投資をするがその対象を新規企業や規模の非常に小さい企業に絞るファンドはベンチャーキャピタルと呼ばれ，PEファンドとは区別される。米国では，2007年時点でヘッジファンドの運用資産は約1兆4,600億ドル，PEファンドは約8,540億ドル，ベンチャーキャピタルは2,580億ドルにも上った (Greenwood and Scharfstein (2012a), p. 14)。一方，実際にはこれら各ファンドの境界はあいまいであり，数値も必ずしも厳密なものではない点には注意が必要である。
16) CDSは1990年代末に開発されたが，その規模が急速に拡大したのは2000年代半ば以降であり，危機前の2007年時点では金利関連に次ぐ2番目の地位を占めるに至った (BIS (2013b), p. 1)。
17) Greenberger (2010), p. 37.

キャッシュフローを担保に発行された仕組み金融商品は「シンセティックCDO」と呼ばれ、格付け機関から高格付けを得て投資家に売り出された。このシンセティックCDOに再びCDSが設定され、そのCDSがさらなるシンセティックCDOを生み出す、といった循環的プロセスはCDS市場を急拡大させた[18]。OTCデリバティブについては次章で詳しく扱う。

2 大手金融機関のリスクテイクの高まり

　特に2000年代に、大手金融機関は主にこれら三つの経路を通じて、オンバランスかオフバランスかを問わず、より多くのリスクを積極的に負担するようになった。ここではそうした大手金融機関のリスクテイクの高まりの事実を、高リスク取引の規模、レバレッジ、ROAの標準偏差 (ばらつき)、取引資産のリスクの四つの指標で示す。

　第一に、大手金融機関は、2000年代に三つのリスクテイク経路を規模的に拡大させた。具体的には、自己勘定取引については、大手商業銀行のトレーディング勘定で保有される資産が2000年代に急増しており、総資産に占めるトレーディング勘定で保有される資産のシェアは2000年に20%だったのが、2007年には40%へとほぼ2倍になり、なかには50%を超える機関も存在した[19]。代替投資については、米国のPE投資のうち銀行がスポンサーとなって実施されたものの占める割合は、1980年代から1990年代半ばまでは10〜20%程度であったが、それ以降急速に上昇し、2000年代には約30%となっており、ヘッジファンドでは2007年の専門誌によるランキングで、独立系ファンドを抑え、資産総額の1位をJPモルガン・チェース (330億ドル)、2位をゴールドマン・サックス (325億ドル) が占めた。報道によれば、2013年9月時点で、ヘッジファンドとPEファンドの持分 (投資額) の合計は、ゴールドマン・サックスが149億ドル、モルガン・スタンレーが48億ドルに上る[20]。

---

18) Lewis (2010), 訳, 120-127頁。
19) Haldane et al. (2010), p. 100, Crotty et al. (2010), p. 3.
20) DealBook (2007), Fang et al. (2012), p. 31, Moore and Campbell (2013) を参照。また *Preqin Special Report: Banks as Investors in Private Equity*, p. 3によれば、2008年における世界のPEファンドに投資された総資本額1,150億ドルのうち11%を銀行が占めた。

OTC デリバティブについては，米国通貨監督局 (Office of the Comptroller of the Currency: OCC) によると，2015年第1四半期に，JPモルガン・チェースは56兆ドル，シティバンクは53兆ドル，ゴールドマン・サックス銀行は44兆ドル，バンクオブアメリカは31兆ドル（いずれも想定元本ベース）ものデリバティブ契約を抱えており，この4行で全商業銀行の約91％を占めた[21]。そしてこれら三つのリスクテイク経路はいずれも，オンバランスかオフバランスかを問わず，積極的ポジションテイクを行うことで収益取得を目指す取引であり，それらのポジションはいずれも時価で値洗い（マークトゥマーケット (mark to market)）されるため市場の変動（市場リスク）の影響をより直接的に受ける，という特徴を持つ。したがってそれらは伝統的銀行・証券業務と比べ相対的にリスクの高い業務と認識でき，まずはそうした取引への関与の増大自体が，金融機関のリスクテイク拡大を近似的に示していると言えよう。

　第二に，大手金融機関は，特に自己勘定取引への関与を強めるにつれて，レバレッジを急速に高めた。金融機関によるリスクテイクの程度を示す指標は様々なものが存在するが，なかでもレバレッジは最も頻繁に用いられる[22]。レバレッジは，最も簡素なものとしては，総資産と資本の比率（自己資本比率の逆数）で示される。たとえば米国の主要な投資銀行と銀行持株会社を含むプライマリー・ディーラー (primary dealer) のレバレッジは，1980〜2000年までは20〜25倍程度であったが，それ以降急上昇し，2007年には30倍を超え，ピークの2008年第1四半期には40倍を超える値を記録している。一方，ここにはコンデュイットやオフバランス取引を通じたレバレッジが一部しか含まれておらず，それらを含めた大手金融機関のレバレッジは，バランスシート上だけのものよりずっと大きかった[23]。またこうしたレバレッジの上昇は，主に短期

---

21) Quarterly Report on Bank Derivatives Activities, First Quarter 2015. (http://www.occ.gov/topics/capital-markets/financial-markets/trading/derivatives/dq115.pdf). 各行の総信用エクスポージャーはそれぞれ，3,915億ドル，2,749億ドル，1,302億ドル，1,617億ドルにも上る。総信用エクスポージャーは，デリバティブに関わるネッティング後の現在の信用エクスポージャーと将来の潜在エクスポージャーの総計である。

22) その他，リスク計測の代表的指標として，株価のインプライド・ボラティリティまたはヒストリカル・ボラティリティや，最近ではシステミック・リスクを考慮したSRISK指標などがある。

負債の上昇によって促された。たとえば破たんしたリーマン・ブラザーズでは，2007年末時点で，最大の負債構成要素はレポを含む担保付借入で37％，次いで大きいのが空売りのポジションで22％，これらに短期債務8％を加えると約7割を短期負債が占めた。さらにレポのうち主要な部分を占めたのが翌日物であり，投資銀行は毎日バランスシートの4分の1を借り換えていたともされる[24]。一般的には，債務の短期性が高まるほどに，その流動性リスクは高まる。

　第三に，実務的には，金融機関のROAやROEといった収益性指標の標準偏差を基準に，そのリスクテイクの程度を推定することがある[25]。たとえば米国商業銀行のROA（純利益／総資産×100で計算）の平均と標準偏差を5年ごと

---

23) プライマリー・ディーラーは，米国債の入札に参加でき，FRBのオペレーションの取引相手になる代わりに，一定の国債引受義務を負う，公認された十数社の大手金融機関のことである。イングランド銀行のHaldaneらの計算によれば，2007年時点で，主要金融機関のレバレッジは，シティ→24.5倍，バンクオブアメリカ→20.6倍，JPM→17.6倍，メリル→35.3倍，モルガン→27.8倍，リーマン→27.6倍，ゴールドマン→25倍，UBS→58.1倍，ドイツ銀行→52.1倍であった（Haldane et al. (2010), pp. 115, 117-118）。一方，米国金融危機調査委員会の報告によれば，2000年から2007年にかけて，大手金融機関の平均のレバレッジは16倍から22倍であった。なかでもバンクオブアメリカのそれは2000年には18倍であったが2007年には27倍に，シティは18倍から2007年末には32倍に増加した。ここにはオフバランス資産が一部しか入っておらず，それらをすべて算入するとシティの2007年末のレバレッジは48倍に，バンクオブアメリカは28倍になる。投資銀行は商業銀行同様の資本要求に服していないため，所要資本を決定する際に内部モデルに依存しており，より高いレバレッジをかけることができる。ゴールドマンは2000年の17倍から2007年には32倍に，モルガンとリーマンは2007年末に40倍に達した。投資銀行のなかには報告の前に資産を売却し，報告後に買い戻すことでレバレッジ比率を人工的に引き下げているものもあった（FCIC (2011), p. 65）。なお総資産価格の変化とレバレッジの変化の相関を見ると，証券会社の場合は正の相関を持っていることが指摘されている。つまり証券会社のレバレッジはバランスシートの拡大とプロシクリカル（pro-cyclical）な関係にある。一般に資産価格が上昇すれば，その時価評価を通じて自己資本が拡大する。レバレッジ比率が決まっているならば，自己資本の拡大は負債可能額を拡大させる。負債で調達された資金は，さらなる資産取得に向けられる。このプロセスで金融機関のバランスシートは拡大していく。そしてこのプロセスは主にレポを通じてもたらされる。拡張期にヘアカットが引き下げられ，逼迫期に引き上げられることを通じて，一定の自己資本に対する負債可能額（バランスシートの拡大幅）が調整されることで，レバレッジが上下することになる（Adrian and Shin (2010), pp. 10-18）。

24) Adrian and Shin (2010), pp. 7-8.

25) たとえばLaeven and Levine (2008) などを参照。ただし，金融機関のリスクテイク度の決定要因についての計量分析は今後の課題としたい。

図表5-5　米国商業銀行（商業銀行全体と大手行）のROAと標準偏差

		1985	1986	1987	1988	1989	1990	1991	1992	1993	1994
米国商業銀行	行数	14417	14210	13723	13137	12715	12347	11927	11467	10961	10453
	ROA(%)	0.659	0.592	0.093	0.792	0.473	0.472	0.522	0.913	1.16	1.112
	平均(%)	\multicolumn{5}{c}{0.521829397}	\multicolumn{5}{c}{0.835609611}
	標準偏差	\multicolumn{5}{c}{0.237829905}	\multicolumn{5}{c}{0.289135846}
Citi	ROA(%)								0	0.92	0.92
	平均(%)								\multicolumn{3}{c}{0.61}
	標準偏差								\multicolumn{3}{c}{0.433692159}
BofA	ROA(%)								1.09	1.16	1.18
	平均(%)								\multicolumn{3}{c}{1.14}
	標準偏差								\multicolumn{3}{c}{0.038586123}

		2000	2001	2002	2003	2004	2005	2006	2007	2008	2009
米国商業銀行	行数	8315	8082	7888	7770	7631	7526	7401	7284	7088	6841
	ROA(%)	1.134	1.131	1.263	1.35	1.236	1.26	1.27	0.873	0.124	−0.1
	平均(%)	\multicolumn{5}{c}{1.222662937}	\multicolumn{5}{c}{0.68592527}
	標準偏差	\multicolumn{5}{c}{0.082846583}	\multicolumn{5}{c}{0.639527065}
Citi	ROA(%)	1.39	1.29	1.34	1.48	1.48	1.26	0.97	0.2	−0.5	−0.24
	平均(%)	\multicolumn{5}{c}{1.396}	\multicolumn{5}{c}{0.338}
	標準偏差	\multicolumn{5}{c}{0.07552483}	\multicolumn{5}{c}{0.759091562}
BofA	ROA(%)	1.1	1.25	1.43	1.53	1.44	1.44	1.32	0.93	0.41	0.36
	平均(%)	\multicolumn{5}{c}{1.35}	\multicolumn{5}{c}{0.892}
	標準偏差	\multicolumn{5}{c}{0.15453155}	\multicolumn{5}{c}{0.500069995}

(出所) FDIC, Historical Statistics on Banking, CB01, 04, 09及び，FDIC, Industry Analysis, Bank Data &

に見ると，1985-89年では平均が0.52％で標準偏差が0.23，1990-94年では平均が0.84％で標準偏差が0.29，1995-99年では平均が1.17％で標準偏差が0.04，2000-04年では平均が1.22％で標準偏差が0.08，2005-09年では平均が0.69％で標準偏差が0.64，2010-14年では平均が0.9％で標準偏差が0.14となっている。これだけを見ると，1980年代後半から1990年代前半にかけてと，特に2000年代後半に商業銀行はリスクテイクを高めていることになる。またこうした商業銀行のROAの標準偏差を規模別にみると，大手25行のそれ

第5章 2000年代の金融機関の収益拡大と大手金融機関のリスクテイク

1995	1996	1997	1998	1999
9943	9530	9144	8777	8582
1.131	1.141	1.18	1.137	1.247
1.167185519					
0.043254105					
1.08	1.21	1.05	0.6	0.99
0.986				
0.205970872				
1.11	1.04	1.21	0.4	1.18
0.988				
0.299826617				

2010	2011	2012	2013	2014
6531	6292	6097	5877	5643
0.642	0.871	0.972	1.047	0.968
0.899873204				
0.140567509				
0.68	0.81	0.89	1.04	0.76
0.836				
0.122735488				
0.61	0.66	0.85	1.13	1.06
0.862				
0.232099117				

Statistics, Institution Directoryより作成。

は1985-89年では0.51，1990-94年では0.3，1995-99年では0.06，2000-03年では0.14となっており，これらの値はコミュニティ・バンクに代表される規模のより小さい商業銀行よりも総じてかなり高い[26]。個別の大手行を見ると，たとえばシティバンクは，1995-99年ではROAの平均が0.99％で標準偏差が0.21，2000-04年では平均が1.4％で標準偏差が0.08，2005-09年では平均が0.34％で標準偏差が0.76，2010-14年では平均が0.84％で標準偏差が0.12であり，バンクオブアメリカは，1995-99年では平均が0.99％で標準偏差が0.3，2000-04年では平均が1.35％で標準偏差が0.15，2005-09年では平均が0.89％で標準偏差が0.5，2009-14年では平均が0.86％で標準偏差が0.23となっている。やはり2000年代後半に標準偏差が急速に高まっている（**図表5-5** 参照）。

第四に，大手金融機関がポジションを取っている資産のリスクが高まった。大手金融機関が直接・間接に積極関与した仕組み金融商品は，リスクの観点から，シニアトランシェと呼ばれる最高格付けのものと，メザニントランシェやエクイティと呼ばれる低格付けのものとに，大きく二つに区分できる。後者への関与は純粋なリスクテイクと認識できるが，前者への関与はいわゆる「テールリスク」を取得していることになる。テールリスクは，市場で滅多に生じないと想定されるリスクであるが，もし発生した場合には巨額の損失をもたらす可能性がある。大手金融機関はレバレッジをかけつつ自己勘定取引

---

26) Critchfield et al. (2004), pp. 42-43 より計算。データは2003年までである。

や信用保証などを通じて積極的にテールリスクを取得したが，上述のように次第に安全資産の十分な供給が維持できなくなるにつれて，同じAAAのCDOであっても，その元債権にサブプライムローンなどより質の低い資産が組み込まれたものが増えていった[27]。2007年時点でシティバンク，メリル・リンチ，UBSの3社で，1,750億ドル分のAAA格付けのCDOを自らのトレーディング勘定に保持し，ドイツ銀行だけで2007年3月時点で1,278億ドル以上のRMBS，CDOを自己勘定で保有していた（関連ヘッジファンドのウィンチェスター・キャピタルを通じたものも含む）とされる。加えてオフバランスでもエクスポージャーを有しており，たとえば大手金融機関がオフバランスで設立したうえで信用保証を提供したSIVは，上述のように2007年時点でABSやCDOなどの資産を4,000億ドル保有していた。これらオフバランスも含めると，2008年時点でAAA格付けABSの発行残高の約半分は大手金融機関が保持していたともされる[28]。実際にはすでに指摘した通り，仕組み金融商品に与えら

---

[27] Adrian and Shin (2010), p. 19. たとえばサブプライムローンに対するエクスポージャー（リスクに晒される度合い）の3分の2は，投資銀行，商業銀行，ヘッジファンドなどレバレッジによって運用する主体が保有したとされる。

[28] Wilmarth (2009), p. 1033; (2010), pp. 26-27; (2011), p. 341, U. S. Senate (2011), p. 341などを参照。欧米の大手金融機関のほとんどが，MBSやCDOへのエクスポージャー（自己資金での直接保有やヘッジファンドを通じた保有に加え，CDSなどを通じたそれらの信用リスク負担も含む）によって多かれ少なかれ損失を被ったが，そのなかでも巨額の損失を被った代表的な機関は，投資銀行のベア・スターンズ，リーマン・ブラザーズ，メリル・リンチ，商業銀行系金融コングロマリットのシティグループなどである（前章で指摘したように，いずれも二番手クラスの投資銀行や遅れて証券業務に参入した商業銀行である点に注意）。ベアは，2006年末時点で，関連会社ベア・スターンズ・アセット・マネジメントを通じて11のCDOを183億ドル分運用するとともに，180億ドルの運用資産（その大半はMBSやCDO）を持つ二つのヘッジファンドも運用していた。リーマンは，2006年頃からレバレッジをかけてモーゲッジ関連の証券化商品を保持する戦略に転換し，2006年に670億ドルだった帳簿上のモーゲッジ関連資産は，2007年には1,110億ドルに上った。メリルは，特に二次CDOの組成を積極的に行い，自らが引き受けたCDOのメザニントランシェやエクイティの大部分を二次CDOの発行目的で自ら購入して投資家に販売する一方，売れ残りのスーパーシニアトランシェは数百億ドル規模で帳簿上に残存した。2006年9月に93億ドルであったCDOのスーパーシニアトランシェの保有額（CDSなどによるヘッジ分を差し引いたネット値）は，2007年3月には254億ドル，5月には289億ドル，6月には304億ドル，7月のピークには322億ドルにまで増加した（SECによれば，2007年9月時点のメリルのグロスのCDO保有額は550億ドルで，これは公表された同時

れた最高格付けは根拠を持たず，そこに存在するリスクも楽観的な想定に基づくテールリスクではなく，高頻度に発生するいわゆる「ファットテール (fat tail)」であった。

3　大手金融機関のリスクテイクの高まりの背景

　以上見たように，大手金融機関は，主に上記三つの経路を通じて，影の銀行システムの下で生み出される様々な仕組み金融商品に付随する諸リスクを積極的に負担した。そして大手金融機関がそれらを通じてリスクテイク度合いを高めていった背景は，前章II節で指摘した影の銀行システム拡大の複合的な背景と大部分が重なり合っている。

　たとえば影の銀行システム拡大の重要な背景として指摘した，大手金融機関を巡る国内外での競争環境の激化は，同時に大手金融機関がリスクテイクを高めていく主要な要因にもなった。また自己資本比率規制に対する対応行動は，自己勘定取引で取得した資産に所要自己資本が低く設定されたことから，バランスシートから切り離したリスクの自己勘定での再取得を促したことはすでに指摘した。政府の金融規制緩和スタンスは，レバレッジを高めた自己勘定取引やOTCデリバティブを自由に展開することを可能にし，金融イノベーション

期のネットのポジションのほぼ4倍であった)。シティは，メリルと並ぶCDO取引の主役であり，2004-06年に250億ドルに上るCDO (の構築主体が発行するABCP) に対する流動性補完 (liquidity puts) の提供者として関与するとともに，2006-07年8月にはさらに自ら生み出したスーパーシニアCDOのエクスポージャーを180億ドルも保有 (2007年末の発表では，サブプライムローン関連のエクスポージャーの総計は550億ドル，うちスーパーシニアCDO関連が430億ドルにも上った) したり，新たなCDOを生み出すための担保になるMBSなども在庫として自己保有した。AIGに至っては，2008年時点のCDOに対するCDSの提供を通じたスーパーシニアリスク保有額は5,600億ドルにも達した。いずれのCDO取引も危機前には時価評価に基づいてこれらに巨額の利益をもたらした一方，危機発生時には，格付け機関によるそれらの一斉格下げ，バランスシート上に残されたそれらの価格急落，オフバランスのSIVからの買い戻し，クレジットライン引き出しといった一連のプロセスで，一転して100億ドル単位の巨額の評価損失を生み出す原因となった (FCIC (2011), pp. 135-139, 177, 196-197, 202-204, 238-242, 257-265, Tett (2009)，訳，第13～15章)。また2012年にはJPモルガン・チェースも自己勘定でのCDS取引を通じて短期間に巨額損失を被った (「ロンドンの鯨 (London Whale) 事件」) が，この点については第7章で言及する。

は，リスクテイク対象としての多様な仕組み金融商品の構築とともに自己勘定取引やOTCデリバティブの技術的高度化を支えた[29]。安全資産を求める機関投資家の資産拡大も，金融市場の全体的リターンを引き下げることを通じて，金融機関がますますリスクを取らざるをえない状況を生み出した。このように，影の銀行システムの拡大と大手金融機関のリスクテイクの高まりとは，一連の複合的背景の下で同様に促されたと言える[30]。

　それら以外にも，大手金融機関のリスクテイクの高まりの重要な背景としていくつか指摘されうる。代表的なものに，それらリスクテイクの高まりの要因を大手金融機関が採用する特有の報酬構造に求める議論がある。それらによれば，大手金融機関の経営陣，トレーダー，販売担当者などは，短期的な業績をベースとする成功報酬制度（主にストックオプション方式）を採る一方，好調時に上げた巨額報酬を不調時や巨額の損失が発生した時にも返却する義務がないという非対称な報酬構造であったため，それが短期的かつ過度のリスクテイクを行うインセンティブを生み出したとされる[31]。

III　大手金融機関の積極的リスクテイクと特別の優位性

　以上のように，2000年代に規模と範囲の急速な拡大を経験した大手金融機

---

29) たとえば自己勘定取引では，大手金融機関は，情報・通信技術の進展と通信費の低下を背景に，コンピュータプログラムを利用した自動トレーディング手法を積極的に導入し，そのなかで，価格差を発見して超短時間に非常に高い頻度で裁定取引を行うことで，小さな利ざやをたくさん抜こうとする「高頻度取引 (high-frequency trading)」などを実用化した。
30) 三つのリスクテイク経路間に相乗効果が働いたことも，それらの拡大の重要な背景として指摘しておくべきだろう。たとえば自己勘定取引やファンドによる投資の際には，同時にCDSなどによってリスクヘッジを行う。このときリスクを負担する側に立つのは同じく大手金融機関やそれらが出資したファンドである。また金融機関は既存のヘッジファンドへの出資と並んで，自らスポンサーとしてファンド（特にヘッジファンドの投資戦略を真似たコピーファンド (copy fund)）の設定・運用も行い，それへの出資も行う。さらに，そうしたファンド運用から得られた収益も，さらなる自己勘定取引や代替投資を促進する。Greenwood and Scharfstein (2013), p. 10によれば，証券会社が設定する代替投資ファンドの運用手数料は，1990年にはほぼゼロであったが，2007年にはヘッジファンドの手数料は690億ドル，PEファンドの手数料は260億ドルを記録している。
31) たとえばFCIC (2011), pp. 61-64, Crotty (2009), pp. 8-18, 36-38などを参照。

関は，積極的なリスクテイクを行うことで好調時には巨額の収益を取得できた。一方，その背景をさらに追求していくと，そうした積極的リスクテイクの裏で，大手金融機関がその圧倒的な資金規模と業務範囲を最大限活用して獲得した特別の優位性を，影の銀行分野の特質を巧みに利用しながら行使していた事実が浮かび上がってくる。以下，そうした大手金融機関のリスクテイク上の特別の優位性を，大きく四つの側面から追求する。

1 資金面での優位性

　第一に，大手金融機関は，集中と多角化を通じて得られた主に資金面での優位性を積極的に利用できた。まず大手金融機関は，大規模化によって入手した莫大な資金を元手に，以前より多額の自己勘定での投資を行うことができるようになるとともに，高度な専門性が要求される影の銀行分野での取引で重要な役割を果たす高性能機器類を大量に購入したり，高度なスキル・知識を持った人材に巨額のボーナスを提示してスカウトすることも可能になった。また一般的には規模が大きくなるほど低金利での資金調達が可能になるため，レバレッジを高めて取引を行う際にもそうした資金規模は利用された。さらに，損失が発生した場合にも巨額の資金がバッファーになるため，高リスクの自己勘定取引やOTCデリバティブでより大きなポジションを持つことも可能になった[32]。

　また大手金融機関は巨額の資金を元手に金融コングロマリット化を進める過程で，多角的な業務展開を最大限に利用して様々な関連業務にも新たに参入し，それらの市場から多様な収益を取得できた。前章で見たように，影の銀行システムは金融取引や業務の分解・外注を重要な特徴とする。その代表が証券化関連業務であり，大手金融機関は証券化に関わる諸業務を垂直統合的に実施することで巨額の収益を取得した[33]。また多角展開は代替投資でも有利に働いた。

---

[32] Johnson and Kwak (2010), pp. 82-87. そうした資金面での規模の優位性に付随して，知名度や優良顧客ネットワークといった資金以外の面でもポジティブな効果が働いた。大手金融機関は，既存の業務で関わりを持つ大企業や機関投資家，富裕層などに対して，その知名度を元に，新たに生み出した金融商品を積極的に売り込んだ。それらがある段階まで成功したことにより，大手金融機関への資産規模，業務，収益の集中度はさらに高まった。

[33] Fligstein and Goldstein (2012), pp. 17-30. 1990年代には，集中と同時進行で，専門化による利益を取得する目的で，業務プロセスを細かく分解したうえで，部門売却やアウト

ヘッジファンドは投資活動に伴う様々な関連業務のほとんどを外注するが，大手金融機関はその資金力に基づいて，それらの関連業務を一手に引き受けるだけの業務展開を行っており，出資先のヘッジファンドから関連業務をまとめて受注することもできた[34]。そうした関連業務・収益の存在は，多角展開を行う大手金融機関の収益をさらに膨張させ，それによる資金的余裕はそれらのさらなるリスクテイクを促した。

一方，その資金力によって規模・範囲で圧倒的地位を獲得した一握りの大手金融機関は，互いに激しく競争し，積極的リスクテイクを競いつつ，共通利害の追求，部分的な協力関係を強めることで，徐々に競争を抑制するようにもなった。それらは，手数料構造や業務シェアなどの点で，自分たちの利益縮減につながるほどの過当競争は避け，ある程度の協力関係の下で業界全体の利益を高めたうえで，大きな取り分，旨みのある部分を分け合うこともできた[35]。

2 金融権力に関わる優位性

第二に，大手金融機関は，主に上述の圧倒的な資金力と広範な人的つながりを利用して，政治家や規制当局といった政治権力と密接に結びつくことで，リスクテイクを行ううえでの有利な条件を次々に獲得できた。一握りの商業銀行と投資銀行は，従来からその資金力と専門知識を有した人材を積極的に活用して，ロビー活動 (lobbying: 院外活動)，民主・共和両党への莫大な政治献金，官僚・政治家の金融界へのスカウト，金融実務家による政府・規制当局の重要ポ

ソース化も行われた。それに対し，2000年代に大手金融機関が採った戦略は，金融持株会社形式による業態を超えたM&Aの実施，コングロマリット化であり，そこには一度切り離した部門の再取り込みも含まれた。

34) ヘッジファンドの関連業務を一手に担当する業務は「プライム・ブローカレッジ」と呼ばれ，主に大手投資銀行が独占的に行ってきた (Blackburn (2006), pp. 45-48)。またヘッジファンドに限らず，年金基金など主要機関投資家は，多角展開を行う大手金融機関に資金調達，資産売却，投資助言，資産運用の一任，デリバティブなど様々な関連業務を一括で依頼する。大手金融機関にとっては，一つの主体からまとめて多額の金利・手数料収益を得られるのに加えて，場合によってはそうした機関投資家の投資先企業ともつながりを持つことができ，そこからも様々な関連業務・収益を生み出せるため，機関投資家との包括的なつながりは非常に収益的である。

35) Crotty (2007), pp. 8-13.

ストへの転身（こうした慣行は「回転ドア (revolving door) と呼ばれる」）などを繰り返し行い，他の業界や利害団体をしのぐ強力な政治権力を確保してきた（詳しくは終章を参照）。ここで大手金融機関が保持，行使する政治権力を狭義の金融権力と呼ぶとすれば，大手金融機関は，1930年代に成立した一連の金融規制によって厳しい規制をかけられた後も，その行使を通じて自らの利益追求に都合の良い競争条件を徐々に獲得してきた。1990年代以降の集中と金融コングロマリット化の進展は，一握りの大手金融機関にますます多くの資金と人材を集中させ，金融権力を発揮するベースもより強化された。特に新奇性と専門性の高い影の銀行分野では，そうした金融権力を発揮する余地も非常に大きかった。

　金融権力の行使により獲得された有利な条件は，「損失の社会化と利益の私物化 (socialized losses and privatized gains)」という表現が端的に示している[36]。まず利益の私物化は，大手金融機関が，自らの利益追求，特にリスクテイクの自由を要求し，その邪魔になる諸規制に対しては徹底して緩和・撤廃を求めることである。特に重要な事例は，OTCデリバティブ規制の除外とレバレッジ規制の緩和である。OTCデリバティブについては，大手金融機関の圧力の下，1993年の商品先物取引委員会 (Commodity Futures Trading Commission: CFTC) による勧告や，前章でも言及した2000年商品先物現代化法の成立によって原則として規制当局の規制対象から外れていたが，金融危機後の規制改革論議でも，提案されたOTCデリバティブ規制に対して，大手金融機関から多額の献金を受けた共和党議員中心に反対の声が上がり，最終的に多数の抜け穴 (loophole) が設定された。新たに設置されるデリバティブ清算機関においても，そこで行われる取引に関する重要事項を決定する委員会のメンバーが，主要ディーラーである一握りの大手金融機関に独占されることになった[37]。レバレッジ規制については，前章でも言及した通り，2004年に五大投資銀行が，信用リスクの調査とそれに応じた所要資本について，SECから内部モデルの使用を認められ，それによってより高水準のレバレッジを実施することが可能になった。い

---

36) 2011年10月に「Occupy Wall Street」運動に参加した，米国のノーベル賞受賞経済学者，スティグリッツ (Joseph Stigliz) の言葉である。
37) Story (2010).

ずれの実現の背景にも，大手金融機関との間に共通の利害を持つ政治家，官僚，学者，規制当局者などの積極的な協力があったことが指摘される[38]。

次に損失の社会化は，大手金融機関が，自らのリスクテイクの結果損失を被った際には，それを公的資金も含む社会全体で負担してもらえる特別な地位を得ることである。米国では1980年代半ば以降，破たんの際の社会的影響があまりに大きすぎると想定される大手銀行は「大きすぎてつぶせない (Too-Big-To-Fail: TBTF)」機関として，主要規制当局，公的主体が，あらゆる手段を用いて救済することが事実上認められている。TBTF機関は，実際に破たんの危機に瀕しなくても，日常的な資金調達面での優位性も得られる[39]。そのため大手金融機関はそうしたTBTFの地位を確保するために，1990年代以降，政府・規制当局に対して集中規制と業務規制の緩和をより積極的に要求し，その過程で金融権力が積極的に行使された結果，GLB法を中心に，要求のほとんどが実現された[40]。これら大手金融機関による金融権力の行使の実例については，第7章と終章でより詳しく扱う。

3 情報面での優位性

第三に，大手金融機関は，特に情報の側面で，顧客や取引相手，株主などに対して大きな優位性を保持し，自らのリスクテイクに有用な情報を独占的に活用する一方，不利益に働く情報は隠ぺい・偽装することで，巨額の収益を獲得できた。

まず情報の活用については，大手金融機関は，集中と多角化の過程で取引関係を強めた大企業や機関投資家などの優良顧客から，リスクテイク上有用な内部者（インサイダー (insider)）情報を多数取得できた。たとえば投資銀行業務や資産運用業務などを通じて大企業の財務担当役員や機関投資家の運用担当者と，また代替投資を通じてそれらの運用担当者とつながりを持つことで得た内

---

38) Johnson and Kwak (2010), pp. 88-119.
39) Wilmarth (2011), pp. 980-986. 危機後に規制当局が最も重要な問題に位置付けているのがこのTBTF問題であり，新しい金融規制もその解決が最大の目標とされた。この点については第7章で詳しく論じる。
40) Johnson and Kwak (2010), pp. 88-119.

部者情報を，自己勘定取引やデリバティブのディーリングなどに利用することで，より多くの利益を得る可能性が高まる。具体的には，大手金融機関は，内部者情報を用いて，価格上昇が見込める資産を他に先駆けて自己勘定で大量取得し，情報公開後に実際に価格上昇が生じれば，それを情報劣位の主体に高く売りつけることができた[41]。大手金融機関はそれを利用し，市場が好調な時には，あらゆる部門で自己勘定取引を行い，低価格で購入した資産を情報劣位の機関投資家などに高値で売却してキャピタルゲインを実現するだけでなく，時価会計原則の下で未実現のゲインも利益計上できた[42]。また特に影の銀行分野はその専門性と複雑性により情報の不透明性，非対称性がより顕著に現れ，そのことも大手金融機関は利用した[43]。たとえばCDSなどOTCデリバティブは，

---

[41] dos Santos (2009), pp. 18-19, GAO (2011), pp. 10-12. 金融機関による内部者情報利用の典型として，顧客から売買注文を受けた金融機関が，その取引を成立させる前に顧客の注文より有利な価格で同一資産の売買を自己勘定で行う違法行為を「フロント・ランニング (front running)」と言う。法的にはインサイダー取引防止のための情報隔壁が設定され，たとえば自己勘定取引のトレーダーは，マーケットメイキング業務からは情報が得られないことになっているが，実際は，証券や現金の保有在庫も共有され，外部からの資金調達も銀行全体で行われ，従業員や社内インフラ（決済のバックオフィス業務など）も共有されている (Duffie (2011), 訳, 20頁)。

[42] Haldane et al. (2010), p. 101.

[43] 情報の非対称性の利用は仕組み金融商品に関連する業務で最も顕著に現れる。たとえばCDOは，購入する機関投資家も規制当局も，その内容をほとんど理解していなかったし，売り手の大手金融機関内部でもごく一部の開発者とディーリング部門の担当者ぐらいしかその内容を理解しておらず，経営陣や財務担当役員，セールス担当者なども実際にはほとんど理解していなかった。CDOの市場は株式市場などと異なり，情報公開義務もなく参加者も限定されるため競争圧力も働かない。そのため，価格や手数料は大手金融機関の一部関係者が自由に設定でき，実際に非常に高価格に設定され，大手金融機関というだけで信頼する情報劣位な投資家に暴落必至の商品でも言葉巧みに売りつけられた (Crotty (2009), pp. 42-45, Acharya and Richardson (2009), p. 13)。さらに一部の大手金融機関はそうして売りつけた「くず商品」のCDSを大量に購入することで，実質的な空売りも行った。たとえばゴールドマン・サックスは，CDO取引に関わって自らの情報優位を利用して次のような事件を引き起こしている。第一に，ゴールドマンが2007年初めに構築した「アバカス2007-AC1」というCDOについて，そこに含まれるRMBSのポートフォリオを近い将来デフォルトを起こしそうなものに選抜する作業をヘッジファンドのポールソン・ファンドが手助けする一方，同ファンドが空売り目的でゴールドマンからCDSを購入していたことを，ゴールドマンがCDSの他の投資家に公開していなかったことで訴訟を起こされた。実際にRMBSの格付けが引き下げられたことで機関投資家は10億ドルの

上述のように，相対で取引条件が決定し，中心的な取引所も清算機関も存在せず，金融機関が設定する手数料など価格も公表されないため，透明性を著しく欠いている。しかもそのディーリングは一握りの大手金融機関が独占している。したがってOTCデリバティブでは情報の非対称性が極限まで高まり，大手金融機関はそれを利用して，非常に高額の手数料を取引相手に課したり，明らかに取引相手に不利な契約を結んだりすることで，巨額の収益を取得できた[44]。

次に大手金融機関は，情報の不透明性が高い影の銀行分野を積極的に活用して，情報の隠ぺいや偽装も行った。たとえばOTCデリバティブは2000年代初めの大規模な不正会計事件に利用された。エンロン事件やワールドコム（WorldCom）事件などは，高度なリスク管理を名目に，OTCデリバティブ，SPE，タックスヘイブンなどを複雑に組み合わせてオフバランス化を極限まで進め，利益を過大に，損失を過少に申告して，多数の株主や規制当局を欺いた典型例であるが，そうしたスキームは一握りの大手金融機関によって練り上げられたものであった[45]。また上述のように，大手金融機関は様々な部署での自己勘定取

　　　損失を被る一方，ポールソン・ファンドは巨額の利益を取得した。ゴールドマンはこの件で後に5億5,000万ドルの罰金を支払った。第二に，ゴールドマンは，2006年12月に，多くのRMBSやCDOの元になっている高リスクのモーゲッジの延滞率やデフォルト率が上昇していることに気付いて以来，保有在庫の大半を顧客に売却するとともに，それらの空売りを始めた。その後は，一方で暴落必至の複数のCDOの空売りポジションを保有しながら，他方で顧客にそのことを情報公開することなく販売を続ける，という取引がゴールドマンの一般的戦略となった。2007年のピークの時点で，139億ドルの空売りポジションを保有し，それらは合計で37億ドルもの利益をもたらした（その年の純収益は116億ドル）。ゴールドマンはこの件で上院のヒアリングを受けている。またドイツ銀行も，2005-07年にかけて合計50億ドルもの空売りポジションを保有し，2007-08年には15億ドルもの利益を得た（Lewis (2010), Wilmarth (2011), pp. 1026-1027, U. S. Senate (2011), pp. 7-11）。そうした行為は，取引参加者が増大し，市場が構築されるにつれて難しくなるため，大手金融機関は，より複雑で流動性の乏しい新たな仕組み金融商品を次々生み出し続けた（Crotty (2007), pp. 30-32）。金融コングロマリット化と影の銀行システムの進展，金融イノベーションなどは，金融機関の組織と業務を極端に複雑にし，経営陣は各部門の行動を認識・管理できなくなっていた（Tett (2009), 訳，196-197頁）。そうした状態は「複雑すぎて管理できない（Too Complex to Manage: TCTM）」とも呼ばれる（Federal Reserve Bank of St. Louis (2012) など）。

44) Story (2010).
45) Bluckburn (2006), pp. 54-57. これらの多くは明確に法律違反に該当するか，限りなくそれに近いものであり，一部の大手金融機関は調査や訴訟の対象にもなり，巨額の罰則金を

引で巨額の利益を取得してきたが，金融危機後の金融規制改革で商業銀行や銀行持株会社の自己勘定取引が原則禁止されそうになると，規制対象から外れるよう，一転して自己勘定取引部門の利益だけを強調することで過少に申告し，それが金融危機に果たした役割は小さいと主張した[46]。

4 技術面での優位性

　最後に大手金融機関は，自らが有する技術上の優位性も積極的リスクテイクを行ううえで利用できた。たとえば大手金融機関は，CDOなど仕組み金融商品の開発・供給者であると同時に需要者でもあるという特別の地位にある。それを利用して，上述のように，自ら組成したCDOのうち，格付け機関に最上位格付けを与えられたCDO（シニアトランシェ）と，低い格付けしか与えられなかったCDO（メザニン，エクイティ）の両方へ，自己資金で直接・間接に再投資を行ったり，CDSでそれらのデフォルトリスクを負担（プレミアム収益を取得）したり，デフォルト時の「保険金」受取を狙ってそのプロテクトを購入したりすることで，巨額の収益を上げることもできた[47]。そのようにCDOのすべてのトランシェから収益を上げることができた理由は，開発・供給者である大手金融機関は，それら金融商品の上手な使い道を少なくとも他者より心得ていたからである。まず高格付けCDOは，利回りは相対的に低いが国債などその他の高格付け債券よりはかなり高いうえ，金融機関がそれらを保有する際の所要資本も非常に少なく済んだ。また前章でも述べた通り，高格付けCDOは安全資産として，レポやデリバティブを実施してレバレッジを高める際の担保としても重要な役割を果たした[48]。一方，低格付けCDOは，リスクを忌避する投資家が購入しないため在庫として保有していた側面もあるが，リスクが顕在化しないうちはきわめて高利回りの商品であるとともに，再びそれらを組み合わせて，高格付けの新しい仕組み金融商品（二次，三次CDO）を生み出す材料にもなった。

　　要求されるケースもあったが，それ以降もそうした戦略の追求をやめることはなかった。
46) Crotty et al. (2010), p. 4.
47) Haldane et al. (2010), pp. 101-102.
48) Claessens et al. (2012), p. 12.

また技術上の優位性という点では，大手金融機関が自らのリスクテイクの上限を独自に決定できる特別な地位にあったことも指摘されるべきである。上述のように，規制当局は，リスクをベースに所要資本を設定する際，高度なリスク管理技術を保持していることを前提に大手金融機関に内部モデルの利用を認めた。その際に利用される統計モデルのうち，最も知られるのが「バリュー・アット・リスク (Value at Risk: VaR)」である。VaRは市場リスクを計測する際に用いられ，特定の統計上の信頼水準 (たとえば99%) の下での，一定期間 (たとえば10日間) における，金融資産と負債のポートフォリオ価値の最大損失可能性を推定する。一方，多くの研究者が指摘するように，VaRにはいくつかの重要な技術的欠陥がある。それらは，滅多に生じない金融システムにおける厳しいネガティブなショックを適切に考慮できないことや，資産価格の相関の調査が金融危機時に観察される相関を捉えていないような歴史データに基づいていることなどである。またVaRモデルは，大手金融機関のリスクテイクの状況次第で容易に内容を変更されうる。たとえば2012年に発生したJPモルガン・チェースのいわゆる「ロンドンの鯨事件」では，同行のある自己勘定デスクの取引ポートフォリオが既存のVaRの制限を超えてしまった際，同行のリスクマネージャーは新しいモデルの導入を認め，制限を2倍に拡大した。そうした大手金融機関のリスク管理技術への過信とそこに内在する技術的欠陥が恣意的なリスクの過小評価につながり，大手金融機関のリスクテイクをより促進する要因となった[49]。

結び

　本章の分析により，2000年代の米国金融機関の収益の急拡大の背景に影の銀行システムの展開があり，その収益の大きな部分は，大手金融機関による，影の銀行分野の特性 (複雑性，専門性，新奇性，情報の非対称性の高さなど) とそれに関わる自らの特別な優位性を巧みに利用した，積極的リスクテイクによって生み出されたことが明らかになった。そしてここまでの分析を踏まえる

---

49) Crotty (2007), pp. 22-24, Wilmarth (2013), p. 1433.

と，1980年代以降の金融化の歴史的展開と，特に2000年代以降に拡大した影の銀行システム（前章），大手金融機関の積極的リスクテイク（本章）の三者の関係性の一貫した把握が可能になる。

まず第1・2章で見たように，金融化の重要な要素としての1980年代以降の資金循環構造の変化，具体的には，主に家計資金のミューチュアル・ファンド，MMMF，年金基金など機関投資家への集中は，それら資金の金融市場への大規模流入を促した。そうした資金は，当初は債券（社債やCP，国債に代表される公共債など）や株式といった伝統的金融市場で運用されていたが，その規模が急速に拡大し，運用を巡る国内外の競争が高まるにつれ，次第に利回りの低下を経験するようになった。家計資金に企業の余剰資金も加わりながら拡大を続ける機関投資家資産は，これまで通り安全資産を中心とした適度な高利回り運用を求め続けたが，そうした声に完全に応えるには，既存の金融市場が生み出す金融商品だけでは次第に不足するようになった。

そうした流れに呼応して2000年代に急拡大したのが，影の銀行システムであった。前章で見た通り，影の銀行システムは，証券化と担保付短期資金調達をその金融仲介の基軸に持ち，そこで生み出される仕組み金融商品（CDOなど）や短期負債商品（ABCPやレポなど）は，安全で高利回りの金融商品として，主に家計資金を原資としたMMMFや年金基金などの機関投資家の主要な運用先となった。その意味で，1980年代以降に歴史的に展開した金融化，特に資金循環構造の変化が，2000年代の影の銀行システムの急激な進展の重要な前提条件となっていたと認識すべきである（**図表5-6**の①）。もちろん，影の銀行システムの拡大自体が，2000年代に金融化の中身を量的・質的に変容させたことは前章で指摘した通りである。

この2000年代に急拡大した影の銀行システムは二つ目の前提条件として，資金循環構造の変化のもう一つの要素とも言える，全般的な負債増大も必要とした。なぜなら，影の銀行システムで重要な役割を果たす証券化商品・仕組み金融商品は，各経済主体による負債の元利払いフローを裏付けとするが，影の銀行システムが拡大し，そうした金融商品への需要が急激に高まるにつれ，それらに対する不足感が生じてくるからである。そうした需要に応じて，金融機関は，それら金融商品を生み出す原料になりうる負債の範疇を，それまでの優

図表 5-6　1980年代以降の金融化（資金循環構造の変化）が2000年代の展開のベースにある

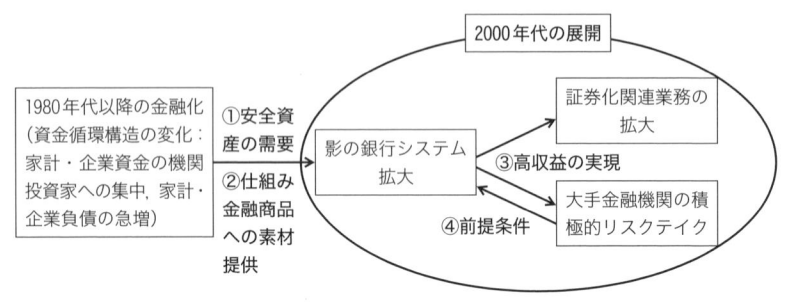

[図表：1980年代以降の金融化（資金循環構造の変化：家計・企業資金の機関投資家への集中、家計・企業負債の急増）→ ①安全資産の需要、②仕組み金融商品への素材提供 →（2000年代の展開）影の銀行システム拡大 → 証券化関連業務の拡大、③高収益の実現、大手金融機関の積極的リスクテイク、④前提条件]

（出所）著者作成。

良企業や公的主体から，次第に，中小企業や中低所得・貧困家計へと広げるようになり，このことが1980年代以降続く家計・企業の負債の増大をさらに促し，影の銀行システムの拡大プロセスに重要な貢献をした（**図表 5-6**の②）。

そしてそうした影の銀行システムの拡大プロセスは，次第に大手金融機関主導で進展するようになった。大手金融機関は，1980年代以降の資金循環構造の変化の下での企業の銀行離れや，国内外での競争激化といった厳しい経営環境の下，既存の業務でこれまで通りの収益を上げ続けることが徐々に難しくなった。そこで新たな収益源として着目されたのが証券化関連業務や仕組み金融商品の自己勘定取引などを中心とした影の銀行システムに関わる諸業務であった。それらは非常に収益性が高いと認識されたこともあり，大手金融機関は，受け身の対応を超えて，そうした業務に競って参入するようになり，それらから巨額の収益を取得できた（**図表 5-6**の③）。

同時に影の銀行システムの拡大は，大手金融機関による積極的リスクテイクを重要な前提条件とした。なぜなら，**図表 4-2**で示した影の銀行システムの一連の金融仲介が順調に推移するためには，仕組み金融商品や担保付短期資金調達などのプロセスで，特にリスク回避的な機関投資家がリスク負担することが難しい部分（高格付けトランシェの売れ残りやエクイティ部分など）について，それをトレーディング勘定などを通じて自己勘定で購入・保持したり，信用補完するなどして，少なくとも表面的には最後のリスクを負担する主体の存在が

必要不可欠だったからである（**図表 5-6 の④**）。本章で見た通り，大手金融機関にとっても，一連の金融仲介がうまく機能している限りは，そうした積極的リスクテイクは一層の巨額収益を生み出す原動力となりえた。

一方，そうした積極的リスクテイクを通じた大手金融機関の巨額収益は，それが主に競争の働かない下での高価格設定に基づく限り市場の効率性の点で重大な問題を抱えているし，何より社会的意義や公正性などの観点から受け入れがたいものでもある。なぜなら，そうした利益のすべてではないにしても大半は結局のところ，すでに分配された所得の他の誰かによる支払いに基づき，実体経済における新たな価値創造とはほとんど何の関係もないか，むしろ価値創造を阻害するものとも言えるからである[50]。そして本章で見た通り，そこでは資金面と情報面，技術面で圧倒的優位に立ち，ゲームのルールを都合よく変更できる力を持ち，損失は自ら負担する必要がない立場の一握りの大手金融機関が，そうでない立場の圧倒的多数者，つまり一般市民の小規模資金をベースにした年金基金やミューチュアル・ファンドなどの機関投資家，個人投資家，中小金融機関などに，有害な金融商品を高額で購入させたり多額の手数料を支払わせたりしている。これはリスクテイクによる正当な対価というより，限りなくいかさま賭博に近いのではないか。すなわちここでは，これまで見てきた資産運用関連業務やM&A関連業務と比べても，大手金融機関の主導性がきわめて顕著に，しかもきわめて不公正な形で現出していると言える。そうした側面は今次の危機の過程でよりはっきりと姿を現したが，2010年に成立した金融規制改革法では，そうした根本的矛盾にはほとんど手がつけられなかった。その点は第7章で扱う。

---

50) Lapavitsas and Levina (2011). なお，本章で取り上げた三つのリスクテイク経路における支払い主体はその取引の複雑性とも相まって非常に複雑であり，一見すると，実体経済部門と関係性を持たない，大手金融機関同士のゼロサムゲームにすぎないようにも見える。そのような側面もたしかにあるが，究極的には，そこに内在しているリスクを十分に理解できないまま「くず商品」を高値で売りつけられた主体や，証券化商品の元になっているきわめて不公正な債務を騙されたり煽られたり半ば強制されて負わされた主体，システミック・リスクが顕在化した際に公的資金の注入などの形で救済資金を負担した主体など，すなわち主要には一般家計が主な負担者であると考えられることは認識しておく必要がある。

第6章　金融化とデリバティブ
——二分法的理解の克服のための二つの視点——

　デリバティブは，1980年代以降，主に金融機関のリスク管理や非金融企業の財務活動の中核的技術として，先進国中心にその利用が急拡大した。並行して進展した，ヘッジファンドによる投機的利用，大手金融機関による関連ビジネスの展開，機関投資家，一般家計，公的主体などによる関連商品での運用拡大などとも相まって，現在，あらゆる主体の経済諸活動に直接・間接に関わっているといっても過言ではない。

　そうした急拡大するデリバティブを巡って，従来，二つの対立する認識が存在してきた。一方は，デリバティブの基本的な利用動機はリスク管理(risk management)，特にリスクヘッジ(hedge: 回避)であり，そこには他のヘッジ手段と比べた利用上の様々な優位性が随伴していることから，それを利用して不測の損失が生じるリスクを適切に管理しようとする金融機関や非金融企業などの動機が高まった，とする認識で，主に主流派経済学に由来する。他方は，デリバティブは大手金融機関やヘッジファンドなどが投機(speculation)目的で利用することで金融取引の肥大化を促すとともに，金融市場や商品・エネルギー市場をより不安定にし，それらを通じて同時期に世界中で多数発生した様々な金融・経済危機の主要な要因となった，とする認識で，主に政治経済学者によって主張される。どちらの認識もデリバティブが持つ重要な特徴を捉えており，この二面性は，それを巡る「ヘッジか投機か」という論争を生み出した[1]。

---

1) 経済学者以外にも，デリバティブの有用性を強調する認識は金融実務家，それへの懸念を強調する認識は一般市民や最近では多くの規制当局者の間にも，広く共有される。しかしとりわけデリバティブに積極的意義を見出してきたのは，市場の効率性に依拠した主流派経済学である。それらは1980年代以降，ファイナンス理論や金融工学といった学術体系を新たに構築し，デリバティブの学術的発展と技術的高度化に貢献してきた。一方，政治経済学は，デリバティブの経済・社会的重要度の高まりに見合うだけの関心を寄せることなく，その投機的側面のみに目を向けるか，それをある種のブラックボックスのように扱ってきた。したがって主流派と比べて最近までその分析は深まってこなかった。

そうした状況に対し，最近，欧米の一部のマルクス派政治経済学者が，デリバティブが資本主義において果たす重要な役割に着目し，その仕組みを正確に理解したうえで，デリバティブを組み込んだ現代資本主義分析を新たに展開しつつある。彼らは，デリバティブは従来の二分法的理解では捉えきれず，それを資本の本来的運動との関連性のなかで捉え直すことで初めてその意義を正しく理解できる，と主張することでデリバティブ分析に新しい地平を開いた。そうした独自の立場から彼らは，本稿が分析対象とする1980年代以降の現代資本主義の新潮流としての金融化についても新しい捉え方を提示しようとしている。

本章は，金融化とデリバティブとの間に存在する多様で複雑な関連性をより体系的に理解することを目的とし，そのために二つの視点を導入する。一つ目は，デリバティブを巡る既存の二分法的理解を克服しうる先述の新しい政治経済学アプローチであり，それを含む先行研究を踏まえて両者の関連性をどのように捉えられるか，独自に整理を行う。二つ目は，本稿が一貫して着目する金融機関行動の視点であり，それに基づく補完的説明を試みる。

I　デリバティブに関わる基本的知識

はじめに，デリバティブに関わる基本的知識を確認する。デリバティブに関する研究は高度化・精緻化を続けており，専門家以外がその全容を理解することはますます困難になっている。一方，デリバティブの基本的な機能・役割自体は単純であり，金融化とデリバティブとの関連性，及びそこにおける金融機関の役割を検討するうえでは，基礎的教科書水準の内容で足る。

1　デリバティブとその基本形態

デリバティブとは，「元になる市場諸要素 (underlying market factors) のパフォーマンス (perfomance) からその価値が派生する (derived) 金融的契約 (financial contract)」を指す[2]。ここでの「元になる市場諸要素」は，様々な変動要因，リ

---

2) これはOCCによる定義 (http://www.occ.gov/topics/capital-markets/financial-markets/trading/derivatives/index-derivatives.html) である。そもそもデリバティブという用語には必ずしも明確な定義が存在しない。たとえば「元になる市場諸要素」という用語は，

スクを生み出す諸要因のことで，具体的には，金利，為替レート，貸出債権，商品・株式・債券やそれらの指数などが該当する。別の見方からは，デリバティブは，リスクを生み出す諸要素自体とそれに付随する諸リスク（金利リスク，為替リスク，信用リスク，市場（価格変動）リスクなど）とを別々な存在として扱い，後者を前者と関連する新しい金融商品に仕立てて独自に取引する技術と捉えられることから，「リスクの商品化 (commodification of risk)」とも呼ばれる[3]。そして元になる市場要素の種類に基づいて，デリバティブは大きく商品デリバティブと金融デリバティブとに区分される[4]。

> 従来「原資産 (underlying asset)」と呼ばれてきたが，デリバティブの原資産には必ずしも厳密な意味での資産形態を採らないものも含まれうることから，より広く捉えるために使用される。同じ理由で「underlying entity」，「underlying item」などの用語も使用されることがある一方，原資産という用語も使われないわけではない。他にも「underlying」は「refer (参照する)」という用語を，「financial contract」は「financial claim (金融的請求権)」という用語を使用する場合もある。またデリバティブにどこまでの取引を含むかの線引きも不明確であり，たとえばすでに確認した資産証券化をデリバティブの一形態と見なすかは，論者によって認識の違いが存在する。Duffie (2009), p. 5 は証券化商品とデリバティブの間に存在するのは単なる呼び方の違いだけだと述べる一方，Bryan et al. (2009), p. 466, Bryan and Rafferty (2010), p. 199 は，証券化は元になる市場要素自体が取引されない点でデリバティブと同様の特性を有するが，デリバティブは証券化のように元になる市場要素のキャッシュフローの存在を必ずしも必要としないという点を強調している。またデリバティブは市場要素の所有権移転を伴わずにリスクだけを売買する手段であるが，証券化では基本的に所有権移転が発生する点も異なる。なお，デリバティブの価値は元になる市場要素のパフォーマンスから派生するという定義は，現実にはデリバティブ市場で独自に決定したその価値が，逆に市場要素の価格に影響を与えるといった事態が生じていることからすると一方向的であるが，本稿ではこの点にこれ以上立ち入らない (Carneiro et al. (2015), p. 3)。

3) たとえば国際通貨基金 (International Monetary Fund: IMF) は，金融デリバティブを定義する際に「ある特定の金融手段，金融指標，金融商品と関連を持ち，特定の金融リスクが独自の金融市場を通じて取引されるような金融手段」という表現をしている。ここにはデリバティブは，元になる市場要素に伴う諸々のリスクをそれ自体から切り離して独自に商品化・取引する手段であるという重要な視点が示されている (http://www.imf.org/external/np/sta/fd/)。

4) 商品デリバティブは穀物・農産物，貴金属，エネルギー資源など実物商品，金融デリバティブは株式や債券，通貨など金融商品を元になる市場要素とする。なおデリバティブの起源は古く，すでに古代メソポタミアや中国において類似の取引が行われていたという指摘もあるが，広く認識されるところでは，オプションは紀元前ギリシャの哲学者ターレスが行ったとされるオリーブの取引まで，先物は中世のアントワープやアムステルダムなどに

デリバティブの具体的な取引形態として，先物・先渡し (futures/forwards)，オプション (option)，スワップ (swap) の三つが存在する。これらの区別は，主に元になる市場要素のパフォーマンスの変化に応じた，その価値の派生の仕方に基づく[5]。これら三つの基本形態に加え，様々な追加条件を付加したり，複

　　おけるコショウやコーヒー，穀物などの取引，江戸時代日本の大阪・堂島における米取引まで遡れるとされる。一方，デリバティブがより現代的な形態へと展開していく契機は米国で1849年にシカゴ商品取引所 (Chicago Board of Trade: CBOT) が開設されたことであったとされ，1919年には，現在，世界最大の取引規模を誇るシカゴマーカンタイル取引所 (Chicago Mercantile Exchange: CME) も設立された。以降，1970年代までは主に農産物を中心とする商品価格の安定性確保目的で使用され，その利用が広がったが，1980年代以降は商品デリバティブのなかでも特にエネルギー資源関連のデリバティブの利用が，そして新たに金融デリバティブの利用が急速に拡大した。金融デリバティブのうち金融先物の原初は，1972年にCMEに上場された通貨先物と1975年にCBOTに導入された金利先物とされる (Bryan and Rafferty (2006), pp. 89-94, Tett (2009), 訳, 28頁, 可児・雪上 (2012), 56-61頁)。

5) 先渡しを含む広義の先物は，特定要素の特定量の将来の特定日における取引価格を，その価格変動にかかわらず現時点で確定する金融的契約である。つまり，たとえば元になる要素を先物で購入 (long)（事前に決められた価格で購入することを確約）しておくと，その現物のパフォーマンスが将来高まれば，そこから派生する形で，先物の価値が相対的に高まる（市場価格より安く購入可能）。次にオプションは，市場要素を将来，現在確定した価格で取引する「権利」を指し，その権利自体に価格＝プレミアム (premium) が付けられて取引される。市場要素を購入する権利をコール (call) オプション，売却する権利をプット (put) オプションと呼ぶ。オプション購入者は，特定期間に特定価格で市場要素を購入・売却する権利を取得し，その権利を行使することで，市場の状況にかかわらず事前に確定した取引内容の実行が約束される。一方，オプションを販売しプレミアムを得た者は，その権利行使に必ず応じる義務がある。たとえば市場要素のコールオプション（事前に決められた価格で購入する権利）を購入しておけば，その現物のパフォーマンスが将来高まれば，そこから派生する形で，オプションの価値は相対的に高まる（市場価格より安く購入可能）。なお，先物が確約であるのと異なり，オプションは権利であるため，それを放棄することも可能である。もし先の事例で現物のパフォーマンスが低下した場合には，オプションの価値も低下するが，その下限は支払ったプレミアムに収まる（権利放棄し市場価格で購入）ことになる。最後のスワップは，文字通り「交換」を指し，異なるキャッシュフローを持つ異なる複数の市場要素，たとえば円とドル，固定金利と変動金利，原油の固定価格と変動価格，信用リスクとその引受料などが存在するときに，それらフローの価値が同一であると判断した，一般的には反対方向のパフォーマンスを想定する者同士が，一定の期間に渡りそれらを交換し合う契約（将来キャッシュフローの割引現在価値の等価交換）である。それを通じて，両者が最適と考えるリスクエクスポージャーが実現される。たとえば固定金利と変動金利 (LIBORなど) のスワップ（最も基本的な取引のため「プレーン・バニラ (plain vanilla) スワップ」とも呼ばれる）の場合，特定の元本と期間を想定

数の取引を組み合わせたりすることにより，すべてを含めると，現在，実に多様な取引形態が存在する[6]。そしてこれら各取引は，取引所を経由する取引所取引か，取引者同士の相対で行われるOTC取引のどちらかにより取引される[7]。

2 デリバティブの利用動機と関連主体

　デリバティブは，上述の通り，その形態にかかわらず，元になる市場要素からリスクを切り離して独自の取引対象とする「リスクの商品化」手段である。そしてその商品化されたリスクへのアプローチの仕方に基づき，デリバティブの利用動機は三つに区分できる。

　第一は，リスクヘッジである。リスクをヘッジしようとする主体はヘッジャ

　　して特定の時期にそれら金利の交換が行われるが，金利上昇局面では，固定金利を受け取り，変動金利を支払う立場の者にとってはスワップの価値は下がることになる一方，変動金利を受け取り，固定金利を支払う立場の者にとってはその価値が上昇することになる。スワップはデリバティブのなかでも比較的新しく，実質的に最初の取引は，1981年に世界銀行とIBMとの間で実施された，ドルとスイスフラン，ドイツマルクの通貨スワップの事例とされ，取引規模は2億1,000万ドル，ブローカーはソロモン・ブラザーズ (Salomon Brothers) であった。その後のスワップ市場の拡大を主導したのはJ. P. モルガン (J. P. Morgan) であったとされる (Tett (2009)，訳，30頁)。

[6] それらは，その新奇性，複雑性から「エキゾチック (exotic) デリバティブ」と呼ばれることもあるが，この用語に定義があるわけではない。たとえばスワップとオプションを組み合わせてスワップを行う権利を取引するスワップション (swaption) や，先物とオプションを組み合わせて市場要素としての先物のポジションを売買する権利を取引する先物オプションなども，それが市場に登場した当初は「エキゾチック」であったろうが，現在では一般化している。

[7] 広義の先物のうち，特に取引所で取引されるものを先物，OTCで取引されるものを先渡しと呼ぶ。オプションは，その多くが先物同様，取引所に上場されている。スワップは原則としてOTCで取引される。取引所デリバティブの特徴に，元になる市場要素自体の実際の引き渡しが原則行われないことを前提に，その種類や取引単位，決済期日など，定型的な取引条件を設定する「標準化 (standardisation)」がなされている点がある。標準化の内容はきわめて多岐に渡るが，大きくは，法的標準化 (書類や定義の標準化など)，プロセスの標準化 (自動化) (電子的なマッチング，取引確認，決済，イベント発生時の処理など)，商品の標準化 (評価，支払体系，期日の標準化など) の三つに区分できる (CESR (2010), pp. 6-10)。これらにより，取引所を通じた大量の取引の迅速な執行と価格の即時提示が可能になる。

ー (hedger) と呼ばれ，何らかの回避したいリスクを保持し，それを中立化することでより本来的と考える活動・業務などに専念することを目的に，デリバティブを利用する。ここで，ヘッジ目的でそれを利用することは，リスクの売り手になることを意味する。第二は，リスクテイクあるいは投機である。デリバティブでは，ヘッジ動機に基づいて市場要素から切り離され，商品化されたリスクの買い手が存在しなければ，取引自体が成立しない。なぜならデリバティブはリスクの移転であって，その除去ではないからである[8]。投機主体は投機家 (speculator) と呼ばれ，リスク中立化対象になる市場要素を現物で保持することなく純粋にデリバティブのみを行い，ヘッジャーに対するカウンターパーティ (counterparty: 取引相手) の役割を果たす。そしてデリバティブを通じたリスクテイクの見返りに，相応のリターンの取得を目指す[9]。最後は，裁定 (arbitrage) である[10]。デリバティブでは，現物市場と先物市場の価格差を利用した裁定が広く行われる。たとえば現物と先物で価格の歪み（現物価格から想定される先物の理論価格と実際の先物価格との差）がある場合に，割安な方を買い，割高な方を売って，価格関係が正常化したところで反対取引を行えば利益が得られる（先物同士間の裁定も存在する）。裁定を主な目的として投資を行う主体は，裁定業者 (arbitrager) と呼ばれる。

---

[8] 利用動機としてのヘッジと投機，利用主体としてのヘッジャーと投機家はデリバティブにおけるコインの両面であり，基本的に切り離して考えることはできない。デリバティブではヘッジャーから投機家にリスクが移転されているだけであり，それがデリバティブがゼロサムと呼ばれる所以である。ただしデリバティブが持つリスクヘッジ効果には生産に対するポジティブな影響が付随する可能性があることから，デリバティブを「ポジティブサム」と捉える見方も存在する (Bryan and Rafferty (2006), pp. 42, 50)。一方，スワップにはこの関係性は部分的にしか当てはまらない。スワップの場合は，必ずしも投機家を必要とせず，両者がヘッジ目的で行われることもありうる (Carneiro et al. (2015), pp. 3-4)。

[9] 主流派は，投機家一般を，市場に流動性を付加し，リスクを保持する能力と意思のある者にそれを再配分し，価格を「ファンダメンタル価値 (fundamental value)」をより反映したものに近づけることを可能にする存在と捉えており，デリバティブの投機家も同様に見なされる。投機家（裁定業者を含む）は，そうした取引を通じてデリバティブ市場に流動性を供給するとともに，そこでの公正な価格 (fair price) の形成（「価格発見 (price discovery) 機能」と呼ばれる）に重要な役割を果たすとされる。

[10] 裁定とは一般に，一物一価が成立しておらず，同一資産に同一時点で異なる価格が付いている状態で，割安な方を買って割高な方を売ることで，原則としてリスクを取らずに利ざやを稼ごうとする取引を指す。

以上，利用目的別に分類した，ヘッジャー，投機家，裁定業者には，概ね特定の主体が該当する[11]。まずヘッジャーは，民間非金融企業，なかでも広範な業務を行うことで様々なリスク資産を保有することになる大企業，多国籍企業，貿易関連企業などが該当する。それらはデリバティブを用いることで，たとえば天候が生産量に与える影響や，資金調達や輸出入に伴う将来の金利や為替の変動リスクなどのヘッジを試みる。商業銀行に代表される金融機関も，自らの資産・負債あるいは運用・調達のミスマッチに伴う金利リスクや外国との取引に伴う為替リスクなどのヘッジ目的で，ヘッジャーとしてデリバティブを積極利用する。また安全資産運用を試みる年金基金や保険会社といった伝統的機関投資家も，ポートフォリオ管理の一環でデリバティブに積極関与している[12]。次に投機家は，主に，リスクの受け入れ余力 (torelance)，強いリスクアペタイト (appetite) を持ち，レバレッジを利用した積極的リスクテイクによって市場平均を超えるリターンの実現を目指そうとする諸主体が該当する。具体的には，大手金融機関，特に投資銀行のトレーディングデスクや，ヘッジファンドに代表される一部の代替投資ファンドなどが中心である。最後に裁定業者については，投機家との区分が困難であり，実際，大部分重複している。

ともあれ，これらデリバティブを利用する諸主体は「エンドユーザー (end-user)」と総称される[13]。OTCデリバティブでは，原則として，エンドユーザ

---

[11] デリバティブ利用者の大半はホールセール顧客である。リテール投資家は取引所取引で行われる一部のデリバティブに参加しているが，全体の規模からみると圧倒的に小さい (CESR (2010), p. 5)。

[12] ヘッジャーにとって自らの抱えるリスクを正確に認識することがきわめて重要である。事業上のヘッジ対象よりヘッジ取引の方が大きくなることを「オーバーヘッジ」と言い，これがデリバティブにまつわる想定外の損失を生じさせることがある (可児・雪上 (2012), 203-204頁)。

[13] Litan (2010), p. 14 はエンドユーザーを広く捉えながら，狭義には，ヘッジ目的の企業や自治体などのみを指すものとし，ヘッジ・投機両目的でデリバティブを利用する機関投資家やヘッジファンドについては特に「バイサイド参加者 ("buy side" participants)」と呼んで区別している。またOCC (1997), pp. 4-5 は，主に投機や裁定目的でデリバティブに参加し，複雑なデリバティブ商品も含め，大きなポジションをとるユーザーを「アクティブ・ポジション・テイカー」，主にヘッジ目的で参加したり，基本的なデリバティブ商品を比較的小規模に取引したりするユーザーを「リミテッド・エンドユーザー」と呼んでいる。

ー同士が相対で取引する。一方，取引所デリバティブでは，取引所か，取引所が主要株主を務める専門清算機関がすべての取引のカウンターパーティ (central counterparty) になる。ただし一般的には，取引所から認められた特定の金融機関 (清算会員) を経由して決済が行われる。

　これらエンドユーザー以外にデリバティブに不可欠な主体が，その仲介を専門に行う主体であり，ブローカーまたはディーラー (broker/dealer) と呼ばれる。ブローカーは，主に取引所取引で，リスクエクスポージャーを持たずに純粋にエンドユーザーの委託を受けて注文を取引所に取り次いだり，清算会員である金融機関に取り次いだりする仲介主体である[14]。一方，ディーラーは，自らの資金を用いてリスクを負って取引する主体である。OTCデリバティブの大半は，実際は，エンドユーザー同士の直接取引ではなく，ディーラーが自己資金を用いてヘッジャーから一時的にリスクを引き受け，そのリスクを投機家に販売することを業務として行っている[15]。これは上述の通りマーケットメイキングと呼ばれ，それを行うディーラーはマーケットメーカー (market-maker) と呼ばれる[16]。OTCデリバティブのディーラーは，前章で見た通り，一握りの大手金融機関が独占的にその役割を担っている。また最近ではOTCデリバティブにも専門清算機関の導入が限定的に進められつつあるが，多くの場合，それらの主要株主は大手金融機関であり，それらの利害が色濃く反映される。

　以上，デリバティブではヘッジャー，投機家，裁定業者といった異なる利用目的を持つエンドユーザーに加え，仲介者としてのブローカー・ディーラーが中心的な取引主体となっているが，それらのいずれにおいても金融機関が深く関与していることが分かる。

---

14) McKenzie (2011), p. 210.
15) Duffie (2011), 訳, 28頁。
16) マーケットメイキングの目的は自己利益ではなく，あくまで市場への流動性の供給である。しかし現実には，ブローカレッジ，ディーリング，マーケットメイキングは業務の実態としては渾然一体となっており，明確に区別することがきわめて困難であることは前章でも指摘した通りである。

図表6-1 世界のデリバティブの想定元本

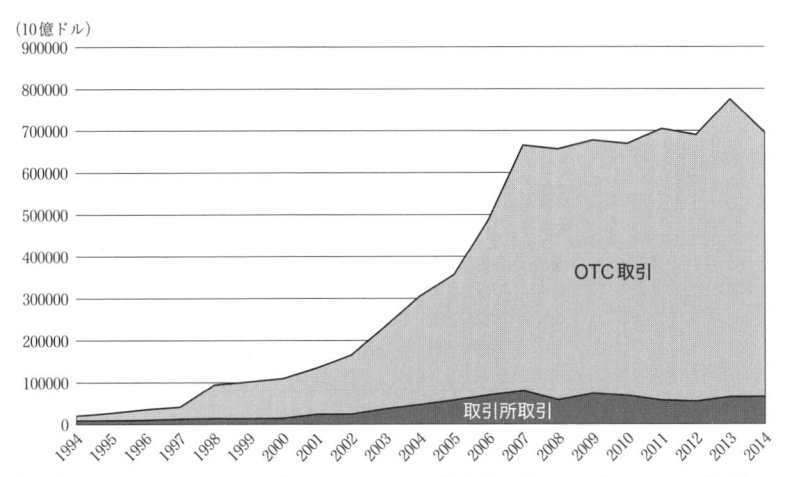

(出所) BIS, Derivatives statistics (updated 8 Jun 2015), SIFMA Research Department (2014) p. 106 より作成。

3 デリバティブの展開と現状

以上見てきたデリバティブの規模を，利用可能なデータを用いて確認する[17]。まず図表6-1は，デリバティブに関する包括的な調査を行っているBISが公表している，世界のデリバティブ市場の規模（想定元本 (notional amounts outstanding) ベース）である。それによると，2014年末時点の想定元本は約700兆ドルであり，そのうちOTC取引が約630兆ドル，取引所取引が約70兆ドルである。デリバティブの90％がOTC取引で行われており，そのシェアが特に近年急速に拡大してきていることも看て取れる。

取引所取引とOTC取引について，それぞれの内訳を確認する。まず取引所取引であるが，1970年代までは，商品デリバティブも金融デリバティブも，主に先物やオプションの形態で，取引所取引中心に行われてきた。1970年代以降，金融デリバティブが急進展するにつれ，米国の金融先物市場は急速に拡大して規模は2倍になり，1980年代を含めると7倍にまで拡大（1980年代の

---

[17] デリバティブはオフバランス取引という特性上，厳密な意味で信頼できるソースが存在しないことから，必ずしも正確な規模を捉えきれていない点を付言しておく。

図表 6-2　世界の取引所デリバティブの内訳（想定元本）　　　（単位：10億ドル）

	金利先物	通貨先物	株価指数先物	金利オプション	通貨オプション	株価指数オプション
1993	4960.4	34.72973	109.9796	2362.423	75.94182	231.5909
1994	5807.633	40.44743	127.531	2623.555	55.6721	242.8133
1995	5876.152	33.80178	172.1053	2741.804	120.3834	338.0313
1996	5978.981	37.6656	195.5897	3277.767	131.5176	394.5407
1997	7586.694	42.28987	210.2375	3639.85	114.881	808.8742
1998	8031.433	32.37893	290.7352	4623.452	48.50496	947.8343
1999	7924.874	39.05909	338.2987	3755.525	22.01839	1507.969
2000	7907.787	78.12998	365.4609	4734.209	21.0232	1084.259
2001	9269.552	72.71855	331.8842	12492.81	26.51517	1476.961
2002	9955.59	52.35537	348.4591	11759.49	26.74589	1625.87
2003	13123.67	87.62672	497.2151	20793.79	37.44138	2012.966
2004	18164.93	113.7184	623.3615	24604.14	60.27724	2737.43
2005	20708.67	121.6914	770.693	31588.22	66.0301	3773.904
2006	24476.2	179.3451	1028.794	38116.41	78.64042	5271.738
2007	26767.18	181.2524	1119.653	44281.68	132.7165	6381.406
2008	18729.17	127.6871	660.2603	33979.02	129.3278	4135.146
2009	20629.45	146.0834	977.1355	46428.38	147.3065	4823.611
2010	21010.14	171.7765	1131.723	40928.75	144.212	4585.837
2011	21709.73	223.9909	972.952	31575.57	87.80089	3750.177
2012	22626.89	231.7141	1212.802	25895.83	105.6226	4035.962
2013	24165.12	243.8558	1378.903	32786.19	142.6312	5381.409
2014	25348.37	233.75	1571.598	31874.05	143.4397	5671.422

（出所）BIS, Derivatives Statistics (updated 8 Jun 2015).

最初の3年間だけで3倍に拡大）した。その結果，先物市場において金融先物は支配的な地位を占めるようになる一方，1960年には94％のシェアを占めていた食品関係の先物は，1970年には63％，1983年には3分の1以下しか占めなくなった[18]。取引所デリバティブの内訳を示した**図表6-2**によると，その圧倒的大部分を金利先物と金利オプションが占めている。一方，取引所取引で行われる商品デリバティブについては，BISによる捕捉が行われていないことからも，その規模の小ささが窺える[19]。別の推定によると，すべてのデリバティ

---

18) Bryan and Rafferty (2006), pp. 94-95.
19) 参考までに，国際取引所連合 (World Federation of Exchanges) の公表データ (http://www.world-exchanges.org/statistics/annual-query-tool) によると，2014年度の世界の取引所取引で行われる商品先物と商品オプションの想定出来高 (notional turnover) の合計は，

図表6-3 世界のOTCデリバティブの内訳（想定元本）

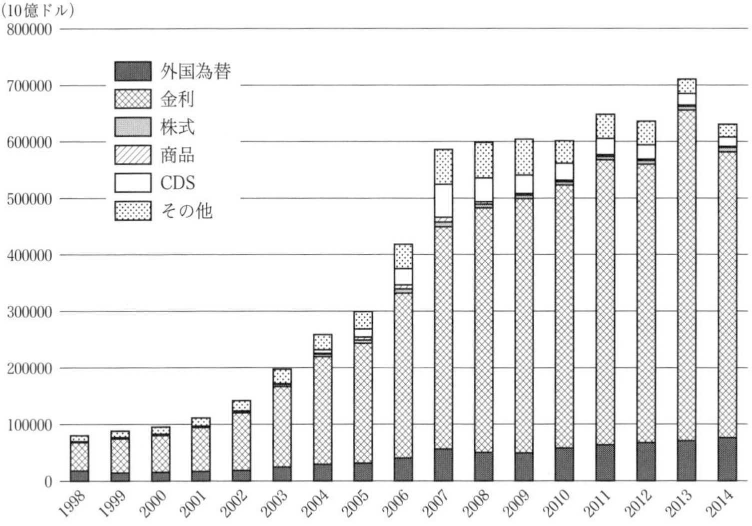

(10億ドル)

凡例：外国為替／金利／株式／商品／CDS／その他

(出所) 図表6-2と同じ。

ブのうち商品デリバティブが占める割合は5％以下ともされる[20]。

　一方，繰り返すが，特に2000年代以降，デリバティブの劇的拡大を見たのは主にOTC取引においてである。OTCデリバティブの内訳を示した**図表6-3**によると，その中心は金融デリバティブ，特に金利関連であり，商品関連は圧倒的に小さなシェアしか占めていない。そしてOTCデリバティブの中心はスワップである。BISによると，2014年末時点でのOTCデリバティブの想定元本約630兆ドルのうち，約380兆ドルを金利スワップが，約24兆ドルを通貨スワップが，約16兆ドルをCDSが占めた[21]。デリバティブ，とりわけOTC

　　金利先物と金利オプションの想定価値 (notional value) の合計の約15分の1である。またBartlett ed. (2012), p. 56によると，取引所で行われる先物取引の契約数を見ると，農産物とエネルギー商品が全体に占める割合は，1980年時点ではそれぞれ64.2％，0.2％であったのが，1990年には20.7％，12.8％，2000年には14.9％，14.9％，2010年には8.7％，12.7％と減少傾向にある。

20) Bryan and Rafferty (2007), p. 154.
21) BIS, Derivatives Statistics (updated 8 Jun 2015). Bryan and Rafferty (2006), p. 55によると，2005年時点で1日1兆9,000億ドルとも言われる外国為替取引額（それに対し年間

デリバティブの絶対的・相対的な拡大は，スワップ，特に金利スワップの拡大と歩調を合わせてきたと言える。

最後にエンドユーザー別のデリバティブの利用状況を見ておく。それを厳密に把握するデータは公表されていないが，たとえば国際スワップ・デリバティブ協会 (International Swaps and Derivatives Association: ISDA) の2009年のエンドユーザーに関する調査によれば，世界500大企業 (Fortune Global 500：非金融377社,金融123社) のうち471社 (94.2％) がデリバティブを使用しており，内訳を見ると，外国為替デリバティブが88％と最大で，次いで金利デリバティブが83％，商品デリバティブが49％となっていた[22]。業種別で見ると，金融機関がすべてのデリバティブ種類において利用頻度が非常に高かった。またBISが公表しているOTCデリバティブのカウンターパーティ別区分を見ると，最大シェアの金利スワップのカウンターパーティは，2014年末時点で，金融機関が97％，非金融主体が3％であり，その他でも軒並み80％以上を金融機関が占めた。OTCデリバティブの大半は金融機関を取引相手に行われていることが分かる[23]。

4　デリバティブに固有の優位性

以上のように，近年におけるデリバティブ，特にOTCデリバティブの急拡大には目を見張るものがある。しかしなぜデリバティブなのか。リスクに対するヘッジや投機 (裁定含む) の機能 (以下，まとめて「リスク対応」と呼ぶ) を持つ手段はデリバティブに限られない[24]。たとえば現在，最も広く利用されるヘッジ手段は保険であろう[25]。一方，リスクテイク度合いを高めるために広く利用さ

の国際貿易額は6兆ドル以下) のうち，3分の2はデリバティブ市場で行われており，うち4分の3を通貨スワップが占めた。
22) ISDA (2009). Litan (2010), p. 13によると，米国にベースを置く非銀行企業の70％以上が金利・通貨デリバティブを使用しており，銀行はそのすべてが金利・通貨スワップを，88％がCDSを利用していた。
23) BIS, Derivatives Statistics (updated 8 Jun 2015).
24) 事業活動から日常生活まで，経済・社会的活動には常にリスクが付きまとう。不必要なリスクは避けたいと思い，逆にリスクをまったく取らなければリターンも得られない。したがってすべての主体が多かれ少なかれリスク対応ニーズを持っており，その発想自体，歴史的にまったく新しいものではない。この点についてはエピローグ注2も参照。

れる手段は現物のレバレッジ取引であろう[26]。デリバティブには，たしかに保険や現物のレバレッジと同様の効果が随伴する。それに対し，各主体が他の手段ではなくデリバティブを選択するのは，そこに固有の優位性が存在するからである。結論を述べれば，デリバティブは他のリスク対応手段と比べて，きわめて高い「柔軟性・機動性」を伴い，それらを「コスト節約的」に行うことを可能にする。

(1) 柔軟性・機動性

まずデリバティブは，リスク対応をより柔軟性と機動性をもって行うことを可能にするとされる。それを可能にするのは，デリバティブの持つ様々な本質的あるいは制度的な特性である。第一の特性は，デリバティブが元になる市場要素自体の取引ではなく，そのリスクのみの取引であることである。そこでは，所有権の移転を伴う市場要素自体の売却・購入は行われない。この特性により，市場要素の所有者は，デリバティブを利用することで，その現物の売買・所有権移転に基づくリスク対応と同様の効果を，それに伴う，取引相手探し，事務手続き，法的手続きといった諸々の煩雑性や市場への影響を回避しながら機動的に得ることができるとされる。

第二の特性は，デリバティブがOTC取引と取引所取引が併存する形で取引

---

[25] リスクヘッジの最も原初的手段は，リスクの顕在化に備えて相応の資本金や引当金を予備的に積んでおくことである。しかしこうした積立方式は多額の資金を準備する必要があると同時に，保管費用や機会費用などの諸費用も発生する (Sotiropoulos (2012), pp. 6-7, Turbeville (2013), p. 21)。そのため，より利便性が高く，コストの低いヘッジ手段へのニーズが必然的に高まり，実際，そうしたニーズを背景に，多くのヘッジ手段が生み出されるなか，保険も成長してきた。保険契約において，リスク保有主体は保険会社に保険料を定期的に支払い，リスク顕在化時に保険会社が保険金を支払うことで損失を補償する。保険会社は多くの保険契約の保険料をプールし，それらを保険金の支払い機会に備えて運用する。Bryan and Rafferty (2006), p. 2によれば，保険以外にも，たとえば株式会社制度，信用制度，有限責任制，業務や投資先，資金調達先の分散など，現代資本主義に不可欠の諸制度は，いずれも資本によるリスクを限定しようとする諸手段として展開してきており，それぞれ長い歴史を持っている。

[26] レバレッジがリスクを高める点については前章Ⅱ節参照。レバレッジを高める負債手段には様々なものが存在し，借入，債券発行，レポなどを通じた長期・短期の資金貸借に加え，空売りなどの目的での証券貸借も一般的である。

されていることである。OTC取引では，エンドユーザーは自らのリスクエクスポージャーに応じてディーラーとの間で取引条件をオーダーメイドで柔軟に設定できる。一方，取引所取引では，取引条件が標準化されていてオーダーメイド性はないものの，選択肢は豊富に提供されており，市場流動性が非常に高く，市場状況の変化に応じて機動的に，新規購入によるポジション拡大や反対売買による手仕舞いを行える[27]。エンドユーザーはOTC取引を中核に据えつつ，複数種類の取引所デリバティブを補完的に利用することで，状況に応じて自らにとって望ましいリスクプロフィールを，柔軟かつ機動的に実現できるとされる[28]。

　第三の特性は，デリバティブに付随する適時的なリスク認識である。デリバティブでは，取引所取引では取引所，清算機関などによるポジションの市場評価（値洗い）が適時的に実施され，証拠金（margin）勘定の調整（資金の受け払い）が迅速になされる。OTC取引でも，リスク量やそれに対応する担保の価値などは強く認識され，当事者はリスク管理の専門部署を設置し，VaRに代表される高度なモデルを利用してリスクエクスポージャーの計算・管理を常時実施する。これらにより，エンドユーザーは現時点の利益・損失を，名目上，常に認識でき，それらの確定やそれに基づく新たなデリバティブの締結など，状況に応じた機動的ポジション変更に結びつけることができるとされる。

　第四の特性は，デリバティブがオフバランス取引であることである。それは，バランスシート上の資産・負債構成に手をつけることなく，それゆえ合法的に情報公開義務を回避しつつ，自らのリスクエクスポージャーを柔軟に変化させることを可能にする。情報公開の回避により，既存の取引関係などを考慮する必要のない積極的リスク管理が可能になる[29]。

---

[27] エンドユーザーのニーズに応じてディーラーも次々と新しいOTCデリバティブ商品を生み出していくことから，デリバティブはリスク管理技術が革新されていくインキュベーター（孵卵器）にもなりえ，それらの一部は規模が拡大すれば取引所取引の対象になる（Duffie et al. (2010), p. 10）。

[28] これらの点は，ヘッジの側面で類似の機能を持つ保険や保証と比較すると明確である。保険や保証では個々のリスクエクスポージャーにぴったり合った契約を提供・締結することは難しいし，状況によってエクスポージャーが変化した場合，容易にその契約内容を変更・調整することも困難である。

最後の特性は，デリバティブがそのリスク要因としての市場要素の存在自体を必ずしも前提としないことである。デリバティブでは元になる市場要素が現に存在しなくても，その存在を「想定」し，そのリスクだけを取引することも可能である[30]。したがってデリバティブでは，市場要素の量的制限や公的レバレッジ規制などに縛られることなく，少額の手元資金で，数十倍もの高レバレッジを用いた取引が可能となる。この高レバレッジ可能性は，特に投機・裁定を機動的に行うのに不可欠な要素とされる[31]。

(2) コスト節約性

　デリバティブは，リスク対応をより柔軟かつ機動的に行うことを可能にするだけでなく，それをコスト節約的に行うことも可能にするとされる。繰り返すが，そもそもデリバティブは本来的に市場要素の所有や移転を前提としないリスクのみの取引である。そして最終的な決済は，原則として，市場要素の現物の移転を通じてではなく，反対売買を通じた「現金決済 (cash settlement)」，「差金決済」で行われる[32]。このことは，上述のような現物取引に伴う煩雑性を減らすに留まらず，支払代金，売買手数料，税金，保管費用，レバレッジに伴う諸費用といった諸々の金銭的費用の直接的節約にもつながる。

　またオフバランス取引としてのデリバティブでは，自己資本比率規制などリスクに対するバランスシート上の準備義務の回避・節約も可能になる[33]。もち

---

29) よく挙げられる事例が，緊密な取引関係にある企業の社債を保持しており，売却希望を持っているが関係性を考慮して社債を売却できない，売却の事実を知られたくないといった場合に，相手先に認識されることなく実質的に社債を売却したのと同じリスク移転効果を得ることが可能になる，といったことである。資金調達側にとっても，デリバティブを通じて，貸付人との調達条件をそのままに，局面によって，貸付人に開示することなく，希望する金利形態に変更できる（可児・雪上 (2012)，146-147頁）。

30) 実際の資産保有の存在を前提としないリスクのやり取りは，保険や保証の場合には原則としてできない。それらはあくまで元になる資産に伴う損失の補償が前提であり，厳格な査定によりその損失の存在が証明されて初めて，支払いは行われる（可児・雪上 (2012)，84-85頁）。

31) 現物取引でも信用取引やレポなどにより高レバレッジの実現は可能であるが，公的規制や自主規制による制限がかけられる場合が多い。

32) Bryan and Rafferty (2006), p. 2, Mckenzie (2011), pp. 206-207.

33) FRBは1996年に，銀行にクレジット・デリバティブを使って，自己資本の準備額を減ら

ろんデリバティブでもリスクに対する準備がまったく求められないわけではない。多くの場合，取引所や清算機関に対して証拠金（現金あるいは適格担保指定された国債などの債券）の差し入れを求められる。証拠金は損失が出た時のみ没収されるもので直接的費用とまでは言えないが，少なくとも機会費用は発生する。しかしその金額は相対的に少額で，それによってその数十倍の巨額の取引を行うことができる。しかも証拠金の設定や決済において「ネッティング(netting:相殺)」が制度的に可能となっており，これが実質的な低コスト化に大きく寄与している。たとえば取引所取引で行われる先物やオプションを購入する際の証拠金は，特定の計算モデル（SPAN）に基づき，ポートフォリオ上の様々なリスクエクスポージャーをネッティングしたうえで計算されるため，取引金額と比べてかなり少額で済む[34]。OTCデリバティブでも証拠金が設定される場合が多いが，そこでの証拠金は，業界団体であるISDAが作成した雛形（ISDAマスター・スワップ・アグリーメント）に基づき設定され，同じくネッティングが採用されるため少額に抑えられる[35]。

  すことを認めると示唆する声明を出しており，銀行は社内に留保されていた巨額の資金を収益性のある投資に振り向けることが可能になった（Tett (2009)，訳，80-81，101頁）。デリバティブを利用することでエンドユーザーは，最も規制が緩く，税金が低い場所で資金調達し，最も望ましいエクスポージャーに転換することで，税制や規制を容易に鞘抜きすることも可能になった（Funk and Hirschman (2014), p. 24）。

34) SPAN (The Standard Portfolio Analysis of Risk) は，CMEが1988年に開発したリスクベースの証拠金計算システム（計算メソドロジー及びそのための計算システム）で，世界の主要取引所で採用されている。従来の証拠金計算方法においては個別銘柄ごとにリスクを評価していたのに対して，SPANにおいてはポートフォリオ全体のリスクを評価することができる。ポートフォリオ内のポジションにより生じる一方の損失を埋める他方のポジションの利益があると認められれば，その度合いに応じて通算評価できる（日本証券クリアリング機構 (http://www.jscc.co.jp/data/jp/2014/11/SPAN-keisaihouhou1.pdf)）。清算機関自体も参加者の取引相手となり，それらポジションのネッティングを行っていることも，所要証拠金や担保の相対的低減につながるとされる（The Economist (2009)）。これに対し，保険では，保険料をプールしたものから保険金支払いが行われることが前提となっているため，毎月の定額保険料の支払いといったコストが確実に発生する。保険においてはネッティングも原則として行われない。

35) Duffie (2009), p. 4によれば，2009年時点のOTCデリバティブにおけるディーラーの総エクスポージャーは約34兆ドルと推定されているが，ネッティングを経ると約5兆ドルにまで縮小し，証拠金や担保は後者に基づいて求められる。またLitan (2010), p. 16によると，2007年の調査に基づくとOTCデリバティブの約3分の1は証拠金や担保をまった

またオプションの直接的費用にプレミアムが存在するが，それは基本的に，ボラティリティ (volatility: 予想価格変動率) の大きさを加味した偏微分方程式である「ブラック＝ショールズ式 (Black=Scholes Option Pricing Model)」に基づいて設定される。その算定は現在ではコンピュータソフトを用いることで容易かつ低コストで実施可能になっている[36]。それ以外にも，エンドユーザーのニーズに応じて，コストを減らすための商品・取引の設計上の工夫も様々になされている[37]。

II　金融化とデリバティブの関連性を巡る先行研究のレビュー

前節で，デリバティブは元になる市場要素からリスクを切り離してそれ自体を商品化する手段であること，そうしたリスクのヘッジとテイク（投機）は表裏一体であること，その近年の拡大は金融デリバティブ，主にOTC取引で行われるスワップに主導されてきたこと，そこにはリスク対応（ヘッジ及び投機）における柔軟性・機動性とコスト節約性という固有の優位性が存在することなどを確認した。そして上述のように，そうしたデリバティブを巡っては，ヘッジの側面に力点を置いてその有用性を強調する論者（主に主流派経済学者）と，投機の側面に力点を置いてその危険性を強調する論者（主に政治経済学者）との間で，二分法的解釈が行われているのが現状である。

ともあれデリバティブは，1980年代以降，その利用がたしかに急拡大した。それでは，なぜその画期が1980年代だったのか。すでに指摘されるところによれば，そこには同時期に始まる現代資本主義の重要な諸変化の影響があった。それらは具体的には，福祉国家・ケインズ主義の崩壊とその後の新自由主義政策の展開，グローバル化の急速な進展，情報・通信技術と金融技術のイノベー

　　く要求されていなかった（2003年時点では70％であった）。
36) McKenzie (2011), pp. 204-205. ブラック＝ショールズのオプション価格モデルこそが，あらゆる空間・時間的リスクを，金融市場が貨幣価値ベースで価格付け・比較することを可能にしたと評価される。
37) たとえばコールオプションの買いとプットオプションの売りといったオプションの組み合わせにより，ネッティング効果で実質的にプレミアムをゼロにしてポジションを取ること（ゼロコスト・オプション）なども可能となっている。

ションなどである。いずれも1980年代以降の現代資本主義の重要な特徴であり，新自由主義は諸主体にとっての経済・社会的リスクを高めることでそれらを管理する手段としてのデリバティブ需要を喚起し，グローバル化は利潤を巡る資本間競争を一層強化することでそれに対応する技術としてデリバティブへの注目を高め，情報・金融イノベーションはデリバティブの商品設計や値付けの容易化・低廉化に寄与するなどしたとされる[38]。

そうした1980年代以降の現代資本主義の変容とデリバティブとの関連性がすでに先行研究によってかなり詳細に検討されているのに対し，本稿の分析対象としての金融化とデリバティブとの関連性については，現在のところ体系的な分析がほとんど行われていない。本節では，デリバティブに対する既存の二分法的理解を前提に，金融化とデリバティブの関連性に部分的に言及する先行研究を踏まえ，それらの整理を独自に試みる。その際，意識されるのは，金融化とデリバティブは相互に影響を与え合って展開している事実である。両者の間には，金融化の進展が各主体にデリバティブの利用拡大を要求すると同時に，デリバティブ利用が広がるほどさらに金融化の進展が促される，といった双方向的関係性が存在する。

1 金融化とデリバティブの投機目的利用

これまで金融化とデリバティブの関連性に主に言及してきたのは，もちろん金融化アプローチの諸研究である。すでに確認した通り，金融化アプローチは，欧米の政治経済学者，特にポストケインズ派，レギュラシオン派と一部マルクス派を中心に展開されてきた。彼らは，その分析においてデリバティブに必ずしも強い焦点を当ててきたわけではなく，ほとんどの場合，それへの言及は限定的である。そして彼らの議論の特徴は，デリバティブの投機的側面に強い焦点を当てていることである。それらは以下のように整理できる。

第一に，金融化の進展はデリバティブの投機目的利用を促す（金融化→デリバティブ）。ここで想定される金融化は，家計や企業の資金が機関投資家を通じてますます金融市場に流入していった事実，すなわち第2章で検討した資金

---

[38] たとえばBryan and Rafferty (2006), pp. 6-10, 48-54 などを参照。

循環構造の変化である。すでに確認した通り，1980年代以降，富裕層・中所得層などの一般家計の資金と，現実資本として新しい循環を開始することが困難になった企業資金は規模を増大させ，様々な経路を通じて金融機関，年金基金と保険会社をはじめとする伝統的機関投資家，さらにはヘッジファンドやPEファンド，SWFなどの代替投資主体の手元に，貨幣資本形態で集中した[39]。それら拡大を続ける貨幣資本は，一部は公共債に代表される安全資産を求めて，別の一部はより高リターンを求めて，金融市場を還流するようになる。それにより，金融市場は全体として超過供給状態になり，利回りは低下傾向に陥る。その下で期待するリターンを上げるには，新たな安全資産かニッチ的金融資産が市場に間断なく生み出される必要がある。そうした状況下で，一方で，デリバティブが何らかの形で組み込まれた証券化商品や仕組み金融商品などは，利回りが高くリスクヘッジが利いた安全資産として，年金基金などの機関投資家に高く評価された。また他方で，CDSに代表されるデリバティブを通じたそれらの保証が，強力なリスクアペタイトを有するヘッジファンドなどによって積極的に提供されることになった。

　第二に，デリバティブの投機目的利用の拡大が金融化をさらに促す（デリバティブ→金融化）。機動的で柔軟な投機（裁定含む）を低コストで実施することを可能にするデリバティブを，投機目的主体は積極的に利用するようになる。そのことがさらなる金融化を促すプロセスとして，二つの重要な特性を指摘できる。第一は，そこに内在する高レバレッジ性である。投機目的のエンドユーザーは，通常，高リターンを求めて，実需に伴うヘッジ目的の場合よりもレバレッジをかなり利かせてポジションを膨らませ，リスクエクスポージャーを高める[40]。第二は，そこに内在する連鎖性である。取引所取引かOTC取引かを問わず，投機目的のエンドユーザーは，通常，取得したリスクを，別のデリバティブを締結して一部ヘッジする。そしてそこでヘッジされたリスクを別の誰

---

[39] 高田（2015），113頁は，こうした資金を「過剰な貨幣資本」と捉える。ここでの「過剰」とは，現実資本として価値増殖を実現する機会を見出せないという意味での「過剰」と，金融市場において提供される安全資産を大きく上回る資金需要という意味での「過剰」という，二重の意味での過剰である。

[40] OCC（1997）．

かがテイクし，また別のデリバティブで一部をヘッジする，といった形で連鎖が形成されていく[41]。これらレバレッジ効果と連鎖効果は，デリバティブ市場の自己増殖的，バブル的取引膨張へとつながり，一面では市場流動性を高めつつ，家計や企業の資金を直接・間接に，ますますこの市場に引き寄せ，吸収していく。

　以上のような金融化とデリバティブの関連性に関する既存の金融化アプローチの主要な議論に共通する認識は，デリバティブは，その投機目的利用が主導する金融取引の肥大化プロセスを通じて，過度の金融化と極端な金融不安定性をもたらす，実体経済を基礎とする資本主義の健全な発展にとっての好ましくない要素だ，というものである[42]。この認識は，金融化アプローチに限らず，広く政治経済学者の間に共有されている。もちろん，そうした理解に必ずしも根拠がないわけではなく，デリバティブの投機目的利用が多くの金融危機と密接に関連してきたことは歴史的事実である[43]。それは，主にそこに付随する規

---

41) 可児・雪上 (2012)，158-161頁。裁定にも取引ボリュームを膨張させる効果が付随する。裁定は，元々わずかな価格差の一時的な歪みを捉えて鞘を抜く取引であり，どうしても薄利となるため，裁定から利益を上げるには相当のボリュームの取引を行う必要がある。

42) Bryan and Rafferty (2006), pp. 6-7, 197-202, Mckenzie (2011) などを参照。主に，ケインズ (John Maynard Keynes) の「不確実性」，ミンスキーの「金融不安定性」，ストレンジ (Susan Strange) の「カジノ資本主義」といった議論に依拠する場合が多い。

43) デリバティブがマクロ的問題を引き起こす端緒となったのは，1994年に生じた米国カリフォルニア州のオレンジ郡 (Orange County) の事件である。同郡は金利スワップが組み込まれた仕組み債であるリバース・フローター債投資に失敗し，それが原因で財政破たんした。次いで大きな注目を浴びたのは，1995年の英国ベアリングス (Barings) 社の事件である。同社はデリバティブ子会社による日経225を対象とするオプション販売を通じた，一人のトレーダーがもたらしたとされる巨額の損失により経営破たんした。そして最も大きな注目を浴びた一連の事例が，1997年のアジア通貨危機，1998年のロシア通貨危機，それを契機とした同年の米国ヘッジファンド，ロングターム・キャピタル・マネジメント (Long Term Capital Management: LTCM) の破たんである。東南アジアやロシアに外国の投機筋から流入した資金は主にデリバティブを通じて膨張し，それらの逆流が危機を引き起こした。そして特にコンピュータモデルを利用した裁定 (金利デリバティブ) 取引によりそれらを主導してきたLTCMは，ロシアのデフォルトを契機に巨額損失を被り，ニューヨーク連邦準備銀行主導で救済されることになった。そしてすでに第4・5章でも確認した通り，今次の危機においてもCDSに基づく米国の大手金融機関の巨額損失・破たんが危機の中核的事象を占めた (Tett (2009)，訳，64, 115頁, McKenzie (2011), pp. 207-210, Sotiropoulos et al. (2013), pp. 113-124 などを参照)。

制回避性・不透明性,高レバレッジ性,連鎖性などに基づく。

　まずオフバランスで行われるデリバティブの規制回避性・不透明性は,当事者間の不安心理に基づく取り付けにつながる可能性を高めるとともに,当局が実際の取引の規模や内容を事前に正確に捕捉することを困難にする。実際,デリバティブは利益の過大計上や損失隠しなど,会計偽装にも使用されてきた[44]。次にデリバティブの高レバレッジ性は,巨額の利益の可能性と同時に,当然,巨額の損失が生まれる可能性も高める。これにより,市場の突然のショックに対する個々の当事者の脆弱性は高まる。最後にデリバティブに付随する取引の連鎖性は,取引を何倍にも膨張させる一方,個々の当事者が損失を被ったり,取引が履行できなかったりしたときなどに,その影響が当事者間でドミノ的に伝播していく恐れを高める[45]。これらの複合的作用を通じて,一つのデリバティブ市場の機能不全が,別のデリバティブ市場にも伝播してデリバティブ市場全体が急収縮し,市場の連動性の高まりや機関投資家のポートフォリオ運用などを前提に,現物市場の価格変動やその他の市場の投資家行動などにも重大な影響を与え,システミック・リスクを顕在化させる可能性もある[46]。そしてこうした金融不安定性の高まりは,市場における投機家のプレゼンスの高まりにつれて一層顕著に見られるようになっている[47]。

---

[44] デリバティブは,現実に保有・取引している資本の形態をバランスシート上で読み取ることを不可能にする。2000年代初めには多くの大企業や大手金融機関がそれを利用して実際のエクスポージャーや損失を過小評価し,利益を過大に計上した (Bryan and Rafferty (2006), pp. 180-181, 185-186, 196-197)。
[45] Mckenzie (2011),可児・雪上 (2012),158-161頁。
[46] こうしたリスク管理手段としてのデリバティブが金融市場に新たなリスクを付加する可能性については規制当局も危惧している (たとえばOCC (1997) などを参照)。
[47] UNCTAD (2012) は,商品市場で金融投資家のプレゼンスが高まっていることを指摘する。それによると,商品市場における取引所デリバティブの規模は,今や実物生産高の20倍から30倍の規模であり,1990年代には市場参加者の25％以下しか占めていなかった金融投資家は,今では85％以上を占め,市場によっては100％の場合もある。そうした投資家は商品をポートフォリオの一つとして扱い,その最大の焦点は価格変動の動向に向けられると同時に,その売買の決定は群集行動 (herd behavior) 的であり,その他の金融市場で利用可能なものと同様の情報によって導かれる。商品市場で最大のポジションを保持する彼らの行動により,金融化した商品市場の価格は純粋な金融市場の価格に従うことになる。2009年時点で複数の商品市場の価格と,その他の投機的な金融市場の価格との間には強力な相関関係があり,ますます強まっていることが明らかにされている。一方,

2 金融化とデリバティブのヘッジ目的利用

すでに見たように，デリバティブには，その投機目的利用を通じて過度の金融化や金融不安定性を促した側面がたしかに存在する。しかし1980年代以降のその急拡大はそれだけで説明しきれるのだろうか。事実，デリバティブによる投機がその発生に重要な影響を与えたとされる1980年代以降の数々の金融危機を経てもなお，デリバティブの拡大傾向は止まっていない[48]。ここではやはり，デリバティブ拡大の基礎に，経済・社会的不安定性が高まる一方，国内外での競争が激化する状況下で，適切なリスク管理手段への需要が高まり，デリバティブは固有の優位性を通じて他の手段よりもそれに応えることができたという先述の事実を再認識する必要がある。そしてこの側面は，長期トレンドとしての金融化との関連性を考える際にも重要な示唆を含む。一方，デリバティブのヘッジ面を強調する議論の多くが主流派経済学に基づくこともあってか，金融化アプローチの先行研究は，事実としてのこうした側面を，現時点でまったく無視するか，少なくともほとんど議論に組み込めていない。この視点に立って金融化とデリバティブの関連性を改めて考えるならば，以下のような整理が可能であろう。

第一に，金融化の進展はデリバティブのヘッジ目的利用も促す（金融化→デリバティブ）。まずここで想定される金融化は「企業の金融化」，特に「利潤の

これらのことは投機家のプレゼンスの高まりの一端を示すにすぎない。同時に，商品デリバティブよりも金融デリバティブの方が圧倒的に規模が大きいという事実を思い起こす必要がある。なお投機家のプレゼンスの高まりは，それが十分な利益につながることを見込んでいる表れでもある。本来，デリバティブがゼロサムであるならば，投機家全体の総利益はゼロにならなければならない。一部の投機家がプラスの利益を上げるには，不慣れな「大衆」が投機家に組み込まれ，すべての損失を被る必要がある (Sotiropoulos (2012), pp. 10-12)。

[48] Bryan and Rafferty (2014), p. 888. そもそもデリバティブの急拡大は，完全に実需から遊離して自律的に進展し続けることはできない。たしかにデリバティブ市場は，ブーム時や危機時において，経済的ファンダメンタルズからの価格的分離を促し，それは実体経済領域に伝達され，信用，生産，所有の関係にも影響を与える。一方，デリバティブによって可能になるそうした擬制的蓄積は，経済主体のリスク認識の変化が生じたとき，限界に達し，急激な価格調整を引き起こす。それにより価値や価格が容易に損なわれるとともに，実体経済の関係性が再び主役に躍り出る。契約を決済するために，資産を流動化し資金を借り入れる必要が出てくる (Carneiro et al. (2015), p. 10)。

金融化」である。1980年代以降，新自由主義とグローバル化の下で国内外の競争の高まりに直面した大手非金融企業は，生産活動よりも次第に，金融投資や金融子会社の設立を含む，金融・財務活動に依拠した利潤追求を志向する傾向を強めた。その結果，金融化した企業の業績と競争力がそれら活動に依存する度合いは急速に高まる一方，それは既存の業務リスクに新しいリスクを付加した。それらの収益を左右することになる外国為替市場や株式市場などの金融市場には，より多様で管理困難なリスクも存在する[49]。非金融企業にとっては，そうした金融・財務活動に伴う複雑なリスクを最適に管理し，自らのリスクプロフィールを際限なく改良し続けることが，厳しい競争に勝利するための至上命題になる。こうして金融化した企業が予測困難なリスクを効率的かつコスト節約的に管理する技術として，デリバティブへの需要が急激に増大した。

　以上の説明は「家計の金融化」にも適応可能である。新自由主義の下，家計は，単に商品を消費し労働力を再生産していくだけでなく，医療保険，教育投資，住宅投資，失業保険，退職に向けた資産ポートフォリオ投資など，国家が徐々に引き受けてくれなくなったエクスポージャーを，個人的に計算し，自己責任で決定・管理していく必要性が出てきた。こうした金融的計算の日常化を通じて徐々に金融化していった家計は，増大・多様化するリスクエクスポージャーのヘッジを可能にする手段として，デリバティブを組み込んだ金融商品を積極的に利用するようになった。

　第二に，デリバティブのヘッジ目的利用の拡大もまた金融化をさらに促す（デリバティブ→金融化）。デリバティブを利用してコスト節約的にリスクヘッジが可能になった非金融企業には，以前よりも絶対的・相対的に財務上の余裕が生じることになる。このことは，それらによる金融・財務活動をより活発化させる契機となる。なぜなら金融化の下では，実体経済部門での収益的な投資機会はますます限られるようになる一方，金融市場の収益性は相対的に高まっており，そうした企業の余裕資金は金融市場に流入せざるをえないからである[50]。またデリバティブに代表される複雑な金融商品への家計の関与が増大し，

---

[49] 特に金利や為替レートの変動に伴う市場リスクは，事柄の性質上，予測不可能であり，それらを旧来の財務操作に依存した個別的リスク管理で処理することは至難の業である（高田 (2015)，246-248頁）。

自己責任でのリスク管理が要求されるに伴い，金融当局や金融機関は，家計に金融リテラシーを強く求めるようになる。そこでは自発的・自律的な金融市場の参加者としての家計は，金融機関や非金融企業同様，自らのリスクプロフィールを不断に改善することが求められる。このプロセスは家計による金融的計算の日常化をより強固なものとし，家計の金融化をますます進展させる。

III 二分法的理解の克服に向けて①
―資本の本来的運動が求めるデリバティブ―

　ここまでの議論は，原則として，「ヘッジか投機か」という既存の二分法的理解に基づいて展開されてきた。両者ともにデリバティブと金融化の関連性に有意義な視点を提示する一方，彼らの見解の対立は，コインのどちらが表でどちらが裏かを巡る議論にも似ており，永久に決着を見ない可能性もある。それに対し，最近，欧米の一部のマルクス派政治経済学者が，そうした二分法的理解を克服しうる新しい視点を示しつつある。彼らによれば，デリバティブは，資本による最も本来的運動，すなわち資本の競争的利潤追求にとって，独自の優位性を有する特別な商品である[51]。まず彼らの議論を簡潔に整理しよう。

1　資本の利潤追求に適合的な「貨幣的機能」を発揮する商品としてのデリバティブ

　彼らが強い焦点を当てるのは，上述の，デリバティブの「リスクの商品化」側面である。彼らはデリバティブの本質を，元になる市場要素に付随する個別的リスクを「属性 (attribute)」として分解・切り離し (dismantle/unbundle) たうえで，市場要素を保持することなく，そうした属性としての個別的リスク（と将

---

[50] 特に先述の現金決済は，取引に必要な現金の量を減らすため，金融市場における取引量を増加させるメカニズムとして機能する (McKenzie (2011), pp. 206-207)。
[51] マルクス派によるデリバティブ分析の端緒となった文献として Bryan and Rafferty (2006) がある。また Sotiropoulos (2012) は，資本の運動とデリバティブとの関連という視点を最も初期的・例外的に提示したマルクス派政治経済学者はヒルファディングである，と指摘している。

来リターン＝キャッシュフロー）だけを，時点，地点，資産種類などの違いを超えて，統一基準化 (commensuration)・定量化・価格付けし，それらを評価・比較し，同一と認められるものを交換し合うことを可能にする機能に求める。そこには価値尺度機能，価値貯蔵機能，交換手段機能という貨幣的諸機能が随伴していると考えられることから，彼らはデリバティブを，商品的特徴を持つ「新しい貨幣」，あるいは貨幣的機能を持つ「特殊な商品」と捉える[52]。しかもそれら機能は，資本（それを代表する主体が機能資本家か貨幣資本家かを問わず）にとって既存の貨幣より望ましい形で発揮されうるため，資本はその運動においてデリバティブを積極的に利用することで，利潤追求，蓄積をより競争的・効率的に行えるようになるとされる。それは次のように説明される。

そもそも資本の価値増殖欲求は無限であり，可能な限りその領域を広げ，ペースを速めようとするが，現実の運動には空間的，時間的，その他諸々の制約が存在する。それに対し，デリバティブはそうした諸制約の突破を可能にする。それを可能にするのは，主にデリバティブの持つ「結合 (binding)」と「混合 (blending)」という二つの機能である。第一に，主にオプションや先物は，将来と現在を「結合」させた価格関係を作り出す。つまり，将来のリスクが市場要素から切り離されて独自に取引され，それが独自の価格を構築するとともに，そこで決定された価格が元になる市場要素の現在価格にフィードバックされる。これにより，現在価格と先物価格の相互決定が可能になる。第二に，特にスワップは，異なる種類の資産の間で容易に転換できる価格関係を構築する。これにより，異なる種類の資産を「リスク」という単独の計測単位に「混合」し，実

---

[52] Sotiropoulos et al. (2013), pp. 15-18. 資本主義経済におけるデリバティブの位置付けを巡り，彼らはデリバティブを「新しい貨幣」として捉えようとするヒルファディングや Bryan and Rafferty (2006)；(2007) の理解を批判的に継承する。それらの議論は重要な示唆を含むが，本稿ではこれ以上立ち入らない。なお彼らの議論によれば，デリバティブがリスクと将来のキャッシュフローを基礎に統一基準化・定量化・価格付けを行う際にきわめて重要な具体的手続きが，「キャピタリゼーション (capitalization: 資本還元)」である (Sotiropoulos and Lapatsioras (2014). 髙田 (2015), 331-339頁も併せて参照)。キャピタリゼーションは将来キャッシュフローを割引率（利子率）で割り引いて現在価値を導き出す技術で，将来キャッシュフローを生み出しうるあらゆる存在に応用可能であり，財務上，広く利用されている。彼らによれば，すでにマルクスはこの技術の意義に気付いていた。

存物に限らないあらゆるものに価格を付け，利潤目的で取引される商品に転換することが可能になる[53]。

これら機能，とりわけ混合機能を通じて，ネットワーク，システムとしてのデリバティブは，資本が異なる形態，空間，時間を超えて，互いに統一基準で価格付けを行い，交換し合う，複雑で巨大な市場プロセスを創出する[54]。企業間競争に加え，企業内での投資選択肢を巡る競争なども含む，あらゆる局面での資本の競争が激化するにつれ，資本は，形態的，空間的，時間的なあらゆる差異を超え，より微細な単位で，すなわち各資産レベルで，競争的リターンを要求するようになる。それに対し，デリバティブは，資本に価値の普遍的計測手段を提供し，それを通じて，異なる資産及び資産ポートフォリオのパフォーマンス（期待収益率）の直接かつ即座の計測を可能にする。これにより，すべての資本の利回りがより緻密に計測・比較され，パフォーマンスの悪い資本や保有資産には，グローバルに受け入れられる利回りに到達するよう圧力が一層強まる。他方でデリバティブは，資本が資産を特定の形態として保有するリスクを除外すると同時に，より高い利回りの追求に向けた形態・方向への柔軟で機動的な転換を容易にする[55]。つまりデリバティブは，資本間競争をより強め，同時にそうした競争に資本が対応する手段を提供するのである。

以上のように，新しいアプローチは，デリバティブを，便利なヘッジ手段か危うい投機手段か，という二分法的に理解される金融的技術としてではなく，競争的利潤追求という，資本の本来的運動のために機動的に機能する，その運動に最も即した特別な商品（リスクを統一基準とし，リスク自体を商品化する），将来リターンを生み出しうる形を持たない想定上の資本という意味での「架空 (fictious) 資本」の一つの発展形態と捉えているのである[56]。

---

53) Bryan and Rafferty (2006), pp. 12-13, 75-77, 130-133.
54) Bryan and Rafferty (2007), p. 141.
55) Bryan and Rafferty (2006), pp. 19-38, 162, 168.
56) デリバティブを架空資本の一形態と捉える視点は，Sotiropoulos et al. (2013) 及び高田 (2015) に依る。

2 資本の本来的運動が求めるデリバティブと金融化

　それでは，そうしたデリバティブを資本の本来的運動と結びつけて捉え直そうとする新しいマルクス派のアプローチは，金融化とデリバティブの関連性をどのように理解するであろうか。彼らはそのことについても言及している。ここで重要なのは，彼らの金融化の理解は，第1章で見た，本稿が依拠する広義の金融化の理解とは質的に異なる点である。彼らにとって金融化は，資本の運動の必然的帰結である。彼らは金融化を，資本の本来的運動の結果，その形態が特別な商品としての金融商品，架空資本として現象する（あらゆるものが金融的計算の対象とされ金融商品になる）過程，と捉える[57]。したがってデリバティブを架空資本の一発展形態と捉えれば，その拡大自体が金融化そのものである。この理解は，資本の運動に基づく一元的説明を試みている点で，広範な金融化現象を部門別に把握し，それらの諸運動を，金融機関行動を基軸に，双方向的関連性をもって有機的に展開する総体として金融化を捉え返そうとする本稿の視点とは，必ずしも整合的でないかもしれない。そのことに留意しつつ，彼らの議論を整理すれば以下のようになろう。

　第一に，金融化は資本の本来的運動によるデリバティブ利用を促す（金融化→デリバティブ）。まず彼らによれば，あらゆるものを金融商品（架空資本）に

---

[57] Bryan and Rafferty (2006), p. 32; (2014), p. 891 は，金融化は，資本の利潤追求運動の結果として「経済・社会に金融的計算が新たに普及していくこと」を意味し，具体的現象としては「株式市場における機関投資家（特に年金基金）の影響力増大，企業への配当分配と資産価値向上の要求」を指すとする。これは第1章で紹介した定義に即せば，特に「金融的動機」の高まりに焦点を当てた定義とも捉えられる。一方，Sotiropoulos et al. (2013), pp. 137-139, 155-179 及び Sotiropoulos and Lapatsioras (2014), p. 94 は，Bryan and Rafferty を踏まえたうえで，より権力論的視点から，金融化を，既存の社会的階級関係，資本主義的権力関係（すなわち資本‒賃労働関係）がより有効に機能するよう組織するための特定の権力上の技術（フーコー (Michel Foucault) の「ガバメンタリティ (governmentality)」概念の応用），そうした資本主義的権力関係（より具体的には，労働者の抵抗などにより剰余価値生産が将来期待通りに達成できない可能性＝リスク）を金融資産や金融的契約という評価可能な金融商品として物象化すると同時に，それをより見えにくくするような権力上の技術と捉える。Carneiro et al. (2015), p. 7 は，Bryan and Rafferty を踏襲して，よりクリアに，金融化を「金融的支配，金融に支配された資本主義と同義であり，株式市場に代表される，資産評価ロジックと架空資本の増加という金融的ロジックが資本の中心的ロジックとなった段階」を指すとしている。

変え，金融的計算に組み込もうとする資本の欲求は，現代においては，企業経営に対する株主の影響力の増大，株主価値経営の強制，すなわち「支配の金融化」として最も顕著に現れる。そしてそのことが資本によるデリバティブ需要を喚起する。1980年代以降，機関投資家の一部は，株主価値の最大化，具体的には株価の引き上げ，収益性の改善を実現するための経営効率化を企業経営者に強く要求した。株主価値最大化が企業の経営目標として定着するにつれ，企業経営者は，収益性の高い部門はより規模を拡大する一方，非効率・不採算部門については即座に合理化・処分（売却・切り離し）する必要が生じた。そしてそうした判断の際に決定的に重要な要素は，企業が所有する，あるいは将来所有することになる，様々な資産の迅速な査定である。デリバティブには異なる資産を，時点や地点を超えて，リスクをベースに統一基準化，定量化し，比較・交換することを可能にする機能が付随する。企業経営者は株主価値最大化を実現するために，デリバティブの持つそうした機能を最大限活用し，経営効率化を積極的に図った[58]。

　第二に，資本の本来的運動によるデリバティブ利用が金融化をさらに促す（デリバティブ→金融化）。そこで特に念頭に置かれるのは「家計の金融化」である。繰り返すが，デリバティブは資本による金融的計算・評価をより効率化し，その範疇を拡大し，それを利用する資本に，収益性の高い資産・業務・その他の諸帰属物の即時取得と，収益性の低いそれらの即時売却を可能にし，そのことがそれらの利潤獲得をより競争的にする[59]。資本は，全体としてのパフ

---

58) 同じ文脈で，企業によるストックオプションの利用も，支配の金融化が促したデリバティブ利用の例として挙げられよう。ストックオプションは，企業の資産がもたらす将来キャッシュフローやボラティリティが金融的計算によって価格換算され現在取引可能な金融商品となり，それが現金報酬の代わりに経営陣に支払われることで，経営者が株主利益最大化を目指すよう仕向ける一つの技術である。
59) 資本家の利潤追求上，決定的に重要なのは投資の可動性である。利潤率が低いときには即座に投資を引き揚げ，高いときには追加投資を行う。特に大企業は多様な投資活動を通じて最大の可動性を示すようになり，競争は企業内部でも生じるようになる。現実の大企業の活動では，将来販売される生産物の価値は先物契約を通じて現在検証され，貨幣の価値は外国為替・金利先物市場で時間と空間を超えて他の通貨と交換される際の価値を再評価され，商品の価値は先物市場が価格の修正をすることで計算の継続的プロセスに置かれる。このようにして，デリバティブは蓄積における商品と貨幣の価値が単なる一度きりの取得

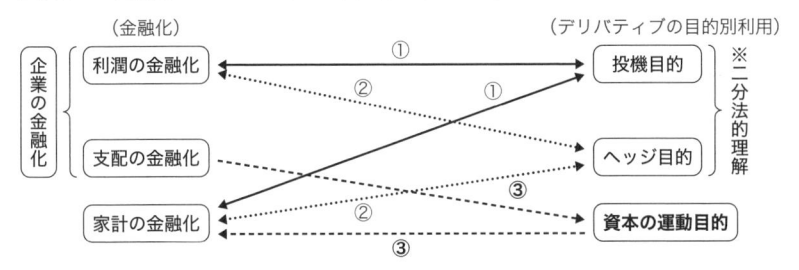

図表6-4 金融化とデリバティブの関連性に関わる体系的整理

（金融化）　　　　　　　　　　　　　　　　（デリバティブの目的別利用）

企業の金融化 { 利潤の金融化　①　投機目的　　※二分法的理解
　　　　　　　②　①
　　　　　　　支配の金融化　　　ヘッジ目的
　　　　　　　　　　　　③
　　　　　　　家計の金融化　②　資本の運動目的
　　　　　　　　　　　　③ }

① 一方で，家計や企業の資金が機関投資家に集中（資金循環構造の変化）し，それらがますます金融市場でリターンを追求するにつれて，デリバティブの投機目的利用が促される。他方で，デリバティブに内在するレバレッジ性と連鎖性が取引ボリュームをバブル的に膨張させ，それへの家計や企業の資金的関与をますます促してそれらの金融化をさらに進めると同時に，金融不安定性を高める。

② 一方で，金融化した家計や企業はより多様で管理困難なリスクに晒されるため，そうしたリスクの適切なヘッジ手段としてのデリバティブ需要が増大する。他方で，デリバティブへの関与を通じて資金的余裕や金融的知識を得られた企業や家計は，それを活用してさらなる金融投資に「自発的に」向かうようになる。

③ 一方で，資本の現代的運動は株主価値経営（支配の金融化）として最も顕著に現れ，それはキャッシュフローを生み出しうるあらゆるものを金融的計算の対象とし，金融商品・架空資本としての適時的売買を求めるなかで，それを容易化するデリバティブに着目する。他方で，資本による金融的計算の対象は次第に家計（所得）へと拡大し，それにより家計は負債の増大や金融知識の取得などを通じて，ますます金融的論理の下に組み込まれていく。

（出所）著者作成。

オーマンス改善を目指して，その個別資産・帰属物レベルでリスクとリターンをより緻密かつ適時的に管理するようになり，そのプロセスで，労働者（家計）に対しては剰余価値率を引き上げるための圧力を急速に高める[60]。また従来取り込まれていなかったものも含め，キャッシュフローを生み出しうるあらゆるものを利潤源とみなしてそこに組み込むようになり，家計もその中核的対象として組み込まれる。彼らの所得による負債の元利返済が，デリバティブ商品を生み出す源泉として積極的に利用されるようになり，それに伴い，家計はますます負債を促される。そうした家計負債の増大は，家計に対し，一方でそ

によって完結するものでなく，継続的に交渉され，その過程で他の資産に対するベンチマークになることを示した。これにより，資本の各形態（貨幣，商品，生産）自体が継続的な競争の場となった。一方，競争的利回り達成に向けた圧力は生産領域，特に労働者に転じられ，長時間労働や低賃金につながった（Bryan and Rafferty (2006), pp. 162-174）。

[60] Bryan et al. (2009), p. 467.

れらのエクスポージャーを管理するための金融リテラシーを高めることを要求し，他方でそれらの返済のために，より多くの労働者の提供，生産性の上昇，長時間労働の提供などを将来に渡って約束させる[61]。

以上，マルクス派の新しいアプローチは「ヘッジか投機か」という既存の二分法的理解を超えて，資本の本来的運動という視点から金融化とデリバティブのより本質的な関連性に迫ることで，新しい分析地平を開いたと評価できる。ここまでの議論を整理すれば，**図表 6-4** のようになろう。

IV 二分法的理解の克服に向けて②
――金融機関行動に焦点を当てた補完的説明――

見てきたように，金融化とデリバティブの関連性に関して，先行研究は多くの重要な視点を提示しており，特に前節で見たマルクス派のアプローチは，デリバティブを巡る既存の二分法的理解を克服しうる潜在性を備えた新しい視点に基づいて，そのより本質的理解を試みている点で有意義である。しかしそれらにおいてもなお不十分な点が残される。それは，それらの議論はいずれもエンドユーザー側の視点からのみ描かれており，本稿が着目する金融機関行動が詳細に検討され，分析に組み込まれているとは言い難いことである[62]。金融化とデリバティブの関連性はエンドユーザーの視点からだけでは正確に把握しきれず，それを補完するために，デリバティブの「仲介者」としての金融機関，特に大手金融機関の利害・役割に目を向ける必要がある。I 節で確認した通り，大手金融機関はたしかに中核的エンドユーザーとして，ヘッジ・投機目的でデ

---

61) Bryan at al. (2009), pp. 469-470, Bryan and Rafferty (2010), pp. 204, 211, 215-219. ここでの家計の負債の支払いをベースにしたデリバティブ商品には証券化商品も含まれる。なお金融的計算やリスクの論理が包含しようとする対象として最も顕著なのは労働者としての家計であるが，その対象は全社会領域へと適応されていく。

62) 金融化とデリバティブの関連性という点では，政府の金融化についても分析が乏しい。実際，政府（中央，地方）や政府間組織などは，直接・間接に，主にエネルギー資源価格や為替レートの変動をヘッジする目的でデリバティブを利用しており，部分的に投機利用も行っている。他方，政府はデリバティブの利用を政策的に推し進めてきてもいる。それらの分析については別稿に譲る。

リバティブを積極的に利用している。それに加えて，あるいはそれと密接に関連するものとして，大手金融機関は仲介者，デリバティブを組み込んだ金融商品の開発・販売者としても重要な役割を果たしており，それを通じて，近年，非常に大きな収益上のメリットを享受してきたとされる。こうした事実は，金融化とデリバティブの関連性を考えるうえでどのように捉えたら良いだろうか。

1 金融機関とデリバティブ関連収益

指摘されるところによると，デリバティブの仲介は，仲介者としての金融機関に巨額の手数料収益をもたらし，現在，金融機関の主要な業務として確立している[63]。しかしそのことを実際のデータによって裏付けようとすると困難に直面する。

ここで再度，第2章の金融機関の収益の内訳の分析に戻ろう。まず**図表2-3**及び注4によると，証券会社の収益のうち，デリバティブ関連収益を明確に識別することは困難で，分かるのは，「その他証券関連収益」の一部に「OTCで実施されるオプション取引の手数料」が含まれている事実と，「商品収益」に商品デリバティブ関連の手数料やトレーディング収益が含まれるが，シェアは非常に小さいという事実だけである。加えて，「トレーディングゲイン」のなかにデリバティブ関連が含まれることも推測される。次いで，**図表2-4及び注5**によると，商業銀行の収益のうち，デリバティブ関連の収益として明確に認識できるものは存在せず，「トレーディング勘定のゲイン」と「付随的収益」の一部にそれらが含まれることが推測されるだけである。このようにデリバティブ関連の収益は，証券会社でも商業銀行でも明確に公表されておらず，収益面での貢献が実際どれくらいなのかは分かりえない[64]。

別のデータも存在する。**図表6-5**は，商業銀行，S&L，銀行持株会社などが

---

63) なお，ここでの金融機関の手数料収益は取引手数料に加え，OTC取引に特徴的な，売り値と買い値の差である「価格スプレッド（bid-ask spread）」という形でも実現する（Duffie et al. (2010), p. 10）。
64) その理由として，デリバティブがオフバランス取引であることに加え，デリバティブトレーディング専用部署に限らず，あらゆる部署での様々な業務とセットでも行われることから，デリバティブの収益を他の収益と区別して申告することが必ずしも厳密に求められていないこと，などが考えられる。

図表6-5　商業銀行のデリバティブ関連収益

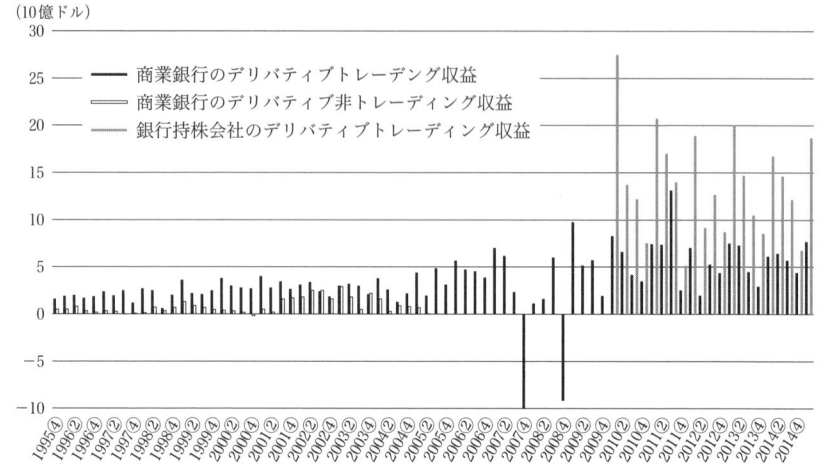

(10億ドル)

凡例：
- 商業銀行のデリバティブトレーデング収益
- 商業銀行のデリバティブ非トレーディング収益
- 銀行持株会社のデリバティブトレーディング収益

(出所) Office of the Comptroller of the Currency, Quarterly Report on Bank Derivatives Activities 各号より作成。

(注) 四半期ごとの報告。商業銀行のデリバティブ非トレーディング収益は2005年度第3四半期まで、銀行持株会社のデリバティブトレーディング収益は2010年度第1四半期から、公表されている。銀行持株会社のデリバティブトレーディング収益には、傘下商業銀行のデリバティブトレーディング収益を含む。なお、数値は当初公表数値であり、その後の訂正は加味していない。

当局に提出する財務状況の報告書である「コールレポート (Call Report)」(FDIC) と「FR Y-9」(FRB) に基づいてOCCがまとめた、銀行のデリバティブ関連収益の推移である。このデータはトレーディング以外のデリバティブ収益も記録している点が特徴的であるが、2005年度までしか記録されていない。また2010年度以降、銀行持株会社の連結ベースでのデータも公表されるようになり、より捕捉性は高まった。ここからは、銀行の総収益 (たとえば2013年度のFDIC加盟商業銀行の総収益は約6,500億ドル) や非金利収益 (同約2,300億ドル) と比較して、デリバティブ関連収益 (四半期合計で200億ドル前後、連結では約500億ドル) の貢献度は必ずしも高いわけではないことが分かる。もちろんこのデータにも、銀行がそうした収益をどれほど厳密に計上、申告しているか、という信憑性の問題は残る。

一方、より重要なのは、前章でも確認した、特にOTCデリバティブのディーラーは、きわめて少数の大手金融機関 (2015年時点では大手4行) が独占的

地位を占めている事実である。その背景として，それを実施するには，十分な資金，人的資本，知的資本，評判などが必要とされ，それらが高い参入障壁となっていることが指摘される[65]。公表データに基づけば，全体で見ると大きなシェアを占めるわけではないが，一部の大手金融機関に非常に大きな収益上の貢献をしていることは間違いなく，それらは現在，あらゆるリスクを取引対象と見なして次々と新しいデリバティブ商品を考案し，取引している[66]。

2 デリバティブの仲介が大手金融機関に巨額の利益を生み出す理由

それでは，そうした少数の大手金融機関はいかにしてデリバティブの仲介から巨額の利益を生み出しえたのだろうか。それらを分析した研究によれば，その大半は，取引のほとんどがエンドユーザーとディーラー間，及びディーラー同士のOTC取引で行われているという事実に基づく，いわゆる「超過利益（レント）」と指摘されている。OTCデリバティブがディーラーにレントをもたらす理由は，以下の通り説明される。

第一に，OTCデリバティブは情報公開性，特に価格透明性がきわめて低く，

---

[65] Egly and Sun (2014), p. 356. Litan (2010), pp. 28-29 は，CDSに代表されるOTCデリバティブ市場で一握りの大手ディーラーバンクが独占的地位を占める理由として，エンドユーザーが巨額の自己資本を保持する大手金融機関の支払能力を信用し，それに疑念を生じさせる事態が発生した際にもそれらがTBTF機関として救済されることを暗黙に期待していること，エンドユーザーとの間で負ったリスクをヘッジするためにディーラーバンク間の取引がOTC取引で活発に行われていること，デリバティブのマーケットメイキング業務には規模の経済が働くことなどを挙げている。またLeising and Harrington (2010) は，OTCデリバティブの清算会員になる資格要件が高すぎる（たとえば世界最大の金利スワップ清算機関であるLCHクリアネットは清算会員資格要件を，正味資産50億ドル以上，スワップ取引残高1兆ドル以上に設定している）ことが，新規参入を阻んでいると指摘している。

[66] Bryan and Rafferty (2010), p. 207. Duffie (2009), p. 3 によれば，2009年時点で最大のデリバティブ・ディーラーはJPモルガン・チェースであり，その想定ポジションの総額は87兆ドルに上る。また実務家の証言によると，銀行のトレーディング収益の大半はデリバティブから生じており (The Economist (2009))，実際，1994年時点で当時のJ. P. モルガンのトレーディング収益の半分以上はデリバティブから生じていた (Tett (2009)，訳，20頁)。ロイター (Reuters) によると，2006年から2008年にかけて，JPモルガン・チェースの投資銀行業務収益の3分の1がOTCデリバティブから生み出されていた (Brettell (2010))。

またディーラー間の競争もほとんど働かない。そのため，実質的に価格決定権を持つディーラーは常に取引価格を自らにとって利益が上がり，顧客にとって割高な価格に設定できる[67]。第二に，OTCデリバティブはディーラーにとってビジネス展開の自由度が高く，新しいデリバティブ商品を次々と開発可能である。ディーラーはそうした新商品の開発を担う人材とシステムを保持しており，既存の販売網を利用しつつ，顧客企業にそうした新商品の積極的な売り込みをかけている[68]。しかもそれら新商品は，既存のどの規制当局が所管するかの境界があいまいであったり，当局が確定していてもイノベーションや市場の機能を重視して極力規制を抑えたり，業界団体による自主規制に頼ったりする慣行がある。加えて，規制強化に反対する業界団体の強力なロビー活動も存在する[69]。ディーラーはそれら新商品のマーケットメーカーとして，市場を構築，管理することで，一種の「先行者利得」を取得できる。第三に，ディーラーはOTC取引でもエンドユーザーに証拠金の差し入れを要求することが多いが，それらはディーラーの自己資金と必ずしも厳密に区別して管理されない。そしてディーラーはそうした証拠金を実質的に無コストで調達した資金と同一視し，自己勘定での投資に利用し，レバレッジを高めてスプレッドを稼ぐことができる[70]。

---

[67] Litan (2010), pp. 8, 16-17. Turbeville (2013), p. 24の推定によると，2005年から2010年の間に，デリバティブで金融部門から過大請求された金額は，連邦・地方政府だけでも200億ドルに上るとされる。

[68] OCC (1997), p. 4. またディーラー (特にゴールドマン・サックスとモルガン・スタンレー) は，資産運用業務 (内部ファンドの運営を含む) を通じて伝統的機関投資家と，プライム・ブローカレッジ業務を通じてヘッジファンドと，強い結びつきを持っている。それらはエンドユーザーとしてデリバティブを積極的に利用するため，そのカウンターパーティもそれらディーラーが担当する (Duffie (2011), 訳, 29-30頁)。そしてそれらが信用取引を利用する場合に，資金や証券の貸し手になるのもディーラーであり，それはディーラーに (データ上は必ずしもデリバティブ関連とは識別できない) 追加的な金利収益を生み出しうる。大手金融機関は顧客にデリバティブを使えば収益率を高めることができると説き，それを実現するために「LIBORスクエア」，「タイム・トレード」，「リバース・フローター債」といった多くの新商品を生み出し，その後もデリバティブを組み込んだ仕組み金融商品を次々と開発していった (Tett (2009), 訳, 42頁)。

[69] Funk and Hirschman (2014), pp. 27-31. ISDAは自主規制の促進という考え方に基づきロビー活動を行った結果，1994年末までに議会に提出された反デリバティブ法案はすべて棚上げとなった (Tett (2009), 訳, 55-69頁)。

こうしたデリバティブ仲介の金融機関にとっての多くの収益上の旨みは，現物取引の仲介と比較しても，かなり大きいとされる[71]。高水準の競争や情報公開を伴う現物取引にデリバティブ同様の旨みを期待することは，一部の仕組み金融商品を除き，困難である[72]。

3　金融化と金融機関行動としてのデリバティブの展開

　デリバティブ，特にその大半が行われるOTCデリバティブの仲介が，大手金融機関にとって収益的にきわめて魅力的であった事実を確認した。前章までに見てきたように，1980年代以降，金融市場における資金循環構造の変化や国内外での競争激化，金融イノベーション，金融規制緩和など，金融機関を取り巻く環境変化を伴って歴史的に進展した金融化の下，金融機関はそれへの対応として，資産運用関連業務，M&A関連業務，証券化に代表される影の銀行システムに関連する業務，自己勘定取引や代替投資などを通じたリスクテイクなど，次々と新しい業務を展開することで（それらの一部は重大な不公正性を伴いつつ），同時期に収益源を失うどころか，より巨額の収益を取得できた。

---

70) 顧客からディーラーに差し入れられる担保は80％以上が現金だが，TBなど証券の場合もある。前章でも見た通り，レポやデリバティブの証拠金や担保としてプライム・ブローカレッジ業務やデリバティブ契約の顧客から差し入れられた証券は，ディーラーが別の取引の担保に再利用することが認められている。一方，ディーラー間取引では少数のディーラー間できわめて多くの取引が行われるため，それらがネッティングされた結果，ディーラー間取引にはほとんど証拠金や担保の要求がなされないことが多い（Litan (2010), pp. 14, 16, 28）。
71) 株式の現物取引の場合，その多くが取引所取引で行われており，十分に市場流動性が高く，売買価格は取引システムを通じて瞬時に示される。取引仲介機関も多数存在して競争度合いも高く，仲介手数料も自由化され，近年は低下傾向にある。債券の現物取引の場合は，主にOTCで取引されるため株式取引と比べると価格透明性は劣り，債券のプライマリー・ディーラーもデリバティブ同様，一握りの大手金融機関が独占している。しかし債券取引の圧倒的大部分は公共債であり，少なくともデリバティブ市場と比べて市場流動性が圧倒的に高く，また最近では社債も含む債券価格の提示システムが，業界団体や自主規制機関などによって運用されたりもしている（Duffie (2009), p. 11）。
72) デリバティブ仲介の利益の大半が，大手金融機関の独占下でOTC取引で行われていることに基づくことの証左として，大手金融機関はそうした利益の縮小につながるようなあらゆる提案，たとえばOTCデリバティブの取引所取引化や中央清算機関の利用拡大に，全面的に抵抗し続けている（Levinson (2015)）。

既存の金融ビジネスの収益の隘路を経験した金融機関が積極的な業務展開を図るなかで，デリバティブ関連の業務に新たな収益源を見出した側面は，基本的に同じ文脈で捉えられる。

　実際，金融機関は，一方で，徐々に金融化する企業や家計，金融化の下で役割を増す機関投資家などのますます高まるリスク対応（ヘッジ・テイク）需要に応じる形で，それらの多様なリスクアペタイトに即した新しい金融商品の開発・商品化を競い，その一部としてデリバティブを組み込んだ新商品も提供し始めた。そうした受け身の対応の側面は，金融機関によるその収益性の認識とともに，次第に自発性・積極性へと変容していく。特に1980年代以降，直接金融化の進展と大企業の銀行離れ，内部資金化などを経験した銀行業界は，次第に既存の業務の将来性に疑問を持ち始めた。証券業界でも，高まる競争下で既存の業務の収益性低下に対する重大な懸念が生じた。そうした状況下で，特に大手金融機関は，上述のデリバティブ仲介業務が持つ収益上の多くの旨みを認識し，新しい金融商品の構築・提供による手数料稼ぎや，それらのディーリングによる利ざや稼ぎを，収益確保の主戦場と位置付けるようになった。そしてそうした大手金融機関の収益確保のための積極的な業務展開は，1980年代以降のデリバティブ急拡大の重要な要因になったと言える[73]。

　以上のように，金融機関の仲介動機に基づく積極行動がデリバティブの増大に重要な影響を与えてきた事実を念頭に入れるならば，金融化とデリバティブ

---

[73] 大手金融機関がエンドユーザーとしてだけでなく仲介者としても地位を確実にしたことは，上述の，高レバレッジ性や連鎖性を通じたデリバティブの自己増殖効果をより一層高めることにもつながった。すでに見たようにOTCデリバティブでは，ディーラーとしての大手金融機関が少なくとも一方のカウンターパーティになる傾向が強い。そしてそれらは，通常，既存のポジションを中立化させるために，取引所取引のデリバティブを購入するか，別の金融機関とのOTCデリバティブに参入する（Bryan and Rafferty (2006), p. 57）。これは「カバー取引」と呼ばれる取引慣行である（Duffie (2009), p. 16）。また特にOTCデリバティブでは，契約解消時に，取引所や清算機関が介在する場合には課されない解約手数料（「unwind fee」）が発生することがあることから，それらを回避するために，既存の契約をそのままにそれを相殺するような新しいデリバティブを異なるカウンターパーティとの間で締結（ノベーション）するのが一般的である。これらの慣行がデリバティブのディーラー間でのエクスポージャーを累積させている（Litan (2010), p. 16, Duffie (2009), p. 5, Duffie (2011), 訳, 28頁）。

の関連性を考える際にもそれを無視するわけにはいかないはずである。しかしこの視点は，既存の二分法的理解にも，資本の本来的運動に焦点を当てた新しいアプローチにも，必ずしも取り込まれていない。金融化の下で家計や企業がデリバティブをますます利用するようになり，逆にデリバティブ商品を生み出す対象にそれらが徐々に組み込まれていくようになる相互発展的過程で，そのスムーズな進展を仲介することで手数料的利益（レント）を得ようとする強力な動機を持った大手金融機関の主体的行動もまた，重要な役割を果たしたと考えるべきである。

結び

　本章は，まずデリバティブを巡る既存の議論をレビューすることで，従来から主流派・非主流派経済学者間で「投機かヘッジか」という二分法的理解がなされてきた事実を確認し，その枠組みに基づいてデリバティブと金融化の関連性を独自に整理した。それにより投機，ヘッジのどちらの側面からも，金融化との強い関連性を見出すことができた。次にデリバティブを，資本の本来的運動（競争的利潤追求）が必然的に求めた，リスクの商品化を通じて計算手段・交換手段としての貨幣的機能をより効率的・競争的に発揮し，リスク対応を機動的かつコスト節約的に実施することを可能にする，新しい金融商品・架空資本，と捉える新しい政治経済学アプローチに着目した。それらは既存の二分法的理解を超える視点を提示することで，デリバティブと金融化の関連性についても重要な示唆を与えうることを指摘した。最後にそれらを補完する形で，本稿の一貫した分析視角である金融機関行動，特にその仲介活動に焦点を当て，資本のデリバティブ利用を容易化することに新しい収益源を見出した大手金融機関の主体的行動が，デリバティブと金融化の相互発展をますます促す原動力となってきたことを確認した。

　繰り返すが，デリバティブには投機的側面もヘッジ的側面も間違いなく存在する。しかしそれらを二分法的に理解することは必ずしも有効ではない。新しいアプローチに基づけば，資本（それを体現するのが企業，株主（機関投資家），金融機関かを問わず）にとって重要なのは「投機かヘッジか」ではなく，両者

を機動的に組み合わせつつ，自らの抱えるリスクと将来リターンの可能性を適時的に認識し，自らが最適と考えるエクスポージャーを常に実現することを通じ，できるだけ低コストで，素早く，確実に，より多くの利潤を取得することである。デリバティブという金融商品はそれを可能にする潜在性を伴っており，だからこそ今や現代資本主義に不可欠な存在になり，企業や家計の金融化にも極めて重大な影響を与えている。資本にとって，デリバティブがコインの表か裏かは問題ではない。

一方，その取引のスムーズな遂行は，少なくとも現時点では少数の大手金融機関の介在なしに成り立ちえない。したがってそれらの利害が，現在のデリバティブ市場，延いてはそれを通じた企業や家計の金融化にも，色濃く反映していることもまた事実である。そしてこの大手金融機関の仲介業務を通じた利潤追求には，上述の資本の本来的運動をよりスムーズにする側面と，それらに対する優位な立場を利用して巨額の利益を上げている側面の両面がある。このことが資本にとってどのような意味を持つのか，その利益は究極的にどこから来ているのかといった論点は，今後の検討課題である。

ともあれ本章は，デリバティブを巡る既存の二分法的理解を踏まえたうえで，それを克服しうるアプローチとして，資本の本来的運動動機と大手金融機関の仲介動機という二つの視点を導入することを通じて，金融化とデリバティブの関連性に関わる体系的・補完的な説明を試みた。

第7章　米国金融規制改革法と大手金融機関の行動
―― ボルカー・ルールを中心に ――

　1980年代以降の金融化の展開，特に資金循環構造の変化（主に家計・企業資金の機関投資家への大規模流入と負債の全般的急増）は，2000年代の影の銀行システム拡大の重要な前提をなした。一方，大手金融機関による関連利益の追求と積極的リスクテイクを条件としながら展開した影の銀行システムの拡大プロセスは，それらに短期間に巨額の収益をもたらすとともに，金融化の発現形態を質量両面で変化させた。しかしそこに内在するリスクと不公正性が極限に達した結果，その自壊過程は，実体経済部門にも多大な負担を課しながら，2007-09年の国際金融・経済危機として顕在化した。そうした今次の危機を受け，米国では新しい金融規制体制の創設に関する議論が重ねられ，2010年7月には金融規制改革法が成立した。同法は，商業銀行と証券会社の原則分離を規定した1933年GS法，それを事実上撤廃した1999年GLB法に次ぐ，米国金融制度を根底から変革しうる画期的法律として広く認識される。

　同法の最大の目的は，未曾有の危機の発生と莫大な国民負担を伴う金融機関に対する政府救済 (bailout) の実施 (いわゆるTBTF問題)，という事態を再び招来させないことであり，その目的の達成のためには危機の原因を正確に認識することが何より重要になろう。先行研究が指摘するように，今次の危機の原因はきわめて複合的である[1]。しかし本稿がその最も重要な要素と認識するのは，

---

1 ）たとえば危機の原因として，①貧困者を食い物にした大手金融機関による「略奪的 (predatory) 貸付」慣行，②規制緩和を背景に「組成・分配 (originate to distribute) 戦略」の下で進められた証券化を利用した大手投資銀行の「強欲な (greed)」手数料稼ぎ，③自らがTBTF機関であることを認識したうえでの大手金融機関の異常なリスクテイク，モラル・ハザード問題，④その際に連邦規制のほとんどかからない影の銀行システムの積極的利用，⑤大手金融機関経営陣のリスクテイク促進型の報酬構造，⑥手数料目的での格付け機関による極端に甘い格付け，⑦GSEによる住宅ローン債権の無分別な保証，⑧住宅バブルを促したFRBによる金融緩和政策，⑨アジアを中心とした経常収支黒字国からの米国への大量資金流入，などの存在が指摘されている。加えて，本稿のこれまでの議論を踏まえるならば，1980年代以降の金融化の展開，特に資金循環構造の変化（主に家計・企業資金

先述の通り，内在的脆弱性を持つ影の銀行システムの展開と，その前提条件としての大手金融機関による不公正な立場を利用した積極的リスクテイクである。したがって今回の金融規制改革がその目的を達成するための最大のポイントは，そうした大手金融機関の不公正な利益追求，特にその過度のリスクテイクをいかにコントロールできるか，それを通じて影の銀行システムのような非常に脆弱なシステムが無秩序的に拡大するのをいかに抑制できるかにあると考える。そしてその成否は，金融化のプロセスにも重大な影響を与える可能性がある。今回の米国金融規制改革法のうち，そうした大手金融機関の利益追求行動のコントロールという点できわめて重要な位置を占めるのが，「ボルカー・ルール (Volcker rule)」と呼ばれる条項である。本章は同ルールに焦点を当て，それを巡る論点を整理し，その有効性を検討する。

I 金融規制改革法の概要

まず今回の金融規制改革法の概要を示す[2]。同法は，「ドッド・フランク・ウォールストリート改革・消費者保護法 (Dodd-Frank Wall Street Reform and Consumer Protection Act)」というのがより正式名称に近い呼称であり，慣例に従い同法の成立に貢献したドッド (Christopher Dodd) 上院銀行委員会委員長とフランク (Barney Frank) 下院金融サービス委員会委員長の名前を採って「ドッド・フランク法」と略称される。

同法の目的は，「雇用を生み出すための健全な経済的基礎を作り出し，消費者を保護し，ウォール街とその巨額のボーナスを制御し，政府救済とTBTF政策を終了させ，さらなる金融危機を防止すること」とされる。一見，複数の目的を同時に追求しているようにも読めるが，法律の名称からも分かるように，金融危機と政府救済 (TBTF問題) の防止を大きな目標に置き，それを成し遂げるアプローチとして，ウォール街＝米国大手金融機関の行動改革と，金融商

の機関投資家への集中と負債の全般的増大) の事実も，危機のより根源的な原因として指摘されるべきであろう。
[2] 金融規制改革法の概要はU. S. Senate (2010)，石原 (2010) などを参照。同法の詳細についてはDavis Polk (2010)，松尾 (2010) などを参照。

品に関する消費者保護体制の確立が二本柱となっていると言えよう[3]）。そこで採られる具体的施策は非常に多岐に渡り，そのすべてを詳細に検討することは本章の課題としない。ここでは特に同法の目的を達成するうえで決定的に重要と思われる一方，その内容を巡り様々な議論を巻き起こしたいくつかの項目を取り上げて簡単に紹介するに留める。

　第一が，消費者金融保護局 (Consumer Financial Protection Bureau: CFPB) の設立である。今回の危機の原因の一つに，サブプライムローンに代表される，大手金融機関（特に住宅金融専門会社）による借り手の返済能力を無視した略奪的貸付慣行があったという認識から，消費者保護一般ではなく，金融商品に特化した消費者保護の必要性が認識された。新設されるCFPBの下に金融商品消費者保護に関する説明責任が一元化され，その下で銀行かノンバンクかを問わず，それらが提供するあらゆる金融サービス・商品（融資条件の内容からクレジットカードの手数料といったものまで）が調査の対象となり，悪質な取引慣行が見つかれば即座に行動が起こされることになる。

　第二は，金融安定監督評議会 (Financial Stability Oversight Council: FSOC) の設立である。今回の危機の原因の一つに，大手金融機関の行動を各規制当局が事前に把握できなかったためにシステミック・リスク顕在化がもたらされたという認識から，金融システムを通じて顕在化するリスクを事前把握し即座に対応できる新しい規制当局が必要とされた。新設のFSOCは財務長官が議長となり，各規制当局の代表がメンバーとなっており，システミック・リスクを認識・監視するためにデータ収集・分析，定期的なレポート公表，議会証言などを行う。またFRBの規制権限が「システム上重要な (systemically important)」ノンバンクを含む大手金融機関 (Systemically Important Financial Institutions: SIFIs)――米国では連結金融資産500億ドル以上が一つの基準となる――に拡大され，FSOCがそれらを特定したうえでFRBに対してその規制基準の強化を推奨することが

---

[3]）松尾 (2010)，3頁の整理によれば，同法の柱は，①金融安定へのリスクの抑制，②大規模相互連関金融機関 (large interconnected financial institutions) の整理計画及び整然清算 (orderly liquidation) の整備，③消費者及び投資者の保護，④金融市場における透明性及び説明責任の確保，⑤金融規制機構の強化であり，それぞれへの対応として様々な個別具体策が採られる。

できるようになる。

　第三は，デリバティブ規制，特にOTCデリバティブの取引所取引及び集中決済の導入である。今回の危機の過程で，大手金融機関がOTCデリバティブとしてのCDSを資金的裏付けもなく大量に締結した結果，巨額損失を被って破たんしたが，規制・監督の枠外で行われていたためそのような状況をまったく把握できなかったという認識から，OTCデリバティブの透明化の必要性が認識された。この条項により，SECとCFTCにOTCデリバティブに対する規制権限が与えられ，無責任な慣行が規制される。またそれらに取引所取引と集中決済を義務付け，当局はデータ収集とその公表などを通じて市場の透明性を改善する。

　第四は，銀行のリスクテイク制限である。今回の危機の原因の一つに，2000年以降急速に進展した大手金融機関，特に連邦セーフティネット下にある大手商業銀行による自己勘定取引などを通じた過度のリスクテイクがあったという認識から，それらの自己勘定取引及びヘッジファンド，PEファンドなどとの取引の制限が求められた（ボルカー・ルール）。また同様の観点で，デリバティブ・ディーラーに対するFRB，FDICによる公的支援を禁止し，それを通じて商業銀行からデリバティブ業務を切り離す（spin off）ことも打ち出された（「リンカーン押し出し条項（Lincoln push-out provision）」）。特にボルカー・ルールは，本章が焦点を当てる大手金融機関の利益追求，リスクテイクの抑制という点で最も直接的な影響力を持つ条項と広く認識されており，次節以降で詳述する。

　以上四つの項目以外にもドッド・フランク法には重要項目が多数存在するが，総じて同法は，金融規制当局の権限強化や金融取引の透明性強化，金融機関の直接行動規制など複数の経路を通じて，大手金融機関の行き過ぎた利益追求，特に略奪的貸付に代表される消費者への濫用的慣行と過度のリスクテイクを直接・間接に抑制し，それらの行動及び破たんがシステミック・リスクの顕在化及び結果としての巨額の政府救済につながらないようにするという最終目標（TBTF問題の解決）を達成できるよう，様々な個別的施策を試みていると言える[4]。

II ボルカー・ルールとそれを巡る懐疑論

　ドッド・フランク法については，その導入が及ぼす諸影響を巡って，成立過程から現在まで賛否両論，様々な議論がなされてきた。これまでの同法を巡る諸議論の構図を簡潔に整理すれば，それらは大きく，前向きな評価と懐疑的な評価とに分類でき，さらに後者は，同法の行き過ぎを懸念する立場からのものと不十分さを懸念する立場からのものとに分類できる。まず同法の有効性を前向きに評価する立場の議論がかなりの規模で存在しているのは間違いない。それらによれば，同法はその成立を阻もうとする様々な妨害にもかかわらず，米国金融システムに包括的かつ効果的な規制体制を敷くことに成功し，危機の諸原因のほとんどに十分に対処できているとされる[5]。それら同法に対する前向

---

4) 留意が必要なのは，同法は一つの金融規制上のフレームワークを提供しているにすぎないということである。より実効的なルールの制定は，FSOCによる調査・推奨を受けたうえで，6ヵ月から18ヵ月以内に各規制当局が実施することになっており，それに関連して連邦機関は少なくとも243の金融規制を制定し，67の調査研究，22の定期報告書の提出を求められた。同法の施行は成立2年後の2012年7月であったが，ルール案を巡る議論の過程で多方面から反発を受けたことなどもあり，当局は早い段階で実施先送りを表明し，いまだ最終ルール化に至っていない項目も存在する。

5) それらが特に積極的に評価する代表的な個別施策として，第一に，CFPBの設立と独立した権限の付与がある。これにより住宅バブルの根源であるサブプライムローンのような略奪的貸付慣行は厳しく制限されることになる。第二に，これまで規制のかからなかったノンバンク金融機関の取引に対して，FRBによる一元的規制・監視体制が一応実現したことがある。影の銀行システムで重要な地位を占めるノンバンク金融部門への大手金融機関の関与を規制・監視することで，それらの経営の安定性を高め，システミック・リスク顕在化の可能性が抑制され，その結果，今後当局の見えない部分での金融取引の拡大と崩壊という事態は生じないようになる。第三に，大規模ノンバンク金融機関に対する整然清算の管財人にFDICが指名されたことがある。これによりTBTF政策に伴うモラル・ハザード問題や巨額の国民負担も必要なくなる。それ以外にも，個別施策を高く評価する議論は数多く存在する。個別施策に対する評価に加え，金融規制の在り方の変化も評価されうる。1980年代以降，米国では主に大手金融機関の要求を受け入れる形で，金融機関のコスト面や競争力面などに配慮して，事前的措置，特に行動規制や監督体制を緩和する一方，金融機関の自主規制や民間格付け機関による格付けを重視するといういわゆる「規制の民営化（privatization of regulationまたはprivate governance）」が進展した。しかし今回，大手金融機関による野放図な業務展開が金融危機を引き起こした主因であることが明確にな

きな評価は，政策担当者側からの期待感に基づくものや，全面的に支持するのではなくそのネガティブ面と両論併記的に評価するものも多く，必ずしも同法の有効性を全面的かつ説得的に主張できているとまでは言えない。

それに対し，同法の有効性を懐疑的に見る議論が相当程度存在することもまた事実である。その第一の立場は，同法の規制としての行き過ぎを指摘するものであり，主に大手金融機関などによって展開される[6]。それらの多くは同法を根本的に否定し，究極的にはその撤廃を目指す議論である。第二の立場は，同法に存在する多くの抜け穴などに基づいてその実効性に疑念を呈するものである。そうした疑念は主に，法案審議段階で注目を浴びた複数の項目が，審議の過程で大幅に削除・緩和されたり，除外項目を設けられたりした事実から生じている[7]。それらの多くは同法の理念や目的自体は支持し，規制当局による

り，他方でセーフティネットなど事後的措置のコストの高さと不公正性が明るみに出るなかで，そうした規制手法の限界が明らかになった。この点，同法は，規制緩和一辺倒だった金融機関に対する事前の行動規制や監督権限の再強化に向けて舵を切っているとも評価でき，金融規制のバランス面でも，金融システム安定化のうえでもポジティブな意味を持ちうるとされる。

6) それらによれば，第一に，規制強化によって，金融機関（特に小規模の金融機関）にとってはその規制に従うために多額のコスト負担が発生することになり，また極端なリスク忌避姿勢が生じることで，結果として経済に供給される資金が滞り，投資の停滞や市場の縮小，延いては経済成長の阻害を引き起こす恐れがある。第二に，規制強化によって，米国金融市場を特徴付けていた金融機関の競争力・イノベーションや市場の効率性，流動性などが阻害される恐れがある。第三に，規制強化によって，規制の強い米国市場を嫌って多くの金融機関がより規制の緩い市場，特にタックスヘイブンなどに取引基盤を移すいわゆる「規制の鞘取り」が発生する恐れがある。第四に，具体的規制が今後決定していくため，金融機関は今後のビジネス展開を予想することが困難になる。第五に，少し極端な議論であるが，金融危機の原因は，ウォール街の行動よりも，政府による低所得者を含む全般的な住宅促進政策（特にGSEによる保証と長期的な金融緩和政策，地域再投資法 (Community Reinvestment Act) など）がもたらした市場の歪みにあるとし，それらへの対応がまったくなされずウォール街のみがスケープゴートになっている。規制強化による金融機関の競争力削減への懸念については，たとえばWallinson (2010) などを参照。

7) たとえばデリバティブ規制を巡って，当初，ほぼすべてのデリバティブ業務が銀行本体から切り離されることが想定されていたが，上院での議論のなかで，対象となるデリバティブは既存業務の20％以下に抑えられ，主要なデリバティブは銀行本体で行えることとなった (Wilmarth (2011), pp. 1031-1034)。前章で見た，OTCデリバティブ市場を一握りの大手金融機関がディーラーとして独占することで巨額の収益を得ている状態についても，それを制限しようとする条項は結局盛り込まれなかった。また影の銀行システムの重要な

運用の改善や今後制定される具体的な規制の内容次第では実効性を持ちうる，とする立場から同法の今後の展開に期待する，比較的前向きな議論でもある。

そして行き過ぎへの懸念と実効性への懐疑という，同法の有効性を巡る正反対の立場から提出される疑念は，大手金融機関の利益追求，特にそのリスクテイク行動に最も直接かつ強力な影響を与えうるとされるボルカー・ルールを巡ってきわめて顕著に現れる。以下，ボルカー・ルールとそれを巡る議論を詳しく検討することで，そこに存在する立場の決定的な違い，特に大手金融機関の主張とその背後にあるものをあぶりだす。

1 ボルカー・ルールの概要

まずボルカー・ルールは，ドッド・フランク法の一条項を指し，オバマ (Barack Obama) 政権の大統領経済再生諮問会議 (President's Economic Recovery Advisory Board) 議長であったボルカー (Paul Volcker) 元FRB議長が提案したことからそう呼称される。対象が非常に広範に渡る同法のなかで，同ルールは，特に預金金融機関に対する規制強化の一環に位置付けられ，簡潔に言えば，商業銀行の自己資金を用いた高リスク取引を制限するものである。ボルカーらが念頭に置いたのは，銀行が自らの資金で高リスク取引を大規模に行うことで，預金者の資金をもリスクに晒し，それが金融システム全体のリスクを高め，金融システムの安定性維持の目的で行われるTBTF機関救済への期待がモラル・ハザードを蔓延させ，銀行の過度のリスクテイクをさらに助長する，という悪循環であり，それこそが今次の金融危機の主因と考えたのである。

その内容は主に同法619条に基づき，大きく二つの部分から構成される。第

資金調達手段であるレポに対して十分な規制・監視がなされていない点，FDICに与えられた整然清算権限もFDICの独断では行使できないようになっている点など，同法には数多くの抜け穴や未対応点が存在することが指摘される。それら以外の議論に，主に規制当局の規制能力に関する懸念がある。たとえば新設のCFPBの独立性は本当に担保されているのか，同じく新設のFSOCが各規制当局間のライバル関係を克服できる能力を持ちうるのか，金融危機を回避できなかった既存の規制当局 (FRBやOCC，FDICなど) が新しい規制権限を得てそれを有効に利用できるのか，今後の具体的な規制の制定を各規制当局に委ねることで当局の仕事量が過剰なものになり効率性を低下させることにつながらないか，といった懸念が提出されている。ドッド・フランク法の実効性への疑念については，たとえばSchwartz and Dash (2010)，Morgenson (2010)，Nicholson (2010) などを参照。

一に，銀行・銀行持株会社といった「銀行組織」は自己勘定取引が禁止される。第二に，銀行組織はヘッジファンド及びPEファンドの所有またはスポンサー (sponsor) を禁止される[8]。

このように銀行組織による自己勘定取引やヘッジファンド・PEファンドへの関与をまず一律に禁止したうえで，その適用除外となる「許容業務」を設定する。代表的なものが，米国債などの売買・取得・処分，マーケットメイキング業務に関連した売買・取得・処分，リスク軽減に関連するヘッジ業務，顧客のための売買・取得・処分，小規模事業投資会社への投資，公共の福祉の促進を主要目的とする投資，米国法で組織される銀行組織に支配されていない銀行組織による米国外での取引などであり，これらの業務を銀行組織が行うことは制限されない。加えて，銀行組織は対象ファンドに「最小限の投資」を行うことが許容される。その際，ファンド設立後1年以内に当該ファンド持分の3％以下に減少され，全対象ファンドに対する総持分が銀行組織の自己資本（Tier 1：普通株などによって調達された「基本的項目」）の3％を超えないことが条件となる。

最後にそうした設定が金融機関に抜け穴として悪用されないよう，包括的な規定を設けている。銀行組織と顧客との間に重大な利益相反が生じる場合，銀行組織による高リスク資産または高リスクなトレーディング戦略への重大なエクスポージャーを生じさせる場合，銀行組織の健全性に脅威を与える場合，米国の金融安定に脅威を与える場合には，許容業務も含め，その実施を制限される。

このように同ルールは，銀行組織による自己勘定取引やヘッジファンド・PEファンドへの関与を原則禁止したうえで，条件付きで特定の業務を許容し，

8）ここでの「スポンサー」とは，①当該ファンドのゼネラル・パートナー，経営メンバー，受託者を務めること，②当該ファンドの取締役，受託者，経営者の過半数を選任・支配すること，③当該ファンドと同じか同類の名称を共にすること，を指す（松尾 (2010)，169頁）。またこれら二つに加えて，FRB監督ノンバンク金融機関は，当該業務について追加的な自己資本要件及び追加的な定量的制限に従わなければならないという規定と，銀行やシステム上重要なノンバンク金融機関は，M&A後の連結負債が全金融機関の10％を超える場合にはM&Aを禁止されるという規定（ドッド・フランク法622条）も一般的にはボルカー・ルールに含まれるが，本章では検討の対象外とする。

それが金融機関に悪用されないようさらに全体に網をかけるという，三層構造になっている。

2　ボルカー・ルールを巡る異なる立場からの疑念
(1) 銀行経営や実体経済への悪影響の疑念

ボルカー・ルール導入を巡って，当初より，様々な立場から，本当にそれが有効に機能するか疑問視・不安視する声があった。そうした議論の第一は，同ルールは，銀行経営に悪影響を生み，結果として金融市場の安定性や実体経済にも悪影響を及ぼす恐れがあるとするものである。主にその導入を否定する立場の論者や金融業界などから主張される[9]。

それらによれば，同ルールは，銀行の業務範囲やコスト面などで銀行経営に広範な悪影響を与える可能性がある。ここで想定される悪影響の第一は，銀行の多角的業務展開によるリスク分散・「範囲の経済 (economies of scope)」の働きを制限することによる，銀行経営，特に収益面での不安定化である。たとえば銀行の自己勘定取引は，たしかに伝統的銀行業務に比べて高リスクな業務と見ることもできる。他方で，直接金融化の不可逆的進展，大企業の銀行離れ，伝統的銀行業務の収益性低下，業態を越えた競争激化といった金融市場の展開も考慮すれば，業務多角化の手段として自己勘定取引などを残すことは銀行にとってリスク管理や効率性の面で重要であり，業務に制限を加えれば銀行経営に長期的に悪影響を与えうる。

悪影響の第二は，人材流出の懸念である。各銀行は近年，競争激化を背景に，高収益部門としての自己勘定取引部門に有能な人材を集中させてきた。それらを急に廃止すれば人材流出は必至であり，コストをかけて有能なスタッフを育てたり，他社からスカウトを行ってきた銀行にとって大きな痛手となる。同じことはヘッジファンドやPEファンド関連部門でも該当し，有能な人材の流出やそれに付随して生じる属人的な取引ネットワークの喪失などは，銀行経営に想定外の悪影響を与えうる。

悪影響の第三は，ルールを順守するうえでの追加コストの発生である。ドッ

---

[9] U. S. Chamber of Commerce (2012)，Scott (2010) などを参照。

ド・フランク法の下で，銀行はコンプライアンス・プログラム (compliance program) の作成・実施や規制当局への定期的な報告義務など，多くのことを課されるようになる。銀行にとってのこうした追加コストは，同ルールのように内容と先行きが不確定なものであるほど高まる。

悪影響の第四は，国際競争上，米銀が不利な状況に置かれるという問題である。少なくともボルカー・ルール導入前の時点で個別ルールについて先進国の規制当局間で必ずしも調整がついておらず，特に同ルールのような厳しい規制を導入しようとする国は存在しない。米国の厳しい規制のために海外から米銀に依頼される業務が減少すれば，米銀の経営を脅かすことになる。

以上は銀行経営への悪影響の指摘であるが，その悪影響は銀行だけに留まらず，実体経済への波及も懸念される。代表的な懸念の一つに，第5・6章でも言及した銀行のマーケットメイキング業務に関するものがある。マーケットメイキングは金融市場に流動性を与えると同時に，顧客への安定的な価格提示を可能にすることで，特にOTC取引市場で必要性の高い業務とされ，許容業務としてルールの適用除外対象となっている。一方で指摘によれば，同ルールでは許容される範囲があいまいであることから，本来促進されるべき顧客のための業務まで制限される恐れがある。さらに銀行のマーケットメイキングの減少が，銀行から様々なファンドへの資金提供の途絶とも相まって，幅広い金融取引の抑制へとつながれば，金融市場全体の流動性が低下しかねない。それは証券を発行して資金調達したい企業にとっては，資金調達コストの上昇や信用アクセスの減少にもつながり，それが投資の抑制を引き起こし，延いては経済成長と雇用創出を阻害する恐れがある。

(2) 抜け穴利用によるルール形骸化の疑念

議論の第二は，同ルールの条文には重大な欠点があり，それを金融機関が抜け穴として悪用し，ルールが形骸化されてしまう恐れがあるとするものである。これらは主にルールの導入を基本的に支持する立場の論者や市民グループなどによって主張される[10]。

---

10) Epstein (2010), Gary (2012), Public Citizen (2012a) ; (2012b) などを参照。

ここでの条文上の欠点とは，第一に，ルールの適用除外や条件付き許可など，許容業務が広範に存在する問題である。そのなかでも特に多くの指摘を受けるのが，「最小限の投資」の範囲で銀行組織によるヘッジファンド，PEファンドへの関与が許容されていることである。「最小限」には，万が一損失が発生しても金融機関自身や金融システムに甚大な影響を与えることがないことが含意されている。一方，「最小限」は金融機関によっては非常に大規模なものになりうる。たとえばバンクオブアメリカが対象ファンドに投資できる金額はルール導入時点で48億ドル，JPモルガン・チェースは40億ドルに上るとも推計される。そうした業務は第5章で見た通り一握りの大手金融機関が独占的に行っており，それらは巨額のTier 1自己資本を保持している。それらにとって「最小限」の額は十分魅力的なものになる一方，金融システムにとっては十分警戒が必要な規模になろう。

　第二に，使用される用語の全般的あいまいさに伴う問題である。同ルールには多くの専門用語が登場し，それらに一応の定義が与えられる一方，多くが規制当局や金融機関の判断次第でどちらとも取れるようなグレーゾーンを残す。なかでも最もそのあいまいさを指摘されるのが「顧客のため」という用語である。上述のように，同ルールは，銀行組織による自己勘定取引が「顧客のため」の業務に該当する場合に適用除外とする。一方，高リスクな自己勘定取引と「顧客のため」の取引の線引きは事実上困難である。たとえば銀行は貸出債権の証券化に関与するとき，自らのバランスシートに証券化された債権の一部を維持する。これはローンの質を顧客にシグナリング (signaling) する目的で行われるともされる。しかし銀行が投資目的で保持する証券と証券化業務に必要なポジションとを明確に区別するのは不可能である。実際，銀行は自らの利益目的で保有する証券の，顧客のための目的の証券への偽装を，大規模に行っているとされる[11]。

　第三に，ドッド・フランク法が，その具体的かつ詳細なルールの策定・施行を各規制当局の裁量に委ねていることに伴う問題である。最終ルールはその策定までに再三延期が発表され，加えて，金融機関は同法施行後2年以内に当該

---

[11] Crotty et al. (2010) を参照。

禁止・制限措置を順守する必要があるが，適用延期を認める規定も多数存在する。一方，こうした先延ばし目的とも取れる諸規定は，ウォール街が最終ルールに影響を与える絶好の機会となりうる。ボルカー・ルール形骸化を目論むウォール街は，専門のロビイストを雇ってルール策定プロセスに思い通りに介入できるだけの巨額の資金を有している。またそれらは，巨額の献金を通じて政治家と直接結びつき，官僚の将来の高報酬でのウォール街への転職を前提とした「規制の虜 (regulatory capture)」(規制する側が規制される側に取り込まれている状況) の問題もある。それらを踏まえると，同ルールが厳格に運用され，ウォール街の利益追求を適切に制限できることはあまり期待できない。

(3) ルールの対象を巡る疑念

議論の第三は，そもそも同ルールの対象は金融危機の主要な原因ではないか，より重要な問題に対処できていないため，同ルールは金融危機再発を防止できないとするものである。こうした議論は，同ルールに対する否定派と支持派の双方から主張される。

まず否定派の一部論者からは，金融危機の原因は銀行の自己勘定取引やヘッジファンド，PEファンド投資などではないと主張される。彼らによれば，そもそも大手金融機関にとってそうした業務からの収益は非常に少ないし，それらは危機時に発生した巨額損失の原因でないどころか，業務上のリスク分散という意味でむしろ危機の間にも銀行にとっての収益性の源泉であった，ということになる。

一方，支持派の一部論者もやはりボルカー・ルールでは金融危機の防止は困難という結論に達する。彼らはそもそも危機の主因を，第4章で詳しく述べた，投資銀行やファンド，オフバランスビークルといった主体が，レポや仕組み金融取引，OTCデリバティブといった不透明性の高い取引を行う，影の銀行システムにあったと指摘する。そしてそれらに巨額の資金を提供した銀行に重要な位置付けが与えられるべきは間違いないが，影の銀行システム全体を網羅した包括的な規制でなければ，TBTF問題は解決できない，と主張する[12]。実際，

---

12) *ibid*.

影の銀行システムの主要な構成要素である仕組み金融商品について，同ルールはその取引を制限する個別の規定を設けているわけではなく，ABSやCDO，CDSなどの自己勘定取引，またはファンドを通じた取引がどこまで制限されるかは不透明であり，マーケットメイキング目的やヘッジ目的などでそれらを取引することは可能になる可能性が高い。同じく主要要素としてのレポやABCPにも特別な制限は加えられていない。特にレポは実質的な自己勘定取引として利用されるようなケースもあったが，その場合でもルールによる制限の適用除外であることが明確に示されており，金融機関は「流動性管理」名目で，レポを通じた自己勘定取引を行うことが可能である[13]。

III　ボルカー・ルールを巡る諸疑念の検討

　以上のように，ボルカー・ルールを巡っては，異なる立場からいくつもの疑念が提出されている。本節では，そうした指摘が的を射たものであるのか，それぞれ詳細に検討する。

1　銀行経営や実体経済への悪影響

　第一に，銀行経営や実体経済への悪影響というルール否定派の指摘についてである。たしかに自己勘定取引などが制限されれば大手銀行は重要な収益源の一つを失い，そのことはそれらに収益面で大きな影響を与えうる。一方で，そもそも金融機関の収益が他部門に比べて肥大化している問題がある。金融機関の収益を肥大化させた要因は複合的であるが，特に2000年代以降は，銀行を中心とした大手金融機関の自己勘定取引などが大きく寄与してきたことは第5章で指摘した。そしてそこで生み出された収益は大手金融機関の経営者などの莫大な報酬にもつながった。しかしそうした収益は，金融機関が実体経済の成長に寄与したことへの正当な報酬として認められるべき額と比べてあまりに巨額である。

---

13) Public Citizen (2012b), pp. 11-38. 一方，適用ファンドの範囲や許容される引受の範囲などによっては，仕組み金融商品への銀行の関与は間接的には影響を受けうる。

まず単純に数だけで言えば，自己勘定取引の禁止は，99.9％以上の銀行にとっては経営に何ら影響はない。なぜなら，2011年時点で米国には7,181の銀行と6,888のクレジット・ユニオン (credit union) が存在するなかで，自己勘定取引に関与するのは実質的に大手6行のみで，それらが自己勘定取引の88％を占めているからである[14]。つまり，ルール順守のためのコストが追加的に発生するという否定派の指摘は，基本的にそれら一握りの大手行にしかそもそも該当しないのである。それではそれら大手行は実体経済にどの程度貢献しているのかと言えば，資産2,500億ドル以上の大銀行は，2007年には資産の14％，2012年には12％しか企業向け貸出に割り当てていない。対照的に100億ドル以下の小規模銀行は両年とも30％を割り当てている。2012年には小企業向け貸出の半分は小規模銀行が提供しており，大銀行は25％にすぎなかった[15]。したがって少なくとも貸出の面では，大手行が実体経済に寄与している割合は非常に小さいと言える。

　それに対し，大手行はマーケットメイキングを通じて金融市場に流動性を供給することで，実体経済に重要な貢献を果たしているという反論が考えられる。たしかにボルカー・ルールは，より厳しく運用されれば，現時点で認められる一部のマーケットメイキング業務などを排除することになるかもしれない。しかしマーケットメイキングが持つ資本市場への流動性供給機能は，事実上の政府保証を受ける銀行が担う必然性は必ずしも存在しない。もしそれが収益性の高い業務であるなら，銀行以外の機関が代替する可能性が高く，現に，2010年以降，ゴールドマンやシティなどいくつかの銀行が自己勘定取引のトレーディングデスクを閉鎖したと報告されても，ジャンクボンドに代表される非流動資産の取引量が減少している事実はなく，むしろ増加しており，実体経済にネガティブな影響が出たという事実も存在しない。むしろ高すぎる流動性は，今次の危機で明らかになったように，レバレッジを高めるために利用されて大手金融機関のリスクテイクと金融システムの脆弱性を高める一方，実体経済における投資や成長とはほとんど結びついていない[16]。したがってそうした大手行

---

14) Public Citizen (2012a), p. 7.
15) Wilmarth (2013), p. 1442.
16) Public Citizen (2012b), pp. 7-16, 51. たとえば外国為替先物のキャリートレード (carry

にとってのルール順守のための追加費用や喪失されうる一部の収益機会＝機会費用は，銀行の収益を全体として「適正水準」に戻すとともに，より「安定的」で「公正」な金融システムに回帰するための対価と見なすこともできよう。

　その他，米国だけが厳しい規制を導入すれば国際競争力を阻害する，という指摘についても，世界の金融市場において圧倒的な規模と影響力を持つ米国が率先してそのような規制を導入すれば，その他の国々にも同様の改革を導入させる強力な圧力になる可能性が高く，他の国すべてがそれらを導入するまで導入を見送るという主張は，規制の引き下げ競争を助長し，TBTF問題の先送りにつながる[17]。人材流出の懸念についても，有能な知識がウォール街の特定分野に集まりすぎることは，実体経済だけでなく科学・技術の発展にとっても望ましくなく，有能な人材の再配置という積極的な側面の方が大きい。業務多角化によるリスク分散や範囲の経済性の実現が阻害されるという指摘も，すでに金融研究者による分析はそれらの存在を一定規模（たとえば資産規模1,000億ドル）以上では否定しており，むしろそれはシステミック・リスクやTBTF補助金といった経済的諸費用と付随する社会的諸費用を追加的に発生させるともされ，受け入れがたい議論である[18]。

　銀行経営の面では，むしろボルカー・ルールを受け入れた方がメリットが大きい可能性すらある。現在，多くの市民は，銀行の自己勘定取引などが，自分たちの利害を侵害する利益相反的慣行に基づいているのではないか，と強力な疑いの目を向けており，実際にそうした取引慣行が数多く行われてきたことが，多くの調査によって明らかになっている。この点からすると，そうした利益相反的な自己勘定取引に従事していないことを証明することで新しい顧客を引き付けることも可能になり，むしろ経営上のメリットがデメリットを上回る可能

---

trade）の大半は，世界の貿易にほとんど何の役にも立っていないと指摘される。
17) Wilmarth (2011), pp. 1051-1052. 実際，欧州では銀行の自己勘定取引制限が独自に進められている。たとえば金融市場の自由度がきわめて高いとされる英国でも，2011年のいわゆる「ヴィッカーズ・レポート（Vickers Report）」を受けて，預金金融機関に対するリスクの高い業務からの分離（ring fencing）が実施されることになっている。
18) Milbourn at al. (1999), Wilmarth (2009), p. 996; (2013), p. 1427などを参照。主に，効率性を引き下げる「範囲の不経済（diseconomies of scope）」や株価に対する「コングロマリット・ディスカウント（conglomerate discount）」などの存在が根拠とされる。

性も高い。そうした公正な取引に基づく金融市場は，金融システム全体で見ても，実体経済に安定性と健全性をもたらし，経済生産性を高めるだろう[19]。

以上のように，ボルカー・ルールを実施した場合には様々な経済・社会的便益が，実施しなかった場合には様々な経済・社会的費用が付随的に発生しうる。加えて，第5章で指摘したように，大手金融機関による自己勘定取引などを通じた不公正なリスクテイクが，重大な脆弱性を持ち今次の危機を引き起こす主要な経路にもなった影の銀行システムの拡大を支える前提条件を成していたという重要な事実も踏まえるならば，否定派による同ルールの銀行経営や実体経済への悪影響の懸念を額面通り受け取ることは，あまりに素朴にすぎると言えよう。

2 抜け穴利用による実効性の阻害

第二に，許容業務や用語のあいまいさなどの形で抜け穴が存在するというルール支持派の指摘についてである。たしかに同ルールには多くの抜け穴が存在することは間違いなく，それらが金融機関に悪用されれば骨抜きになるという指摘も，これまでの大手金融機関の行動を考慮すれば的を射ている。まず最も可能性の高い抜け穴利用の懸念が，第5章でも指摘した，許容業務としてのマーケットメイキングを装った自己勘定取引の拡大である。実際，金融機関が保有する証券在庫の量は日常的なトレーディング規模の4倍以上とも指摘され，それらのほとんどが実質的な自己勘定取引として機能していると想定される[20]。

加えて，「リスクヘッジのため」という許容規定も重大な抜け穴として利用されうる。実際，上院常設調査小委員会の調査報告によれば，2012年に，JPモルガン・チェースが自己勘定のCDS関連取引で62億ドルもの巨額損失を被った（「ロンドンの鯨事件」）が，主要当局であるOCCはこうした取引の存在や規模を適切に把握できておらず，同行は規制当局に対しては，その取引がボルカー・ルールの適用除外となる「リスクヘッジ（ポートフォリオヘッジ）のため」の業務であると説明し，OCCもそのように理解していた。この事例から

---

19) Public Citizen (2012b), p. 51.
20) *ibid.*, p. 10.

も分かるように,ボルカー・ルールが許容する「リスクヘッジ」は拡大解釈が容易に可能である[21]。

さらに「顧客のため」という許容規定も,抜け穴として利用されうる。たとえばゴールドマン・サックスは,2010年に「顧客のため」の取引として相対でポジションを保持したのち,あえてヘッジを十分に行わないことで,実質的な自己勘定でのリスクテイクを行い,2億5,000万ドルもの損失を被った。2009年の同社のトレーディング活動による収益は373億ドルと推定されるが,そのうち自己勘定トレーディングデスクを通じて取得されたものは15億ドル,わずか4％にすぎなかった。またボルカー・ルールが議会を通過する前の時点で,モルガン・スタンレーとJPモルガン・チェースは独立の「自己勘定デスク」を閉鎖し,トレーダーたちを「顧客関連」の業務に移している。このように見せかけのために名称のみを変えても,自己勘定取引は生き残り続ける可能性が高い[22]。

またボルカー・ルールは自己勘定取引におけるトレーディング勘定を「短期取引のために主に使用されるもの」と定義しているが,ルールによればこの期間は60日未満とされる。この期日を超える保有は禁止されないが,実際には,大手金融機関は自己勘定取引を必ずしも短期的な売買目的でのみ行っているわけではない。たとえばゴールドマン・サックスは32％の資産を3ヵ月以上,8％を1年以上,トレーディング勘定に残しており,モルガン・スタンレーはサブプライムローン関連の金融商品を1年近く勘定に保持したりしていたことなどが指摘されている[23]。

こうした懸念される様々な抜け穴利用に対し,同ルールも,上述のように金

---

21) ibid., pp. 20-22. なかでも,銀行グループ全体やポートフォリオ全体のリスクをヘッジの対象とする「マクロヘッジ」,「ポートフォリオヘッジ」は,ヘッジの対象が必ずしも明確でなく,抜け穴として利用されやすい。同取引は2011年までの5年間でJPモルガン・チェースに約25億ドルの収益を生み出した(「ロンドンの鯨事件」については吉川(2013),Moore and Campbell (2013), Wilmarth (2013), pp. 1431-1437などを参照)。なお2013年12月に公表された最終ルールでは,こうした「マクロヘッジ」は許容されないことになったが,それ以外の許容業務については当初案から大幅な変更は見られなかった。
22) Schwartz and Dash (2010).
23) Public Citizen (2012b), pp. 16-17.

融システムに悪影響を与える場合などには除外を許さない条項を設定し，それを封じようとは一応している。この規定が機能するかは未知数であるが，大手金融機関が規制当局に発揮しうる影響力を考えると決して楽観視はできない。実際，ルール支持派が懸念するように，そうした影響力の存在を裏付ける事態が現実に生じている。まずボルカー・ルールの最終ルール公表は，当初予定では2012年7月であったのが，最終的には2013年12月へと大幅に延期されたが，その背景には米国金融業界の積極的なロビー活動があったとされる。そしてこうした実施先延ばし期間に，それらは大きな譲歩を勝ち取ることに成功している。

　第一に，米国金融業界は，外国の銀行や規制当局に働きかけて同ルールが国際的に適用されないよう反対運動をさせたり，米銀が米国債以外の国債のトレーディングを禁止するルールに反対するよう外国の規制当局に働きかけるなどを通じて，ルール策定を阻害し，実際に最終ルールでそれを確定させた。第二に，金融業界は共和党と結びついて，議会でCFTCとSECの予算を削減したり，凍結したりすることに成功したが，これによりドッド・フランク法が両当局に求める多数のルール策定に悪影響がもたらされ，求められたルールの約半分が期限に間に合わなかった。第三に，2012年の大統領選挙では，共和党のロムニー (Mitt Romney) 候補は，もし共和党がホワイトハウスと両院で過半数を取れば，ドッド・フランク法の廃止か重要条項の削減 (CFPBの独立性の制限，ボルカー・ルールやデリバティブ規制の撤廃，いかなるルールの採用前にも厳格なコスト・ベネフィット分析の実施を求めることなど) を模索すると宣言し，金融業界は政治献金の3分の2を共和党候補に集中させた。結局，共和党は選挙に勝利できなかったが，金融業界の支援のおかげで下院で過半数は維持できた。第四に，そうした圧力によって，同選挙戦では，民主党のオバマ大統領も他の議員候補者も大銀行への批判を緩め，オバマ大統領再選後は，財務長官にルー (Jacob Lew)，SEC委員長にホワイト (Mary White) を指名したが，両者はウォール街と強い結びつきを持つかそれらの利害に同調的な人物と見なされている[24]。

---

24) Wilmarth (2013), pp. 1303, 1307, 1325-1328.

こうした米国金融業界の圧力が成功した重要な背景に，それらによるカネとヒトを通じた権力行使があった。たとえば金融業界は，ボルカー・ルールに関連して，提案された規制を弱めることを当局に要求した候補者には総額6,700万ドルもの献金を行う一方，より強い規制を求めた議会メンバーには総額190万ドルしか献金しなかった。またドッド・フランク法を弱めるために2009年と2010年に1,400人の元連邦職員を雇い入れた結果，金融機関の規模を制限することで大銀行を解体しようとする条項，大手金融機関に将来の破たん処理に備えてそれらの支払いの下で整然清算ファンドを創設することなどを阻害し，ボルカー・ルールやリンカーン押し出し条項に多くの抜け穴を設定することに成功した[25]。さらに，同法施行後2年間で，米国の上位20の大銀行とその業界団体は同法の実施に関するすべての側面について議論するため，規制当局と1,298回もの会談を行っており，そのうち900回以上を七大銀行が占めた[26]。

3　対象外の領域（影の銀行システム）の存在

第三に，ルールに対する否定派と支持派の一部から提出される，ルールの対象のずれの指摘についてである。まず自己勘定取引やヘッジファンド，PEファンドへの投資が銀行の収益や経営に大きな部分を占めていないという否定派の指摘は，すでに第5章でも確認したように大手金融機関は，公表しているかいないかにかかわらず，自己勘定取引や代替投資を通じた積極的リスクテイクを行っており，それにより巨額の収益を上げたり，逆に巨額の損失を被ったりしたことは紛れもない事実であり，説得力を欠く主張である。一方，影の銀行システムを対象に組み込めていないという支持派の指摘はたしかに重要である。

---

[25] 指摘されるところでは，ドッド・フランク法成立において共和党のブラウン（Scott Brown）上院議員の投票行動が重要な位置を占めたが，彼の背後には金融業界の支持があり，その功績により上述の「最小限の投資」条項の緩和など，金融業界に有利な譲歩が導き出されたとされる (Gary (2012))。

[26] Wilmarth (2013), pp. 1366-1368. 七大銀行はゴールドマン・サックス，JPモルガン・チェース，モルガン・スタンレー，バンクオブアメリカ，シティグループ，バークレイズ（Barclays），ウェルズ・ファーゴを指す。他方，より強い規制を望むグループとの会談は242回であった。また特にOTCデリバティブ規制を巡っては，2010年の8月から2011年の6月までに，ゴールドマンの幹部がCFTCを52回，モルガンの幹部が33回，JPモルガンの幹部が26回も訪問している (Foroohar (2011))。

上述のように，影の銀行システムの中核をなす証券化ベースの仕組み金融商品やレポ，ABCPなどは，大手金融機関のリスクテイク対象や経路として重要な位置を占めているにもかかわらず，同ルールによって必ずしもその取引を制限されるわけではない。また投資銀行は危機の過程で銀行に吸収されるか銀行持株会社化したため同ルールの規制対象になりうるが，ファンドやオフバランスビークルなどは対象外である。実際，ファンドの多くが大手金融機関から流出した人材と行き場を失った資金を受け入れ，緩い規制下で巨額の利益を上げている。他方，同ルールは単体としてではなく，バーゼル銀行監督委員会やFSBなどによって実施される規制強化策を含む，国内及び国際的な様々な規制枠組みの一つのピースと位置付ける必要があることを前提とすれば，そうした指摘は必ずしも当たらないかもしれない。

以上のように，ボルカー・ルール否定派の疑念は，基本的に大手金融機関が従来主張してきた，金融機関の自主規制や金融市場の自己調整力への素朴な期待に基づく根拠の薄い見解の繰り返しであり，その主張の大部分はすでに現実や専門家によって否定されている。他方で支持派の疑念は，第4・5章で確認した，大手金融機関がルール対象業務を通じた積極的リスクテイクにより巨額の収益を上げてきた事実と，それが影の銀行システムの拡大を促して今次の危機の引き金を引いた現実，そしてその実行と継続のために規制を骨抜きにしてきた実際の行動を正確に捉えた議論である点で，より説得的である。

それを踏まえて同ルール有効化の核になりうるのが，先に指摘した，抜け穴探しを認めないための包括的規定であり，それを機能させるためには，当局は最終ルールにおいて，少なくとも個別文言に関する定義と発動基準を明確化したうえで，金融機関の最新の金融取引の状態を即座に把握できるよう情報公開義務を強化したり，金融市場の透明性を高めて金融機関による抜け穴探しを適切にモニタリングすることで，規定を適切に運用できるようにしておく必要があった。しかし2013年12月に公表された最終ルールにおいて，そのような包括的規定の定義や発動基準などの明確化は行われず，結局，それが有効性を持つかどうかは規制当局の判断に委ねられることになった[27]。

---

27) ボルカー・ルールの最終ルールはFRBのHPより入手可能である（http://www.federal

結び

　ドッド・フランク法やボルカー・ルールは，その有効性を巡って様々な評価があるものの，圧倒的に多くの議論は，程度の差こそあれ期待感を持って論じている。特に今次の危機で甚大な被害を受けた低所得層を中心に，ウォール街の高額報酬に憤慨してきた米国市民にとって，その期待は高い。それに対し少数の大手金融機関は，その規制強化が金融機関の競争力や革新力を削ぐことになるという懸念を大々的に主張しているが，本章で示した通り，こうした金融機関による主張は明確な根拠を欠いており，それをそのまま受け入れるわけにはいかない。

　他方，直接金融化や内部金融化の進展，グローバル競争の激化，金融イノベーションの進展といった金融市場を取り巻く様々な環境変化は事実として生じており，そのことを前提とすれば，同法をさらに進めてGS法を復活させ，その厳格な運用によって銀証分離まで主張することは，現実的にはきわめて困難であるし，また指摘されるようにそれによって銀行を経由しない金融仲介としての影の銀行システムのさらなる拡大を促してしまうという副作用を発生させる恐れも一面ではあり，全面的に同意することはできない。したがって著者は，同法の規制としての不十分さを指摘する声が存在することを認めつつ，その目指す方向性自体は間違っておらず，最初のステップとして，まずはドッド・フランク法，特にボルカー・ルールが有効性を発揮することが肝要と考える[28]。

---

reserve.gov/newsevents/press/bcreg/bcreg20131210a1.pdf)。なお同ルールの全面実施は，2015年7月まで先延ばしされた。

28) 真に望ましい金融枠組みのパースペクティブを論じることは本稿の課題を超えるが，著者の認識では，現状，金融の持つ公共性と金融機関の利益追求主体としての地位がトレードオフ（trade-off）に陥っており，その解消が重要な課題となっている。一方，銀行業務か証券業務かを問わず，公共性に寄与しながら利益を上げることができる金融業務の機会が現時点でどれほど存在するかは判別困難であり，それが将来どのように展開していくかも予測不可能である。その意味では，あまり厳しい規制をかけるとイノベーションや効率性を削ぐという大手金融機関の主張も，あながち間違いとだけは言い切れない。そのうえで，著者が今後重要なポイントになりうると考えるのが，オフバランス取引やタックスヘイブン対策を含む「情報公開の強化」，説明責任と結果責任を金融機関の経営陣と株主に取ら

それらを前提に，結局のところ同法はTBTF問題の解決，特に米国大手金融機関の過度の利益追求，リスクテイク行動の抑制に有効性を発揮できるのであろうか[29]。結論としては，ボルカー・ルールなどそれらの抑制を目指した条項が実現に移されれば，短期的かつある程度の抑制効果は持ちうるだろう。しかし中長期的にはその有効性に強い期待感を抱くことはできず，大手金融機関の利益追求，過度のリスクテイクも，消費者に対する濫用的行動も，そして金融危機の再発・TBTF機関の公的救済も，完全に防止するのは難しいと考える。

　同法が中長期的に見てその目的を果たしうることに著者が悲観的な理由は，それが金融危機を引き起こしたより重要な原因を認識していないか，認識していても無視しており，それに対して有効な対策を打ち立てていないからである。それは，ボルカー・ルール支持派による懐疑論が正しく指摘した通り，大手金融機関の利益追求，過度のリスクテイクの背景にある金融権力の存在である。すでに見た通り，大手金融機関は圧倒的な資金力と人材を武器に政治権力と緊密な関係を築き，1980年代以降，それを背景に自らの業務展開に都合の良い制度変更を次々要求し，結果として，業務の全面的自由とTBTF機関としての

せる「責任の所在の明確化」，金融権力の抑制やTBTF，TITF，TCTM機関の解体を含む「金融機関行動の民主的ガバナンス」の三つであるが，詳しくは稿を改めて論じる。

[29] ドッド・フランク法は非常に広範な項目を含む法律であり，それを全体としてどう評価するかは，TBTF問題の解決という目標に向けて採られる様々な施策の，どこに評価の重点を置くかによって違ってくる。たとえばWilmarth (2011), p. 987は，TBTF問題の解決が金融危機の再発を防ぐために最も重要な事柄であり，そのために必要な改革は，政府のセーフティネットを縮小して大手金融機関に現在与えられている補助金を大幅に縮小することと，政府監督下での大手金融機関の整然清算を容易にするとともに，損失は経営者，株主，債権者に帰すること，と主張する。そのために具体的に必要な施策は，①大手金融機関の規模拡大に関する既存の法的規制（リーグル・ニール法（Riegle-Neal Interstate Banking and Branching Efficiency Act））の強化，②大手金融機関の整然清算に関する特別の処理プロセスの確立，③大手金融機関に対する統合的監督レジームの確立と自己資本比率規制の強化，④破たんした大手金融機関の処理費用をカバーする特別ファンドの設立，⑤FDICによって付保された銀行からノンバンク関連会社の業務やリスクを切り離すこと，の五つと整理する。そのうえで同法は，①〜③については大部分対応しているが抜け穴も存在し，④と⑤についてはほとんど対応できていないため，それらに基づきTBTF問題は回避できないと評価する。本章での同法に対する評価は，この整理に基づけば，特に⑤に重点を置き，加えて①とも密接に関連するものとして金融権力への対処という概念も加えて行われる。

暗黙の政府援助の両方を取得することができた。そうした傾向は2000年代により顕著になり，大手金融機関はそうした特権的かつ不公正な地位に基づく極端な利益追求を行った結果，きわめて脆弱な影の銀行システムの急拡大と今次の危機を生み出すのに決定的な貢献を果たした。

　したがって，危機の再発防止とTBTF問題の解決のために真に必要なのは金融権力の抑止であり，そのための方策として，政治献金や天下りの制限などに加えて，金融機関の規模自体の抑制，すなわちTBTF機関の解体（あるいは自発的解体を促すような制度設計）を行わなければならない。それはとりもなおさず，金融機関の規模が大手金融機関の圧倒的な資金力の背景にあり，その圧倒的資金力が金融権力の元となっているからである。TBTF機関の解体に関する議論は同法成立過程でも一部聞くことはできたが，成立した法律にはついぞ既存の制限を超える金融機関の規模制限，そしてそれを通じた金融権力の抑止に関する具体的条項を目にすることはできなかった。それどころか，成立過程で大手金融機関が自らの主張を反映させるために金融権力を行使したことで，同法には多くの抜け穴が設定され，事実上骨抜きにされた事実は本章で見た通りである。その結果，大手金融機関は，金融危機後ほどなくして巨額損失や大規模救済などなかったかのように業績を回復させ，巨額の報酬の支払いも再開させている。

　当局が，大手金融機関の金融権力の抑止，そのために具体的に必要な，それらの規模の制限・解体というきわめて困難な課題に向き合わない限り，金融危機の再発防止も，また金融化の軌道修正も，果たしえないだろう。こうした金融権力の存在とその現在における存続は，金融化の根本にも関わる論点でもあり，終章でより詳しく検討する。

終章　金融権力の発現形態としての金融化とその諸影響

　本稿を通じて金融機関行動に焦点を当てて1980年代以降の金融化の歴史的展開を詳細に検討してきた結果，必然的に金融権力の問題に行き着いた[1]。金融機関，特に大手金融機関は，金融化の中核事象の展開過程で，当初はどちらかと言えば抑制的に，そして2000年代に入るとより露骨に，その主体的・積極的行動をもって金融化の下での利益を追求してきた。そして濃淡はあるものの，その時々に自らの保持する金融権力を発揮することで，そうした利益追求を可能な限り優位に展開してきた事実は，本稿で断続的に示してきた通りである。一方，金融化の最も根底部分に位置するとも考えられうるそうした金融権力に関わる諸問題は，きわめて重要な事象でありながら，その特性上，これまで体系的な研究対象になってきたとは言い難い。

　今次の危機への諸対応により，今後は政府による規制・監督権限が強化されることで大手金融機関の影響力は抑制され，大幅に減退するのではないかという楽観論も一部で聞かれた。もしその通りになるのであれば分析対象としての金融権力の重要度も今後，低下していくだろう。しかし前章で見た通り，新しい米国金融規制改革法では，大手金融機関の利益追求に対する制限は部分的に留まり，その効果を削ぐ重大な抜け穴も数多く残った。これは大手金融機関が再び金融権力を露骨に行使した結果でもあったが，同法はそうした金融権力の抑制・排除にまでは舵を切れなかったと言える。金融権力は温存され，現に存在する。

---

1) 現代資本主義を特に権力面に焦点を当てて分析する視点は福田 (2009) に依っている。一方，金融権力という用語には必ずしも定義が存在するわけではない。本稿では，特に大手金融機関による政治権力との結びつきを通じた直接的権力行使の側面に焦点を当てているが，それは，広義の金融が経済諸主体に対して有する，資金面，政治面，情報面，思想・文化面，その他様々な面での優位性・特権的地位・影響力の直接・間接の行使（いわゆる「金融ヘゲモニー (financial hegemony)」概念――統治される側の同意や自発性を一定程度認めたうえでの金融権力の行使――を含む）という広義の金融権力のあくまで一部と認識する。

本章は，本稿の締めくくりとして，そうした大手金融機関が有する金融権力の問題に焦点を当て，特に今次の危機前後のその変化をより詳しく見ていく。そのうえで，金融権力の発現形態としての金融化が，経済・社会に対して持つ含意についても整理する。

I　金融危機後の大手金融機関の再編と集中

　はじめに今次の危機を経て生じた米国大手金融機関の再編について簡単に確認しておこう。第4章でも言及した通り，今次の危機と政府による対応過程，特に2008年9月のリーマン・ブラザーズの破たんを経て，それらは短期間に劇的な変化を経験した。**図表8-1**はその概観である。

　今次の危機を経て，投資銀行では，リーマン・ブラザーズが破たん・消滅し，ベア・スターンズとメリル・リンチがそれぞれ商業銀行のJPモルガン・チェースとバンクオブアメリカに救済合併され，ゴールドマン・サックスとモルガン・スタンレーは銀行持株会社に転換し，純粋な投資銀行は事実上消滅した。商業銀行では，シティグループがその巨額損失により政府から資本注入や不良資産の損失保証を受けて実質的な政府管理下に入り，ワコビア (Wachovia) も同じく巨額損失を抱えてウェルズ・ファーゴに買収された。住宅金融では，大手民間住宅金融専門会社のカントリーワイド (Countrywide)，インディマック (IndyMac)，大手S&Lのワシントン・ミューチュアル (Washington Mutual) と，住宅金融専門のGSEである連邦住宅抵当公庫 (Federal National Mortgage Association: FNMA (通称ファニーメイ)) と連邦住宅金融抵当公庫 (Federal Home Loan Mortgage Corporation: FHLMC (通称フレディマック)) が，保険では，最大手のAIGが，いずれも今次の金融危機で巨額損失を被った結果，買収，破たん，実質的政府管理下入りなどを経験した。

　そうした金融危機後の再編の結果，大手金融機関の集中はより高まり，それらの利益も再び莫大なものになっている。**図表8-2**は危機を挟む2006年から2009年にかけての米国の大手投資銀行と大手商業銀行10行の主要な五つの金融業務における市場シェアとランクを示している。もし今次の危機が米国大手金融機関の影響力を大幅に減退させるという一部の指摘が正しければ，それら

終章　金融権力の発現形態としての金融化とその諸影響　217

図表8-1　金融危機後の米国大手金融機関の再編（2009年時点）

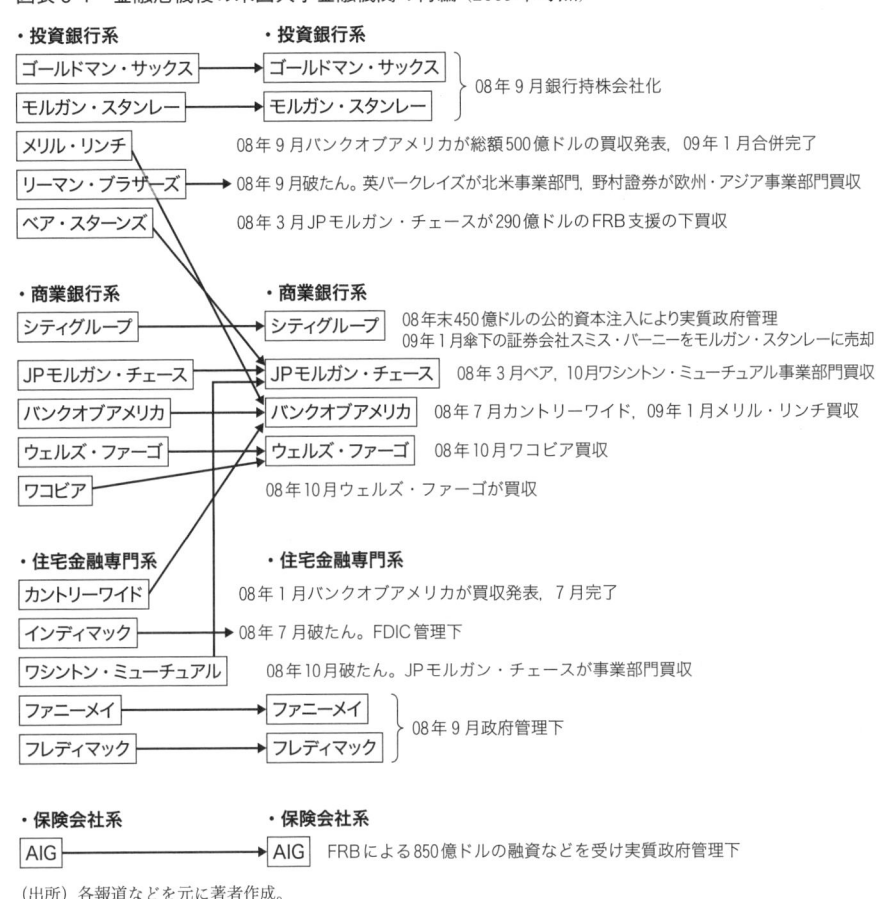

・投資銀行系　　　　　　・投資銀行系
ゴールドマン・サックス　→　ゴールドマン・サックス ⎫
モルガン・スタンレー　　→　モルガン・スタンレー　 ⎬ 08年9月銀行持株会社化
メリル・リンチ　　　　　　08年9月バンクオブアメリカが総額500億ドルの買収発表，09年1月合併完了
リーマン・ブラザーズ　→　08年9月破たん。英バークレイズが北米事業部門，野村證券が欧州・アジア事業部門買収
ベア・スターンズ　　　　　08年3月JPモルガン・チェースが290億ドルのFRB支援の下買収

・商業銀行系　　　　　　・商業銀行系
シティグループ　　　→　シティグループ　　　　08年末450億ドルの公的資本注入により実質政府管理
　　　　　　　　　　　　　　　　　　　　　　　09年1月傘下の証券会社スミス・バーニーをモルガン・スタンレーに売却
JPモルガン・チェース　→　JPモルガン・チェース　08年3月ベア，10月ワシントン・ミューチュアル事業部門買収
バンクオブアメリカ　　→　バンクオブアメリカ　　08年7月カントリーワイド，09年1月メリル・リンチ買収
ウェルズ・ファーゴ　　→　ウェルズ・ファーゴ　　08年10月ワコビア買収
ワコビア　　　　　　　　　08年10月ウェルズ・ファーゴが買収

・住宅金融専門系　　　　・住宅金融専門系
カントリーワイド　　　　　08年1月バンクオブアメリカが買収発表，7月完了
インディマック　　　→　08年7月破たん。FDIC管理下
ワシントン・ミューチュアル　08年10月破たん。JPモルガン・チェースが事業部門買収
ファニーメイ　　　　→　ファニーメイ　　⎫
フレディマック　　　→　フレディマック　⎬ 08年9月政府管理下

・保険会社系　　　　　　・保険会社系
AIG　　　　　　　　→　AIG　　FRBによる850億ドルの融資などを受け実質政府管理下

（出所）各報道などを元に著者作成。

の市場シェアは激減傾向を見せる一方，比較的傷の浅い中堅以下の金融機関や，欧州，日本，アジアなどの大手金融機関といった主要競争者の市場シェアが多少なりとも高まっていて良いはずである。しかし**図表8-2**によれば，主要業務において米国大手金融機関のシェア，ランクは全面的な激減というより漸減程度であり，M&Aアドバイス（仲介）やシンジケート・ローンのようにむしろ増加している業務さえ存在する[2]。

次に個別の金融機関を見るとより重要な傾向を確認できる。危機を生き残っ

図表 8-2　主要金融業務における大手金融機関のシェアとランク（2009年上半期まで）

米国企業関連M&Aアドバイス（発表ベース）

	2006		2007		2008		2009 (1-6)	
	市場シェア	ランク	市場シェア	ランク	市場シェア	ランク	市場シェア	ランク
ゴールドマン・サックス	33.4	1	36.9	1	43.9	1	52	2
モルガン・スタンレー	25.4	3	30.8	2	20.2	7	54.4	1
メリル・リンチ	19.2	7	18.4	7	20.9	6	n.a.	—
リーマン・ブラザーズ	20.4	6	23.9	5	n.a.	26以下	n.a.	—
ベア・スターンズ	7.8	13	5	13	n.a.	26以下	n.a.	—
シティグループ	26.6	2	25.7	3	34.5	2	34.8	5
JPモルガン・チェース	25.3	4	24.9	4	33.4	3	48.1	3
バンクオブアメリカ	12.2	9	9.3	10	12	11	35.1	4
ウェルズ・ファーゴ	n.a.	26以下	n.a.	26以下	n.a.	26以下	n.a.	26以下
ワコビア	5.7	15	3.4	16	n.a.	26以下	n.a.	—

※M&Aアドバイザーは複数金融機関が担当することもあるのでシェア合計が100％以上になる。

米国社債（投資適格債）引受主幹事

	2006		2007		2008		2009 (1-6)	
	市場シェア	ランク	市場シェア	ランク	市場シェア	ランク	市場シェア	ランク
ゴールドマン・サックス	9.4	4	9.1	4	7.9	6	8.5	6
モルガン・スタンレー	9.3	5	8.2	5	8	5	9.4	4
メリル・リンチ	6.7	7	7	7	7.3	7	n.a.	—
リーマン・ブラザーズ	9.1	6	7.7	6	n.a.	11以下	n.a.	—
ベア・スターンズ	n.a.	11以下	n.a.	11以下	n.a.	11以下	n.a.	—
シティグループ	14.6	1	14.9	1	13.8	2	11.2	3
JPモルガン・チェース	10.8	2	11.8	2	14.6	1	13.5	1
バンクオブアメリカ	10	3	9.4	3	11.3	3	12.2	2
ウェルズ・ファーゴ	n.a.	11以下	n.a.	11以下	n.a.	11以下	n.a.	11以下
ワコビア	5.4	8	6.7	8	3.9	10	n.a.	—

米国向けシンジケート・ローン引受主幹事

	2006		2007		2008		2009 (1-6)	
	市場シェア	ランク	市場シェア	ランク	市場シェア	ランク	市場シェア	ランク
ゴールドマン・サックス	2.4	7	4.7	5	2.8	7	2.2	8
モルガン・スタンレー	1.2	15	2.1	10	2.6	9	1.8	10
メリル・リンチ	2	9	3	9	1.4	13	n.a.	—
リーマン・ブラザーズ	1.6	12	3.4	7	n.a.	11以下	n.a.	—
ベア・スターンズ	0.7	20	1	16	n.a.	11以下	n.a.	—
シティグループ	14.3	3	15.9	2	12.3	3	12.7	3
JPモルガン・チェース	26.4	1	23.7	1	25.7	1	24.8	1
バンクオブアメリカ	18.5	2	15.5	3	17.8	2	21.4	2
ウェルズ・ファーゴ	1.1	16	1.2	14	2.8	6	6.8	4
ワコビア	5.8	4	5.5	4	4.4	4	n.a.	—

米国株式（普通株）引受主幹事

	2006		2007		2008		2009 (1-6)	
	市場シェア	ランク	市場シェア	ランク	市場シェア	ランク	市場シェア	ランク
ゴールドマン・サックス	15.8	1	11.7	3	13.3	3	10.7	4
モルガン・スタンレー	10.1	3	11.8	2	6.7	8	12.7	2
メリル・リンチ	9.3	5	12.3	1	13.3	2	n.a.	―
リーマン・ブラザーズ	9.9	4	9.1	4	n.a.	11以下	n.a.	―
ベア・スターンズ	n.a.	11以下	n.a.	11以下	n.a.	11以下	n.a.	―
シティグループ	11.4	2	8.2	6	11.3	4	5.8	5
JPモルガン・チェース	7.9	6	8.8	5	16.4	1	16.1	1
バンクオブアメリカ	3.4	10	3.4	10	7.2	7	11.1	3
ウェルズ・ファーゴ	n.a.	11以下	n.a.	11以下	n.a.	11以下	1.6	8
ワコビア	n.a.	11以下	n.a.	11以下	4.7	9	n.a.	―

米国モーゲッジ担保証券引受主幹事

	2006		2007		2008		2009 (1-6)	
	市場シェア	ランク	市場シェア	ランク	市場シェア	ランク	市場シェア	ランク
ゴールドマン・サックス	5.8	8	n.a.	11以下	3.3	10	14	3
モルガン・スタンレー	5.5	10	8	3	n.a.	11以下	n.a.	11以下
メリル・リンチ	n.a.	11以下	4.8	8	6.6	6	n.a.	―
リーマン・ブラザーズ	9.8	2	10.4	1	n.a.	11以下	n.a.	―
ベア・スターンズ	9.9	1	9	2	n.a.	11以下	n.a.	―
シティグループ	n.a.	11以下	4.7	10	5.2	8	8.2	6
JPモルガン・チェース	6.9	5	7.3	4	13	4	8.1	7
バンクオブアメリカ	6	7	6.1	6	13.7	2	23.2	1
ウェルズ・ファーゴ	n.a.	11以下	n.a.	11以下	n.a.	11以下	n.a.	11以下
ワコビア	n.a.	11以下	n.a.	11以下	n.a.	11以下	n.a.	11以下

（出所）Thomson ReutersのHP (http://www.thomsonreuters.com/) で公表されているデータより著者作成。
（注）市場シェアの単位は%，ランクの単位は位。

た大手金融機関のうち特にゴールドマン，モルガン，JPモルガン，バンクオブアメリカの4行（網掛け）に関しては，ほとんどすべての業務で，金融危機を経てもなお大幅なシェア減少を経験せずに高いシェアを維持している。それど

2）図表8-2と同じデータによれば，2009年にシェア，ランクを大きく上げているのが英国の金融コングロマリット，バークレイズであるが，それは競争によって勝ち得たものというより，単にリーマン・ブラザーズの北米事業部門買収によって成し遂げられたと言える。なおバークレイズ分を加えると，米国大手金融機関の2009年上半期のシェア総計は株式63.1%，社債64.2%，MBS65.7%，シンジケート・ローン71.7%となり，大幅な減少傾向はますます見出せなくなる。

ころかJPモルガンとバンクオブアメリカに至っては，破たんした金融機関の積極的買収の影響もあって大幅なシェア上昇を経験している。

　以上，集中度を見る限り，米国大手金融機関の全般的シェア激減は見られず，新たな競争相手が登場した事実も存在しない。それらの金融市場における影響力が衰えているとは言えそうにないし，一部機関についてはむしろ以前より強化されている。その証拠にそれらは2009年には早くも巨額の利益を計上し始め，ゴールドマンのように過去最高益を更新する機関も現れた。そしてそれを元手に再び経営者・従業員に巨額の報酬が支払われている。

II　金融権力の行使とその背景にあるもの
　　　──資金と人材に基づく政治権力への接近──

　すでに見た通り，一握りの米国大手金融機関は，金融化の過程で手に入れた巨額の資金・収益と豊富な人材を基礎に，政府・規制当局，国際機関などとの人的・資金的結びつきをますます強め，特に1990年代末以降，それらに対して自らの利益追求に都合の良い政治対応を露骨に要求し始め，実際に獲得してきた。しかしそうした金融権力の行使の結果得られた大手金融機関の特権的地位は，それらによる積極的リスクテイク（特にレバレッジを利かせた自己勘定取引やOTCデリバティブによる）とそれを条件とする影の銀行システム（特に高リスク仕組み金融商品と担保付短期資金調達）の肥大化の原動力となるとともに，それに付随して，規制の鞘取りや規制の民営化，大規模複雑金融機関（Large Complex Financial Institution: LCFI）の創出及びTBTF問題といった危機の主要要素の進展も促し，結果として今次の甚大な危機を生み出すうえで決定的役割を果たした。以下，近年におけるそうした金融権力の行使と，それに基づく大手金融機関の特権的地位に焦点を当て，特に今次の危機との関連性に重点を置きながら，実例に即して見ていく[3]。

---

3) 米国における金融規制緩和の背景とそれが金融危機に結びついた点については，McCoy et al. (2009) などを参照。

1 グラス・スティーガル法の撤廃と大手金融機関

　第一は，GS法の撤廃プロセスで行使されたと認められる金融権力の実例である。GS法は銀行による証券業兼営とそれによる損失が1929年大恐慌 (The Great Depressions) の原因の一端となったという考えを受けて1933年に成立し，銀行業と証券業を長年に渡り分離してきた。1980年代に入って金融界の要求に基づきFRBが子会社を通じた商業銀行の証券業参入を大幅に認めることで実質的に侵食されてはいたものの，ある程度の歯止めとしての機能は持ち続けた。しかし1998年に当時のシティバンクの親持株会社であるシティコープ (Citicorp) が証券会社ソロモン・スミス・バーニー (Salomon Smith Barney) を傘下に持つ保険会社トラベラーズ・グループ (Travelers Group) によって買収され，シティグループが誕生した。これに対しFRBは銀行持株会社法の例外規定を利用して合併の認可を行ったが，これは5年間の暫定措置であった。もし5年以内にGS法が撤廃されなければ，シティグループは解体されることになっていたが，1999年GLB法成立に基づいて商業銀行と証券業の障壁は一部（銀行本体による証券業務 (GS法16条) と証券会社による預金の受け入れ (同21条)) を除いて事実上撤廃されたため，シティグループは解体を免れた。これを契機に，一部大手商業銀行による証券業務参入や高リスク追求，規模拡大は加速した。

　ところでGLB法成立当時のシティグループの経営執行委員長はルービン (Robert Rubin) であった。彼は元ゴールドマン・サックスの共同会長であり，クリントン (Bill Clinton) 政権下で1995年からGLB法成立直前の1999年まで財務長官を務めていた。ルービンは明白な金融機関の利害代表者であり，彼の自由化・規制緩和に対する一貫したスタンスと，同法成立のタイミングがシティにとってあまりにも望ましいものであったことから，そこに彼の影響力が貢献した疑いを各所で報じられている。またルービンの後任の財務長官であったサマーズ (Lawrence Summers) は経済学者であり金融機関の代表者とまでは言えないものの，金融の規制緩和・自由化を促進する考え方はルービンと大差なかった。なおルービンは2009年1月までシティの会長，CEOなどを務め，サマーズはハーバード大学学長を務めた後，2009年にはオバマ政権の国家経済会議 (National Economic Council) 議長に就任した。

2　CDSの規制緩和と金融業界

　第二は，CDS規制に関わって行使されたと認められる金融権力の実例である。すでに見た通り，OTCデリバティブとしてのCDSは，1994年にJ. P. モルガンの若手バンカーのグループによって開発・商品化され，その後保険大手のAIGがその普及に積極的に関与することによって米国金融界に急速に広まった。AIGは関連会社を通じて大手金融機関などと天文学的額のCDS契約を資金的裏付けがまったくない状態で締結し，それによって巨額の利益を得る一方で，今次の金融危機においてはそれが原因で巨額の損失を被ることになった。

　CDSは商品，証券，保険の特質を兼ね備えるが，いずれの規制スキームからも除外されており，またそのほとんどがOTC取引で行われることから情報公開の義務も存在せず，実質的に未規制の状態で拡大した。こうした規制の欠如は偶然によって生じたのではなく，そこから利益を得る金融業界によるロビー活動の結果であったことが指摘される。これに対し1997年以降，CFTCがボーン（Brooksley Born）委員長に率いられ，OTCデリバティブの規制（情報公開や準備金要求など）を模索し始めた。しかし当時のルービン財務長官やサマーズ，グリーンスパンFRB議長らの抵抗によってその計画は頓挫させられた。1999年にはサマーズ，グリーンスパン，レヴィット（Arthur Levitt）SEC委員長が，上院銀行委員会委員長のグラム（Phil Gramm）上院議員に対しさらなるスワップ取引の規制緩和を求めるレポートを提出し，上述の通り，グラムは2000年商品先物現代化法においてそれを実行に移し，これによりCFTCは規制権限を失った。なお，サマーズやグリーンスパンは金融業界から数百万ドルに上る巨額の講演料やコンサルティング料を受けていたと報じられており，またレヴィットはその後PEファンドであるカーライル・グループ，ゴールドマン・サックス，AIGの顧問を歴任し，グラムはスイスの大手投資銀行UBSの副会長に就任した。

3　投資銀行のレバレッジ規制の緩和と金融業界

　第三は，投資銀行のレバレッジ規制に関して行使されたと認められる金融権力の実例である。2004年4月，SECでの会議の場に当時の五大投資銀行のCEOが参加した。この会議は非公開で行われ，そこで彼らは自らにかけられ

たレバレッジ規制の緩和を要求し，55分間の会議の結果，その通り規制緩和を獲得した。これは欧州で活動する米国投資銀行の子会社に対し，本国で親会社を規制する制度が存在しなければEUの規制に従って子会社を規制するというEUの決定に対する，投資銀行の危機感に基づく要求であった。実際，投資銀行持株会社に対する規制権限は非常にあいまいであり，少なくともSECはその権限を欠いていた。SECの決定は，資産50億ドル以上の投資銀行グループ（五大投資銀行とシティ，JPモルガン・チェースが含まれる）に対してレバレッジを規制する「ネットキャピタル・ルール」の適用除外とする代わりに，SECによる監督・調査を行うというものだった。

しかし実際にはそのような監督・調査はほとんど行われなかった。SECは投資銀行持株会社の監督を行う部署にわずか7人の職員しか配置せず，投資銀行に対し自らの内部モデルに基づいて最低所要自己資本を設定することを認めてそれに全幅の信頼を置くことで，監督権限を放棄していたと言える。これにより投資銀行はEUによるより厳しい規制を回避するとともに，自由にレバレッジをかけて投機活動を行えるようになった。今次の危機直前において一部の投資銀行ではレバレッジ比率が30倍を超えており，危機の過程で逆に損失にもレバレッジがかかって膨大な額に膨れ上がったことは，すでに指摘した通りである。なお当時のドナルドソン（William Donaldson）SEC委員長は投資銀行ドナルドソン・ラフキン＆ジェンレットのCEOや保険大手エトナ（Aetna）のCEOを務めた人物であり，2003年から2005年までSEC委員長を務め，退任後は再び金融業界に復帰している[4]。

4　今次の危機への対応と大手金融機関：ゴールドマン・サックスを中心に

最後は，今次の危機への対応過程で行使されたと認められる金融権力の実例である。今次の危機のプロセスでも大手金融機関と政治との結びつきは姿を現し，なかでも，最も政治と強いつながりを持ち「ガバメント・サックス（Government Sachs）」ともあだ名されるゴールドマン・サックスがその中心的役割を担った。まず危機発生当時に財務長官を務め，金融機関の処理・救済に当たっ

---

[4] 2004年のレバレッジ規制緩和についてはLabaton (2008)を参照。

たポールソン (Henry Paulson) はゴールドマンの元CEOである。ポールソンは危機への対応の重要なポストにゴールドマン出身者を次々と当てた。その最たる人物がカシュカリ (Neel Kashkari) であり，彼はポールソンが設計した財務省による金融機関救済のための7,000億ドルの不良銀行資産買い取りプログラム (Troubled Asset Relief Program: TARP) の監督者に指名された。またTARPのメンバーにはカシュカリによってゴールドマンの同僚が多数選ばれた。そしてそのポールソン自身も，ブッシュ (George Bush) 大統領の首席補佐官でゴールドマン出身のボルテン (Joshua Bolten) によって2006年に財務長官のポストを与えられたとされる。

またゴールドマンは，2008年9月にモルガンとともに突如銀行持株会社への転換を発表した。これは預金という安定資金源の獲得とFRBによる流動性供給を求めたものであったともされるが，この転換に素早く認可を与えたのはFRBであり，その判断にはゴールドマン元会長で当時ニューヨーク連邦準備銀行理事会議長であったフリードマン (Stephen Friedman) の影響力が反映したと指摘される。なおポールソンの後任のガイトナー (Timothy Geithner) 財務長官は当時ニューヨーク連邦準備銀行総裁を務めていたが，その後任として2009年1月から総裁の座に就いたダドリー (William Dudley) もゴールドマン出身である（ちなみに，ガイトナーの後任として2013年に財務長官に就任したルーは元シティグループの最高執行責任者）。さらにメリル・リンチのセイン (John Thain) 元CEOやワコビアのスティール (Robert Steel) 元CEOもゴールドマン出身であり，両社とも破たんに追い込まれず民間金融機関に救済買収されたのはゴールドマンとの関係が強かったこと，一方でリーマン・ブラザーズが破たんしたのはゴールドマンにとって大きな損害とならず，むしろライバルを消滅させることができたからだという指摘まで存在する。

そしてゴールドマンの特権的地位が最も露骨に顕在化したと言われるのが，AIG救済のプロセスである。ポールソン財務長官はAIGの新たなCEOとしてゴールドマン出身のリディ (Edward Liddy) を任命してその処理に当たらせたが，2008年9月以降，AIGは救済資金として多額の納税者の資金を受け取り，それを元手にAIGからゴールドマンにCDS契約に基づく支払いなどで総額130億ドルが支払われた。ゴールドマンはAIGのCDS取引の最大の顧客であり，

AIGの破たんはゴールドマンにとって200億ドル近い損失を負わせる可能性があった。巨額の納税者の資金を利用したAIGの救済は、ゴールドマンを救うために行われたのだという指摘もなされる[5]。

このように今次の危機の処理に関わったゴールドマン出身者の数は驚異的であるが、実際に彼らがどれだけゴールドマンの利益のために行動したのかを明らかにすることはもちろん至難の業である。ここで指摘できるのは、ゴールドマンの政財界における広範な人的ネットワークの存在と、それが危機において大きな損失を免れただけでなく、2009年に入って過去最高益を更新し、公的資金を返済し、経営者と従業員が巨額のボーナスを得ていることから、むしろ危機を経てさらにその影響力を強めた可能性が高いという事実のみである。

以上挙げたわずか四つの事例からでも、近年、米国大手金融機関が自らの利害代表者または支援者を政治の中枢に送り込んだり、積極的なロビー活動を行ったりすることを通じて、実際に自らの利益追求のために都合の良い政治対応をいかに獲得してきたかが認識できる。こうした事実は、現在では公的機関によっても注目されており、たとえば最近のIMFのレポートも、1999年から2006年の間に金融業界のロビー活動が、業界にとって望ましい法案を通過させ、反対する法案を廃案にさせる可能性を高めた、と結論付けている[6]。そしてこの特権的地位の背景にあるのが、一つは長年築き上げてきた金融界と政治との人的つながりであり、もう一つは政治家への多額の献金や寄付を通じた資金的つながりである[7]。たとえば、金融機関を中心としたFIRE部門の献金額は**図表1-15**で示した通り上昇を続け、そのシェアも常に首位であり、加えて**図表8-3**によれば、FIRE部門のロビー活動規模も1990年代末から今次の危機にかけて顕著な増加傾向を見せ、その後も大きな縮小を見ていないことが分か

---

5) Creswell and White (2008), Johnson (2009), Taibbi (2009b) などを参照。
6) Wilmarth (2013), p. 1364.
7) Taibbi (2009a) によれば、金融機関による寄付金・ロビー活動費の総額はGS法撤廃のためだけで3億5,000万ドル、グラム上院銀行委員長一人だけで5年間で260万ドルとも推定される。またWilmarth (2013), p. 1363によれば、1990年から2012年の金融業界の献金額は33億ドル以上で全産業でトップ、1998年から2012年のロビー活動費用は53億ドル以上で全産業で3位にランクした。それらは2007年時点で3,000人ものロビイストを抱え、彼らの多くは官僚や議会メンバー、スタッフなどであった。

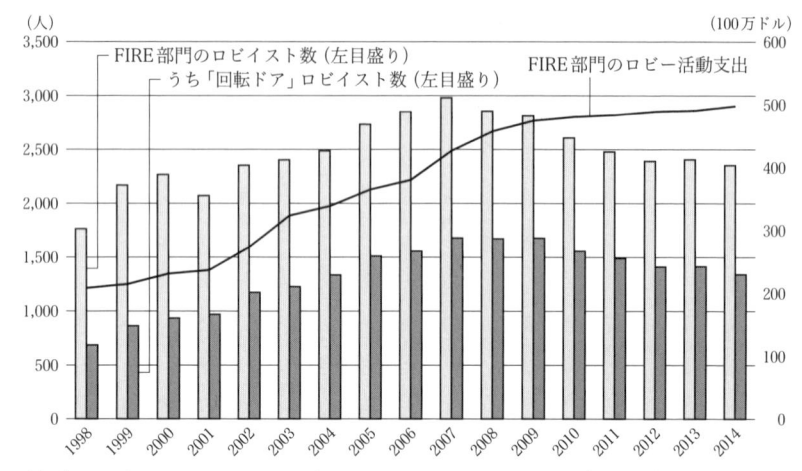

図表 8-3　FIRE部門のロビイスト数とロビー活動支出

(出所) オープン・シークレットのHP (http://www.opensecrets.org/lobby/) より作成。
(注)「回転ドア」ロビイストは，以前に議員，議会スタッフ，連邦職員などとして働いた経験のあるロビイストを指す。

る。歴史的に作り上げられた大手金融機関と政治との緊密な関係がこれまでの大手金融機関の地位の安泰と莫大な利益をかなりの程度保証してきたこと，そうした大手金融機関の金融権力行使の基礎にある圧倒的規模と巨額の資金・利益及び人的つながりは金融化の過程でますます強化される一方，前節の記述や**図表 1-15，8-3** からも看て取れるように今次の危機を経てもなおほとんど浸食されていないことを，改めて事実として受け入れる必要がある。金融権力は現在も非常に強力な形で存在し続けているのである。

III　金融権力の発現形態としての金融化の経済・社会的含意

以上のような，究極的には大手金融機関による金融権力の発現形態として展開したと認識することも可能な1980年代以降の金融化のプロセスは，本稿で示した通り，間違いなくそれらに多くの利益をもたらした。それではそのことが持つ経済・社会的含意はどのようなものであろうか。金融の量的・質的な拡大を巡っては，先行研究によって積極面と消極面の両面が主張されているが，

主に前者の主張は、市場の効率性に重点を置く主流派経済学に依拠した議論である[8]。多くの場合、それらの基礎にあるのは、完全情報と完全競争、合理的主体を前提とした市場メカニズムの効率性・自動調節機能への信奉と、金融はあくまで中立的な存在であって、実体経済における資金調達や資産運用のための便利で効率的な道具にすぎないという比較的素朴な思考である。しかしそうした理解に留まる限りは、残念ながら現実の金融市場に生じている事実を必ずしも捉えきれない。

現実には、大手金融機関の利益追求が主導した側面を持つ金融化の展開は、すでに本稿各所で示したように、それら以外の大部分の主体にとっては、むしろ直接・間接に多くの経済・社会的な負担・損失を強いるものでもあった[9]。たとえば一般家計は、第2章で見た通り、金融機関の勧めで資産運用の形で徐々に金融市場への積極関与を求められるようになり、また第5章で見た通り、機

---

[8] 金融の量的・質的拡大が持つとされる積極面は、以下のように整理できる。第一に企業にとっては、資金調達手段が多様化してそれらが互いに競争することで低コストかつ機動的な資金調達が可能になる。また企業財務にファイナンス理論を応用することでリスクの管理・分散がより効率的に行えるようになる。さらに株主価値経営概念に基づく金融市場における機関投資家の直接・間接の圧力や敵対的買収の脅威が市場規律として常に経営効率化を促す。第二に家計にとっては、金融商品の多様化によって各家計のリスク寛容度に応じた金融資産保有の選択肢が拡大する。そして資産価値の上昇は資産効果を通じて家計の消費需要を促進する。第三によりマクロの視点で見れば、金融仲介は希少資源の最適かつ効率的な配分の実現メカニズムであって、その拡大・機能強化は効率的資源配分にポジティブな効果を持つ。そして金融イノベーションを通じてリスクの商品化が可能になると、特定の部門にリスクが偏ることがなくなり経済全体でのリスク分散効果も働く。また金融部門が拡大するほど、流動性供給に基づく価格発見機能や裁定取引を通じた価格安定化機能などもより機能する。産業としての金融業は、資本の供給や引き揚げを通じて実体経済のダイナミズムを促しつつ、自ら重要なリーディング産業にもなりうる。そしてそれらが複合的に機能することで、延いては一国の経済成長にとってもポジティブな影響を持ちうる。そうした議論の紹介についてはCrotty (2013) なども併せて参照。

[9] 詳しくは小倉 (2013b) を参照。第1章でも示した部門別視点に基づくならば、金融化は、家計や企業だけでなく、長期的には、政府にも、そして金融機関自身にもネガティブな影響を持ちうると言えよう。たとえば政府は諸施策の実施に際して大手金融機関の要求を最優先にすることで、自らの自立性を喪失し、他の主体の利害を侵害し、誤った政策・資源配分を行い、最終的には他の主体からの信任を徐々に失っていくだろう。同様に、金融機関も、その行き過ぎた利益追求行動が、社会性や公共性といった金融機関の持つ特殊性に対する他の主体からの疑念を招き、その正当性への信認を失うことにつながるだろう。

関投資家を通じて非常に不透明な金融商品を間接的に購入させられることで，生活資金・老後のための資金をよりリスクに晒すことになった。それらは，金融機関には家計から支払われる手数料の形で巨額の利益を生み出す一方，大多数の家計にはむしろ生活の不安定化をもたらした。さらに第5・6章で見た通り，金融イノベーションの名の下，中所得以下の層や貧困層・マイノリティの家計までもが金融機関の利益追求対象（住宅ローン，消費者ローン，クレジットカード・ローン，学資ローンなどの貸付による）に組み込まれるようになり，それらを通じて急速に負債比率を高めた一般家計は，金融機関に対して負った多額の元利払い負担により，ますます不安定な生活を強いられるようになった[10]。一方，富裕家計は金融市場への関与を通じてますます巨額の金融資産を積み上げ金融的所得を得るようになるため，経済格差も拡大した。

また企業は，第3章で見た通り，大手投資銀行主導で半ば強制的にM&A市場に参入させられることで，長期的には利益につながらなかったり，社会的にほとんど意味のないようなM&Aをも実施させられた。それにより，大手投資銀行は助言先企業から巨額の手数料や金利支払いを受けることができた一方，企業はM&Aの実施や防衛のプロセスで多額の負債を負うことになった。加えて第1・6章でも言及した通り，企業は，M&A活動活発化の重要な背景としての株主価値経営の促進を通じて，金融機関や機関投資家から強力な短期的株価引き上げ要求を受けるようになり，それによって経営視点の短期化を余儀なくされた。このことは利益や内部留保の株主への分配を増加させる一方，短期的に収益性の高い部門への資源の集中を求め，短期収益性の低い事業部門の売却や，基礎研究にかける費用の縮小などを通じて，企業が長期的に利益を得る機会を消失させうる。またそうした短期的な経営視点は，雇用の流動化や労働強化，取引業者へのコスト転嫁，生産拠点の海外移転などにも結果し，それらを通じ

---

[10] 伊藤 (2009) は，一方で，大企業の自己金融化の結果として金融機関に過剰化した資金が発生し，他方で，実質賃金の停滞の結果として家計は住宅や耐久消費財の購入に自己資金では不足しがちという状況が生まれた下で，金融機関が家計向けの住宅金融や消費者信用，すなわち労働者の賃金所得からの元利払いを主要な利益源に設定し，それが米国ではサブプライムローンのような略奪的貸付の形態を採っていった事実を，マルクスを援用して「労働力の金融化による重層的搾取」の現代的展開として表現している。

た家計への直接・間接の打撃も非常に大きいものであった。

　また家計，企業双方が金融市場に投入した資金は，特に第4～6章で見た通り，機関投資家の手元に集中され，大手金融機関の誘導の下，高格付けで利回りも良い安全資産を追求し続けるとともに，その一部はレバレッジを利かせながら短期的収益性の高い資産に流入するようになった。このことで，一時的にはそれらの市場でバブルが引き起こされるものの，何らかのきっかけでその資金が急速に回収・逆回転を始めるとバブルが崩壊し，金融危機が発生する，という負のサイクルが高頻度に発生するようになった。それによって金融市場の不安定性が非常に高まるなか，大手金融機関は，そうした機関投資家資産の運用を代行して手数料収入を稼ぎながら，自らの特権的地位に基づいてますます高リスクを追求するようになる一方，それが巨額損失につながった場合には，公的資金注入やその後の実体経済の長期不況といった形で，主に一般家計や企業（特に中小企業）がその負担を引き受けることになった。影の銀行システムの急拡大と金融グローバル化の進展とともに，そうしたサイクルの規模，範囲，頻度，速度，影響の大きさなどはいずれも急増した。

　以上のように，その重要な特徴として，大手金融機関の金融権力の発動，利益追求によって促された側面を持つ1980年代以降の金融化は，家計や企業の金融市場への積極的関与とそれらによる金融機関への直接・間接の巨額の支払いを重要な条件としながら展開してきたと言える。そしてそのプロセスは，金融機関にとっては収益の長期的拡大傾向と特に一部の大手金融機関の収益の短期的急膨張として結果する一方，それ以外の主体の圧倒的大多数にとっては経済・社会的な負担・損失を広範に課すものでもあった。資本主義の長期的傾向としての金融化は，頻発する危機によってそのペースが一時的に攪乱・停滞することはあっても，歩み自体を止めることは現時点では考えにくい。特に第1章で確認したように，その根源的要因が，一部の先行研究が指摘する非金融企業の生産的投資需要の減退のような構造的要因に帰せられるのならばなおさらであろう。しかしそれが，経済諸主体の広範な経済・社会的負担を自らの展開の必要条件とする限りは，公正で持続可能なシステムとは言えないことだけは断言できる。

エピローグ

　本稿は，金融の影響力が拡大した現代の資本主義経済・社会を体系的に理解するためには，正確な現状認識と理論的解明が必要不可欠であることを強く認識し，その重要な手がかりとなりうる，政治経済学を中心とする社会科学の新しい分析視角としての金融化アプローチに着目した。そのうえで本稿は，独自の視点として，金融それ自体，なかでも金融機関行動に焦点を当て，それらの収益構造や業務・イノベーション，市場構造，権力行使などの内実に踏み込みながら，金融化の中核事象の歴史的展開を追うことを通じて，先行研究とは異なる視点から金融化を捉え直す，金融化アプローチを修正・補強することを試みた。本稿の分析を通じて以下のことが明らかにされた。

　第一に，金融化を歴史的展開として捉えた本稿の分析により，米国で1980年代以降に展開した金融化が，実体経済部門を構成する家計と企業を様々な形で金融市場に徐々に巻き込み，それら自体を金融化させる一方，金融化した家計や企業が主に機関投資家を経由して金融市場に投じた大量の資金やそれらによる多額の負債の存在が，2000年代の影の銀行システムの拡大の前提となり，そのことを通じて同時期の金融化を量的・質的に変容させた事実，つまり1980年代以降の金融化と2000年代の金融化の連続的側面が明らかになった。

　第二に，金融機関行動に焦点を当てた本稿の分析により，金融機関，特に一握りの大手金融機関が，金融化の中核プロセスを当初は部分的・間接的に，次第に全面的・直接的に，自らの利益追求動機の下に統治し，そのなかで自らも深化することで収益拡大を実現し，金融化の主要な受益者になりえた事実が明らかになった。この意味で，金融機関の主体的行動，特に大手金融機関による利益追求の貫徹には，主に企業の金融化に焦点を当てることでそれを必ずしも分析対象に組み込めていない先行研究とは異なり，金融化の展開におけるより重要な原動力としての地位が与えられるべきであると判断する[1]。

---

1) プロローグでも述べた通り，何か一つの事象（たとえば企業の金融化）から一方向的に金

第三に，経済部門別視点に立った本稿の分析により，経済・社会を構成する諸主体をより網羅する形で金融化を捉え直すことが可能になった[2]。そのなかで先行研究ではほとんど手がつけられていない政府の金融化にも光が当てられ，そのことにより大手金融機関の利益追求のさらに深奥に，究極的には，一握りの大手金融機関がその巨額の資金と人材を基礎に，政府・規制当局と人的・資金的に結びつき，自らに都合の良い政治対応を獲得してきた事実，つまり狭義の金融権力の存在があった事実が，部分的ではあるが明らかになった。その存在はある意味で米国金融を歴史的に規定してきたが，特に金融化の進展とともに大手金融機関への資金・人材の集中が加速し，同時に政府自体も金融化することで，特に1990年代末以降，より顕著に現れるようになったと言える。

　そして最後に，金融化と今次の危機やその後の金融規制改革との関連性をも視野に入れた本稿の分析により，2000年代の金融化が，脆弱性を内在する影の銀行システム拡大の追求，その下での大手金融機関の不公正なリスクテイク（特に高レバレッジの自己勘定投資）によって突き動かされ，それに過度に依存するようになった時点でもはや持続不可能になり，その自壊過程が2007-09年の国際金融・経済危機として顕在化した事実，また2010年米国金融規制改革法は，大手金融機関の利益追求・リスクテイクに対しても，その背後の金融権力に対しても，結局のところそれらをコントロールする有効な手段を設定できず，現在でも金融権力は強力に残存している事実も明らかになった。

　　融化を説明することは，諸要素の複雑な絡まり合い，相互依存関係を軽視してしまう恐れがあり，本稿も大手金融機関の利益追求のみに基づいて金融化を完全に説明できると考えているわけではない。諸要素から伸びるベクトルは複雑に絡み合っており，原動力が複数存在すると想定することも可能であろう。ただ本稿で示したように，金融機関の主体的行動が他の主体の行動に及ぼす影響は事実として強度を増しており，そのベクトルも他の主体のそれより大きくなっていると判断できよう。

2）金融化をより網羅的に捉えようとする試みに立って，先行研究を幅広く検討したり，様々な分野の研究仲間と対話したりしていくなかで認識するようになったのが，社会科学の学術的アプローチの仕方自体に金融的思考法（分析対象を諸リスク——あるいはより金融的意味合いを強く持つボラティリティ——に晒された存在と捉え，それを計量し，管理しようとする）がかなりの程度組み込まれてきている，という事実である。これは「社会科学の金融化 (financialization of social science)」あるいは「学術の金融化 (financialization of science/academic)」と呼ぶことができるかもしれない。この点はまだ著者の直観に留まるが，今後の検討対象の一つとしたい。

以上が現代資本主義分析としての金融化アプローチへの本稿の貢献である。

◇

一方，本稿の分析に大いに関連するものの，必ずしも詳細に取り扱うことができなかった課題も多く残されている。その第一は，いわゆる貨幣資本とその過剰化の発生要因を巡る問題である。金融化，特に大手金融機関の収益拡大の背景には，金融市場に資金を流入させ，金融機関に支払いを行う源泉としての，家計と企業の資金が存在したことは，本稿で示した通りである。マルクス派はこうした金融市場内部で価値増殖を行おうとする資本の運動を貨幣資本の運動（その最も純粋な形態としての「G─G′」）という概念で捉えるが，そもそも家計・企業という実体経済部門の資金がどのようなメカニズムで貨幣資本化し，それがどのように拡大・過剰化していったのか，そもそも本当にそれらが過剰化していると言えるのか，といった点は，金融化の本質的理解に関わる重要な要素である。その解明には，資本の利潤率低下の他，産業構造，人口構造，金融・財政政策，企業戦略，政府規制，イノベーション，グローバル化といった様々な要素の変化・相互作用を考慮したうえでの理解が必要となるが，本稿ではこれらの点についてきわめて部分的にしか提示できなかった[3]。

課題の第二は，金融的収益の究極的源泉を巡る理論的問題である。政治経済学では広く，金融的活動自体は不生産的と見なされ，そこで取得される収益は実体経済における生産的活動を通じて生み出された付加価値の純粋な移転として実現される，と把握される。一方，金融的活動を生産的活動と分離して捉える理解自体を批判し，マルクスの記述の混乱も踏まえ，金融的活動も利潤を取得するための資本の運動であり，そこにそれを生み出す目的の労働が含まれる限り同じく生産的活動である，と捉える議論も存在する[4]。こうした価値論範疇の理論的・本質的議論に対し，著者は現時点で正確な回答を準備する段階に

---

[3] 過剰な貨幣資本の発生要因については小倉 (2013b) で部分的に検討している。またこの点については髙田 (2013)，第一章，髙田 (2015)，第4章なども参照。
[4] Sotiropoulos et al. (2013), pp. 42-46. Levina (2014) は，金融利潤の源泉は，金融的活動によって新たに生み出された付加価値，すでに生み出された付加価値の他者からの移転（レント），過大評価や過小評価といった評価の誤り＝幻想（ミラージュ），のいずれかであると整理したうえで，レント説を採用している。

ない。少なくとも本稿は，資本家の一形態としての金融機関の運動（金融機関行動）は，産業資本家や流通資本家の運動と究極的に対立する，それらから利益を抜き出し，それらの運動を阻害する存在である（「実体経済対金融」）という，金融化アプローチの一部に見られる理解は必ずしも採っていない。それらは（特にその上層においては）相互補完的に，広く共通の利害をもって活動している。

課題の第三は，同時期に大手金融機関が実際に取得した巨額の収益の分配を巡る問題である。金融機関の収益の分配面については，本稿の収益源分析と同様に強力なデータ上の制約が存在するものの，現時点でもある程度解明が進んでいる。それらによれば，そのかなり大きな部分が，大手金融機関の経営陣と一部のトップ従業員に巨額のボーナスとして支払われ，それらは彼らの教育水準やスキルなど人的資本の点から見ても非常に高く設定されており，そうしたボーナスは，パフォーマンスの悪化を反映しないような報酬構造に基づいて，今次の金融危機の最中でも，またそれを経た後でも，縮小していない[5]。そうした収益の分配や報酬構造に関する分析は，本稿の分析とも密接にリンクしており，その解明の重要性は非常に高い。

課題の第四は，金融権力を巡る問題である。本稿は，金融化が大手金融機関の利益追求行動を原動力として進展しており，その背後に究極的には金融権力の高まりが存在すると指摘した。一方でそうした金融権力の存在は，大部分が数字で示すことの難しい定性的問題であるとともに，それに関する情報もほとんど表面に現れないため，その立証がきわめて困難であり，先行研究でもほとんど体系的分析がなされていない。本稿では，全体を通じてその存在を部分的・限定的に提示し，終章で近年のその代表的発現事例を挙げるに留めたが，より詳細な内実の検討や理論的分析もきわめて重要であることは間違いない。

課題の第五は，本稿が焦点を当てた米国の金融化，金融機関の収益拡大と，世界経済，特にわが国経済との関連の分析である。金融グローバル化が進むな

---

5) Crotty (2009), Tomaskovic-Devey and Lin (2011). 金融機関内部の分配に留まらず，金融化（特に利潤の金融化）が経済全体の所得分配に影響を与え，経営陣と労働者間，個々の労働者間の経済格差を拡大させるという議論については，たとえば Lin and Tomaskovic-Devey (2013) などを参照。

か，米国の金融化は各国の資金を大量に巻き込みながら進展してきた（第4章でも言及したように，先行研究ではこの問題は主にアジアの経常収支黒字国における過剰貯蓄＝グローバル・インバランスの問題という文脈で分析される）。また金融化はその速度や内容に差異はあるものの，わが国を含む先進諸国でほぼ一様に進展しており，一部途上国にも同様の傾向が見え始めている[6]。これらは，米国（米ドルと米国大手金融機関）の特別な地位に基づいてその金融化がグローバルに波及していく側面と，各国の国内要因によって経路依存（path dependency）的に金融化が進展していく側面とが複雑に絡まり合いながら展開していると想定できる。欧州や中国なども視野に入れた現代資本主義の特質や今後の行く末を捉えるうえでも，またわが国における金融化の現状を正確に捉えたうえで有効な政策やオルタナティブを展望するうえでも，そうしたグローバル視点に基づく金融化分析は必要不可欠であろう。

　以上の点は，本稿の分析を補強し，金融化をより体系的に理解するためには，いずれも必ず解明されなければならない諸課題である。それらの重要性を認識しつつ，その分析については稿を改めることにする。

◇

　本稿は，著者が2014年7月に一橋大学大学院経済学研究科に最終提出した博士学位請求論文（「経済の金融化と金融機関行動」）をベースに，大幅な加筆・修正，データの更新を行い，一部書き下ろしを加えたものである。

　最後に本稿の執筆・出版にあたりご支援をいただいた多くの方々に感謝の意を表したいと思う。特に公私に渡り大変お世話になった三人の恩師，福田泰雄先生（一橋大学教授），石倉雅男先生（一橋大学教授），高田太久吉先生（中央大学名誉教授）に厚く感謝申し上げる。まず福田先生には，学生時代から現在まで，感謝しきれないほどのご支援をいただいている。政治経済学の基本的思考法から論文の書き方まで，著者の研究者としての基礎はすべて先生に教わったものである。著者の拙い論文を丁寧に読んでくださったうえで常に適切なアドバイスをくださり，また研究が滞り気味の時期には励ましの言葉をかけてくださるなど，先生のご支援がなければ学位取得も本稿の執筆も叶わなかっただろう。な

---

[6] たとえばEpstein and Jayadev (2005) を参照。

お先生は2016年3月末をもって30年以上務められた一橋大学をご退職される。ご功労に敬意を表しお祝い申し上げたい。石倉先生からは，政治経済学の多様性と可能性を勉強させていただいた。金融化アプローチを分析する著者にとって，こうした多角的視角を学べたことは非常に有意義であった。また先生は海外の研究動向に大変お詳しく，本稿の執筆に関しても多くの有益な情報をいただいた。そして高田先生には，学生時代から現在まで，私的にご指導を賜り続けている。外部の人間である著者を快く受け入れてくださり，ご専門の米国金融制度から，金融化アプローチを含む政治経済学の新しい議論まで，著者の専門に関わる知識や関心の多くは先生に依っている。また専門分野以外にも先生の知識の範囲は広大で，お話をするたび多くの刺激を受けることができた。

それ以外に，内容面での助言，研究会での議論，出版に関わる助言及び作業，学位論文の審査，サバティカル中の諸サポート，その他公私に渡る諸々のご支援をいただいた以下の方々に御礼申し上げる (五十音順，英語表記は姓のアルファベット順)。新井大輔先生 (名城大学助教)，石川文子先生 (静岡大学准教授)，太田隆之先生 (静岡大学准教授)，加藤昌子氏 (デザイナー)，桜井香氏 (桜井書店)，高倉博樹先生 (静岡大学教授)，寺西俊一先生 (一橋大学教授)，遠山弘徳先生 (静岡大学教授)，徳永潤二先生 (獨協大学准教授)，鳥畑与一先生 (静岡大学教授)，内藤敦之先生 (大月短期大学教授)，萩山友香氏 (静岡大学職員)，花崎正晴先生 (一橋大学教授)，眞鍋倫子先生 (中央大学教授)，水口剛先生 (高崎経済大学教授)，三和裕美子先生 (明治大学教授)，Paul Lamy氏，Jan Toporowski先生 (SOAS教授)。

なお著者は現在，本務校からサバティカルの許しを得，2016年9月までロンドン大学東洋アフリカ研究院 (School of Oriental and African Studies: SOAS) に客員研究員として在籍中である。そのため，本稿の内容などに関わる問い合わせがある場合は，著者のメールアドレス (jsogura@ipc.shizuoka.ac.jp) まで直接お送りいただきたい。

末筆になるが，この場を借りて，著者を育て，研究への道を開いてくれた両親，父信次，母マリ子に最大の感謝を伝えたいと思う。

2016年3月 (London, Russel SquareのSOASのLibraryにて)

著者

参考文献

池尾和人 (1989)「金融仲介理論の新展開」，伊藤元重・西村和雄編『応用ミクロ経済学』東京大学出版会。
── (2013)「金融危機と市場型間接金融──「影の銀行システム」の経済分析──」，花崎正晴・大瀧雅之・随清遠編著『金融システムと金融規制の経済分析』勁草書房。
石上圭太郎・中村直之・大木隆広 (2007)「M&Aから見る業界再編：求められる企業規模最適化」，『知的資産創造』8月号。
石倉雅男 (2011)「証券化と金融危機──"Shadow Banking System"における金融不安定性をめぐって──」経済理論学会第59回大会報告資料。
石原哲夫 (2010)「政治的妥協の末，辛くも成立した米金融規制改革法」，『金融財政事情』2896号。
伊豆久 (2001)「自社株買いについて」，『証研レポート』1597号。
磯谷玲 (1997)『80年代アメリカの金融変革』日本経済評論社。
伊藤誠 (2009)『サブプライムから世界恐慌へ』青土社。
内田浩史 (1997)「金融取引における金融仲介機関と資本市場」，『金融経済研究』第13・14号。
小倉将志郎 (2006)「米国における金融部門の収益拡大と資金循環構造の変化──1980・90年代を中心に──」，『証券経済研究』第55号。
── (2007)「1980・90年代における米国投資銀行の収益拡大と「M&A関連業務」」，『一橋研究』第32巻第2号。
── (2009)「サブプライム金融危機と「影の銀行システム」」，『行財政研究』No. 73。
── (2010)「金融危機は米国金融を変えたのか」，『経済』172号。
── (2011)「米国・金融規制改革法と大手金融機関」，『経済』184号。
── (2013a)「金融危機後のアメリカ金融規制改革──ボルカー・ルールをめぐって──」，『日本の科学者』Vol. 48 No. 2。
── (2013b)「経済の金融化の部門別再整理と新しい分析視角」，『静岡大学経済研究』第18巻第2号。
── (2014a)「米国における2000年代の金融機関の収益拡大とモダン・ファイナンス」，『静岡大学経済研究』第18巻第3号。
── (2014b)「経済の金融化と金融機関行動」一橋大学大学院経済学研究科学位論文 (http://hermes-ir.lib.hit-u.ac.jp/rs/bitstream/10086/26755/1/eco0202014

00403.pdf)。
掛下達郎 (2012)「金融機関の収益構造は変化したのか?——日米の大手金融機関について——」,『証券レビュー』第52巻第2号。
数阪孝志 (1991)『アメリカ商業銀行の多角的展開』東洋経済新報社。
勝悦子 (1997)「金融ビッグバン後のわが国金融サービス業」,『FRI review』vol. 1, no. 3。
可児滋・雪上俊明 (2012)『デリバティブがわかる』日本経済新聞出版社。
佐賀卓雄 (2009)「金融システム危機と投資銀行の衰退」,『証券レビュー』第49巻第1号。
添田利光 (1998)「アメリカ商業銀行の預金業務をめぐる環境変化について (1965-1985年) ——銀行業衰退論研究の予備的作業として——」,『商学論纂』第40巻第1・2号。
―――― (2002)「アメリカ商業銀行の大企業向け貸出をめぐる環境変化」,『商学論纂』第43巻第1号。
高田太久吉 (2003)「「竹中プラン」をウォール街から見る——投資銀行主導の金融証券化は何をもたらすか——」,『経済』91号。
―――― (2008a)「資産証券化の膨張と金融市場」,『経済』151号。
―――― (2008b)「「経済の金融化」は資本主義をどこに導くか」,『経済』155号。
―――― (2009)「現代資本主義論としての「経済の金融化」論」,『企業研究』第14号, 中央大学企業研究所。
――――編著 (2013)『現代資本主義とマルクス経済学』新日本出版社。
―――― (2015)『マルクス経済学と金融化論』新日本出版社。
ドーア,ロナルド (2011)『金融が乗っ取る世界経済』中央公論新社。
永田裕司 (1995ab)「米国のミューチュアル・ファンドと金融仲介 (上・下)」,『福岡大学商学論叢』第40巻第1号, 第40巻第2号。
西村信勝 (2005)『外資系投資銀行の現場』日経BP社。
日向野幹也 (1982)「金融仲介理論の有効性——語源的・学説史的考察」,『季刊 現代経済』No. 50。
福田泰雄 (2009)『コーポレート・グローバリゼーションと地域主権』桜井書店。
淵田康之 (2012)「経済における金融セクターのシェアをめぐる論点」,『野村資本市場クォータリー』vol. 16-3。
松井和夫・奥村皓一 (1987)『米国の企業買収・合併:M&A&D』東洋経済新報社。
松井和夫 (1991)「戦後米国の企業合併運動の特質——M&Aブームのなかで金融機関が果たす役割の分析を中心に——」,『Discussion Paper Series A』No. 234,

一橋大学経済研究所。

松尾直彦 (2010)『Q&A アメリカ金融改革法』金融財政事情研究会。

三谷進 (2003)「アメリカ金融市場の発展と投資信託システム――1990年代を中心に――」,『名城論叢』第4巻第2号, 11月。

吉川真裕 (2013)「ロンドンの鯨」,『証券経済研究』第82号。

Acharya, V. and M. Richardson (2009), Cause of the Financial Crisis, *Critical Review*, Vol. 21(2).

Adrian, T. and A. Ashcraft (2012), Shadow Banking: A Review of the Literature, *Staff Report*, No. 580, Federal Reserve Bank of New York.

―――― and H. Shin (2010), The Changing Nature of Financial Intermediation and the Financial Crisis of 2007-09, *Staff Report*, No. 439, Federal Reserve Bank of New York.

Anderson, R. and C. Gascon (2009), The Commercial Paper Market, the Fed, and the 2007-2009 Financial Crisis, *Review*, Nov/Dec 2009, Federal Reserve Bank of St. Louis.

Arrighi, G. (1994), *The Long Twentieth Century*, New York, USA: Verso (土佐弘之監訳『長い20世紀』作品社, 2009年).

Ashcraft, A. and T. Schuermann (2008), Understanding the Securitization Mortgage Credit, *Staff Report*, No. 318, Federal Reserve Bank of New York.

Bank for International Settlements (BIS) (2013a), *Triennial Central Bank Survey: Foreign Exchange Turnover in April 2013* (http://www.bis.org/publ/rpfx13fx.pdf)

―――― (2013b), *Statistical Release: OTC Derivatives Statistics at end-December 2012* (http://www.bis.org/publ/otc_hy1305.pdf).

Baker, D. (2008), The Housing Bubble and the Financial Crisis, *Real-World Economics Review*, No. 46.

Bartlett, C. ed. (2012), *2012 Fact Book*, New York, USA: Securities Industry and Financial Markets Association (SIFMA).

Berger, A., A. Kashyap and J. Scalise (1995), The Transforming of the U. S. Banking Industry: What a Long, Strange Trip It's Been, *Brookings Papers on Economic Activities*, 2.

Blackburn, R. (2006), Finance and the Fourth Dimension, *New Left Review*, 39.

―――― (2008), The Subprime Crisis, *New Left Review*, 50.

Boyd, J. and M. Gertler (1994), Are Bank Dead? Or Are the Reports Greatly Exaggerated?, *Quarterly Review*, Vol. 18, No. 3, Federal Reserve Bank of Minneapolis.

Boyer, R. (2011), *Finance et Globalisation* (山田鋭夫他監訳『金融資本主義の崩壊』藤原書店, 2011年).

Brettell, K. (2010), Dealer Profits at Stake in US Derivatives Debate, *Reuters*, March 25, 2010.

Bryan, D. and M. Rafferty (2006), *Capitalism with Derivatives*, New York, USA: Palgrave Macmillan.

―― (2007), Financial Derivatives and the Theory of Money, *Economy and Society*, Vol. 36, No. 1.

―― (2010), "Deriving Capital's (and Labor's) Future," in Panitch, L., G. Albo and V. Chibber eds., *Socialist Register 2011: The Crisis This Time*, Pontypool, Wales: The Merlin Press.

―― (2014), Financial Derivatives as Social Policy beyond Crisis, *Sociology*, Vol. 48, No. 5.

――, R. Martin and M. Rafferty (2009), Financialization and Marx: Giving Labor and Capital a Financial Makeover, *Review of Radical Political Economics*, Vol. 41, No. 4.

Carneiro, R. M., G. S. Mello, P. Rossi and M. V. Chiliatto-Leite (2015), The Fourth Dimension: The Derivatives and Financial Dominace, *Review of Radical Political Economics*, Published online before print.

Cetorelli, N. and S. Peristiani (2012), The Role of Banks in Asset Securitization, *Economic Policy Review*, July 2012, Federal Reserve Bank of New York.

Claessens, S., Z. Pozsar, L. Ratnovski and M. Singh (2012), Shadow Banking: Economics and Policy, *IMF Staff Discussion Note*.

Committee of European Securities Regulators (CESR) (2010), *Standardisation and Exchange Trading of OTC derivatives* (http://www.esma.europa.eu/system/files/10_610.pdf).

Committee on the Global Financial System (CGFS) (2014), Market-making and Proprietary Trading: Industry Trends, Drivers and Policy Implications, *CGFS Papers*, No. 52, Bank for International Settlements.

Conner, K. (2007), *Wall Street and the Making of the Subprime Disaster* (http://www.ntic-us.org/documents/WallStreetandtheMakingoftheSubprimeDisaster.

pdf).

Creswell, J. and B. White (2008), The Guys From 'Government Sachs', *New York Times*, October 19, 2008.

Critchfield, T., T. Davis, L. Davison, H. Gratton, G. Hanc and K. Samolyk (2004), The Future of Banking in America, *FDIC Banking Review*, Vol. 16, No. 3.

Crotty, J. (2005), "The Neoliberal Paradox: The Impact of Destructive Product Market Competition and 'Modern' Financial Markets on Nonfinancial Corporation Performance in the Neoliberal Era," in Epstein, G. ed., *Financialization and the World Economy*, Cheltenham, UK and Northampton, MA, USA: Edward Elgar.

―― (2007), If Financial Market Competition Is So Intense, Why Are Financial Firm Profits So High? Reflections on the Current 'Golden Age' of Finance, *Working Paper Series*, No. 134, Political Economy Research Institute.

―― (2008), Structural Causes of the Global Financial Crisis: A Critical Assessment of the 'New Financial Architecture', *Working Paper Series*, No. 180, Political Economy Research Institute.

―― (2009), The Bonus-Driven "Rainmaker" Financial Firm: How These Firms Enrich Top Employees, Destroy Shareholder Value and Create Systemic Financial Instability, *Working Paper Series*, No. 209, Political Economy Research Institute.

―― (2013), "The Realism of Assumption Does Matter," in Wolfson, M. and G. Epstein eds., *The Handbook of the Political Economy of Financial Crises*, New York, USA: Oxford University Press.

――, G. Epstein and I. Levina (2010), Proprietary Trading Is a Bigger Deal Than Many Bankers and Pundits Claim, *Policy Brief*, No. 20, SAFER.

D'Arista, J. and T. Schlesinger (1993), "Parallel Banking System," in Dymski, G., G. Epstein and R. Pollin eds., *Transforming the U. S. Financial System: Equity and Efficiency for the 21st Century*, New York, USA: M. E. Sharpe, Inc. (原田善教監訳『アメリカ金融システムの転換』日本経済評論社, 2001年, 189-238頁).

――and G. Epstein (2010), "Dodd-Frank and the Regulation of Dangerous Financial Interconnectedness," in Konczal, M. ed., *Will It Work? How Will We Know? The Future of Financial Reform*, Roosevelt Institute.

Davies, P., A. Sakoui and G. Tett (2008), Sigma Collapse Ends Shadow Bank Project, *Financial Times*, October 2, 2008.

Davis, G. (2009), *Managed by the Markets; How Finance Re-Shaped America*, New York, USA: Oxford University Press.

Davis Polk (2010), *Summary of the Dodd-Frank Wall Street Reform and Consumer Protection Act, Passed by the House of Representatives on June 30, 2010* (http://www.davispolk.com/files/Publication/7084f9fe-6580-413b-b870-b7c0 25ed2ecf/Presentation/PublicationAttachment/1d4495c7-0be0-4e9a-ba77-f7 86fb90464a/070910_Financial_Reform_Summary.pdf).

DealBook (2007), The Biggest Hedge Funds? Investment Banks, *The New York Times DealBook*, May 24, 2007.

Deloitte Center for Financial Services (2012a), *Battle for Dominance in the M&A Advisory Business: Bulge-brackets vs. the Boutiques* (https://www.deloitte.com/ assets/Dcom-UnitedStates/Local%20Assets/Documents/FSI/us_fsi_Battlefordom inance_102813_FINAL.pdf).

—— (2012b), *The Deloitte Shadow Banking Index: Shedding Light on Banking's Shadows* (http://www.deloitte.com/assets/Dcom-UnitedStates/Local%20 Assets/Documents/CFO_Center_FT/US_FSI_The_Deloitte_Shadow_Banking_ 052912.pdf).

Dore, R. (2008), Financialization of the Global Economy, *Industrial and Corporate Change*, Vol. 17, No. 6.

dos Santos, P. (2009), On the Content of Banking in Contemporary Capitalism, *Research on Money and Finance Discussion Paper*, No. 3, Department of Economics, SOAS.

Duffie, D. (2009), How Should We Regulate Derivatives Markets?, *Pew Financial Reform Project Briefing Paper*, No. 5.

—— (2010), The Failure Mechanics of Dealer Banks, *Journal of Economic Perspectives*, Vol. 24, No. 1.

—— (2011), *How Big Banks Fail and What to Do about It*, New Jersey, USA: Princeton University Press (本多俊毅訳『巨大銀行はなぜ破綻したのか』NTT出版, 2011年).

——, A. Li and T. Lubke (2010), Policy Perspectives on OTC Derivatives Market Infrastructure, *Staff Report*, No. 424, Federal Reserve Bank of New York.

Duménil, G. and D. Lévy (2011), *The Crisis of Neoliberalism*, Cambridge, MA, USA and London, England: Harvard University Press.

Eaton, C., J. Habinek, A. Goldstein, C. Dioun, D. G. S. Godoy and R. Osley-Thomas (2016), The Financialization of US Higher Education, *Socio-Economic Review*, advance access puplished February 8, 2016.

Eccles, R. and D. Crane (1988), *Doing Deals, Investment Banks at Work*, Massachusetts, USA: Harvard Business School Press (松井和夫監訳『投資銀行のビジネス戦略——ネットワークにみる「強さ」の秘密』日本経済新聞社，1991年).

Edwards, F. (1996), *The New Finance, Regulation & Financial Stability*, Washington D. C., USA: The AEI Press (家森信善他訳『金融業の将来』東洋経済新報社，1998年).

Egly, P. and J. Sun (2014), Trading Income and Bank Charter Value during the Financial Crisis: Does Derivatives Dealer Desingnation Matter?, *The Quarterly Review of Economics and Finance*, Vol. 54.

Eichegreen, B. (2008), Origins and Response to the Crisis (http://www.emlab.berkeley.edu/.../eichengreen/e183_sp07/origins_responses.pdf).

Eliss, C. (2008), *The Partnership: The Making of Goldman Sachs*, London, UK: Penguin Press (斎藤聖美訳『ゴールドマン・サックス：王国の光と影』上・下，日本経済新聞出版社，2010年 (a, b)).

Endlich, L. (1999), *Goldman Sachs, The Culture of Success*, New York, USA: Alfred A. Knopf (斎藤聖美訳『ゴールドマン・サックス 世界最高の投資銀行』早川書房，1999年).

Engen, E. and A. Lehnert (2000), Mutual Funds and U. S. Equity Market, *Federal Reserve Bulletin*, December 2000, Board of Governors of the Federal Reserve System.

Epstein, G. (2005), "Introduction: Financialization and the World Economy," in Epstein, G. ed., *Financialization and the World Economy*, Cheltenham, UK and Northampton, MA, USA: Edward Elgar.

―――― (2010), The Volcker Rule: Rule Implementation Issues and Study Guide, *Policy Brief*, No. 24, SAFER.

―――― (2015), Financialization: There's Something Happening Here, *Working Paper Series*, No. 394, Political Economy Research Institute.

――――and J. Crotty (2013), How Big Is Too Big? On the Social Efficiency of the Financial Sector in the United States, *Working Paper Series*, No. 313, Political Economy Research Institute.

—— and A. Jayadev (2005), "The Rise of Rentier Incomes in OECD Countries: Financialization, Central Bank Policy and Labor Solidarity," in Epstein, G. ed., *Financialization and the World Economy*, Cheltenham, UK and Northampton, MA, USA: Edward Elgar.

Ertürk, I., J. Froud, S. Solari and K. Williams (2005), The Reinvention of Prudence: Household Savings, Financialisation and Forms of Capitalism, *CRESC Working Paper Series,* Working Paper No. 11.

Fang, L., V. Ivashina and J. Lerner (2012), Combining Banking with Private Equity Investing, *Working Paper*, 10-106, Harvard Business School.

Federal Reserve Bank of St. Louis (2012), In-Depth: The Big Banks: Too Complex to Manage?, *Central Banker*, Winter 2012.

Financial Stability Board (FSB) (2013), *Global Shadow Banking Monitoring Report 2013* (http://www.financialstabilityboard.org/publications/r_131114.pdf).

Fligstein, N. and A. Goldstein (2012), The Transformation of Mortgage Finance and the Industrial Roots of the Mortgage Meltdown, *Working Paper Series*, No. 133-12, Institute for Research on Labor and Employment, UC Berkeley.

—— (2015), The Emergence of a Finance Culture in American Households, 1989-2007, *Socio-Economic Review*, advance access published February 17, 2015.

Foroohar, K. (2011), Gensler Evolving in Derivatives War Sees No Deed Go Unpunished, *Bloomberg*, Jun 21, 2011.

Fortune, P. (1997), Mutual Funds, Part I: Reshaping the American Financial System, *New England Economic Review*, July/August 1997, Federal Reserve Bank of Boston.

—— (1998), Mutual Funds, Part II: Fund Flows and Security Returns, *New England Economic Review*, January/February 1998, Federal Reserve Bank of Boston.

Foster, J. and F. Magdoff (2009), *The Great Financial Crisis; Causes and Consequences*, New York, USA: Monthly Review Press.

Funk, R. J. and D. Hirschman (2014), Derivatives and Deregulation: Financial Innovation and Demise of Glass-Steagall, available at Social Science Research Network (http://papers.ssrn.com/sol3/papers.cfm?abstract_id=2374496).

Gary, A. (2012), Creating a Future Economic Crisis: Political Failure and Loopholes of the Volcker Rule, *Oregon Law Review*, Vol. 90.

George, S. (2010), *Leurs Crises, Nos Solutions*, Paris: Editions Albin Michel（荒井雅子訳『これは誰の危機か，未来は誰のものか』岩波書店，2011年）.

Gorton, G. and A. Metrick (2009), Securitized Banking and the Run on Repo, *NBER Working Paper Series*, No. 15223.

Greenberger, M. (2010), "A Proposal for Assessing the Success of Swap Regulation," in Konczal, M. ed., *Will It Work? How Will We Know? The Future of Financial Reform*, Roosevelt Institute.

Greenspan, A. and J. Kennedy (2007), Sources and Uses of Equity Extracted from Homes, *Oxford Review of Economic Policy*, Vol. 24, Issue 1.

Greenwood, R. and D. Scharfstein (2012a), The Growth of Modern Finance (http://www.people.hbs.edu/dscharfstein/Growth_of_Modern_Finance.pdf).

―― (2012b), How to Make Finance Work, *Harvard Business Review*, June 2012.

―― (2013), The Growth of Finance, *Journal of Economic Perspectives*, Vol. 27, No. 2.

――and M. Schor (2008), Hedge Fund Investor Activism and Takeovers, *HBS Working Paper*, Number 08-004.

Haldane, A., S. Brennan and V. Madouros (2010), "What Is the Contribution of the Financial Sector: Miracle or Mirage?" in *The Future of Finance: The LSE Report*, London School of Economics and Political Science.

Heyes, S. and P. Hubbard (1990), *Investment Banking: A Tale of Three Cities*, Boston, Massachusetts, USA: Harvard Business School Press.

Hilferding, R. (1910), *Das Finanzkapital*（岡崎次郎訳『金融資本論』（上・下），岩波書店，1982年）.

Hirsh, M. (2009), 'Government Sachs' Is Back, *Newsweek*, March 5, 2009.

International Swaps and Derivatives Association (ISDA) (2009), *Derivative Usage Survey* (https://www2.isda.org/attachment/MTY2MQ= =/press042309 der.pdf).

Investment Company Institution (ICI) (2005), *2005 Investment Company Fact Book* (http://www.ici.org/pdf/2005_factbook.pdf).

―― (2013), *2013 Investment Company Fact Book* (http://www.ici.org/pdf/2013_factbook.pdf).

Johnson, S. (2009), The Quiet Coup, *The Atlantic* (http://www.theatlantic.com/doc/print/200905/imf-advice).

――― and J. Kwak (2010), *13 Bankers; The Wall Street Takeover and the Next Financial Meltdown*, New York, USA: Pantheon Books (村井章子訳『国家対巨大銀行』ダイヤモンド社, 2011年).

Kaplan, S. and P. Stromberg (2008), Leveraged Buyouts and Private Equity, *NBER Working Paper Series*, No. 14207.

Kaufman, G. and L. Mote (1994), Is Banking a Declining Industry? A Historical Perspective, *Economic Perspectives*, May, Federal Reserve Bank of Chicago.

Kirk, A., J. McAndrews, P. Sastry and P. Weed (2014), Matching Collateral Supply and Financing Demands in Dealer Banks, *Economic Policy Review*, Vol. 20, No. 2, Federal Reserve Bank of New York.

Kosnik, R. and D. Shapiro (1997), Agency Conflicts between Investment Banks and Corporate Clients in Merger and Acquisition Transactions: Cause and Remedies, *The Academy of Management Executive*, Vol. 11, No. 1.

Krippner, G. (2005), The Financialization of the American Economy, *Socio-Economic Review*, 3.

――― (2011), *Capitalizing on Crisis; The Political Origins of the Rise of Finance*, Cambridge, MA, USA and London, England: Harvard University Press.

Krishnamurthy, A., S. Nagel and D. Orlov (2012), Sizing Up Repo, *NBER Working Paper Series*, No. 17768.

Labaton, S. (2008), Agency's '04 Rule Let Banks Pile Up New Debt, *New York Times*, October 3, 2008.

Laeven, L. and R. Levine (2008), Bank Governance, Regulation, and Risk Taking, *NBER Working Paper Series*, No. 14113.

Lapavitsas, C. (2008), Financialised Capitalism: Direct Exploitation and Periodic Bubbles (http://www.soas.ac.uk/economics/events/crisis/43939.pdf).

――― (2010), Financialisation and Capitalist Accumulation: Structural Accounts of the Crisis of 2007-9, *Research on Money and Finance Discussion Paper*, No. 16, Department of Economics, SOAS (横内正雄訳「金融化と資本主義的蓄積」,『季刊 経済理論』第47巻1号, 2010年).

――― and I. Levina (2011), Financial Profit: Profit from Production and Profit upon Alienation, *Research on Money and Finance Discussion Paper*, No. 24, Department of Economics, SOAS.

Lazonick, W. (2013), "From Innovation to Financialization: How Shareholder Value Ideology Is Destroying the US Economy," in Wolfson, M. and G. Epstein eds., *The Handbook of the Political Economy of Financial Crises*, New York, USA: Oxford University Press.

Leising, M. and S. Harrington (2010), Wall Street Dominance of Swaps Must End, Brokers Say, *Bloomberg*, March 16, 2010.

Lenin, V. I. (Ленин, В. И.) (1917), *Imperialism, the Highest Stage of Capitalism* (*Империализм, как высшая стадия капитализма*) (宇高基輔訳『帝国主義』岩波書店, 1956年).

Levina, I. (2014), A Puzzling Rise in Financial Profits and the Role of Capital Gain-Like Revenues, *Working Paper Series*, No. 347, Political Economy Research Institute.

Levinson, C. (2015), Insight—Startup Challenge Dominance of Big Banks in Derivatives Markets, *Reuters*, March 10, 2015.

Lewis, M. (1989), *Liar's Porker*, New York, USA: W. W. Norton & Company (東江一紀訳『ライアーズ・ポーカー』パンローリング株式会社, 2006年).

―――― (2010), *The Big Short: Inside the Doomsday Machine*, New York, USA: W. W. Norton & Company (東江一紀訳『世紀の空売り』文藝春秋, 2010年).

Lichtblau, E. (2010), Ex-Regulators Get Set to Lobby on New Financial Rules, *New York Times*, July 27, 2010.

Lin, H., M. McNichols and P. O'Brien (2005), Analyst Impartiality and Investment Banking Relationships, available at Social Science Research Network (http://papers.ssrn.com/sol3/Delivery.cfm/SSRN_ID709201_code23039.pdf).

Lin, K. and D. Tomaskovic-Devey (2013), Financialization and US Income Inequality, 1970-2008, *Journal of American Sociology*, Vol. 118, No. 5.

Litan, R. (2010), The Derivatives Dealers' Club and Derivatives Markets Reform: A Guide for Policy Markets, Citizens and Other Interested Parties, *Initiative on Business and Public Policy*, Brookings Institution.

Mack, P. R. (1993), Recent Trends in the Mutual Fund Industry, *Federal Reserve Bulletin*, Vol. 79, No. 11, Board of Governors of the Federal Reserve System.

Mandel, B., D. Morgan and C. Wei (2012), The Role of Bank Credit Enhancements in Securitization, *Economic Policy Review*, July 2012, Federal Reserve Bank of New York.

Mandelbrot, B. and R. Hudson (2004), *The (Mis) Behavior of Markets; A Fractal View of Risk, Ruin, and Reward*, USA: Basic Books (高安秀樹監訳『禁断の市場』

東洋経済新報社, 2008年).

Markley, J. and C. Levin (2010), "Making the Dodd-Frank Act Restriction on Proprietary Trading and Conflict of Interest Work," in Konczal, M. ed., *Will It Work? How Will We Know? The Future of Financial Reform*, Roosevelt Institute.

Martin, R. (2002), *Financialization of Daily Life*, Philadelphia, USA: Temple University Press.

Martynova, M. and L. Renneboog (2005), The History of M&A Activity around the World: A Survey of Literature, *ECGI-Finance Working Paper*, No. 97.

McCoy, P., A. Pavlov and S. Wachter (2009), Systemic Risk through Securitization: The Result of Deregulation and Regulatory Failure, *Connecticut Law Review*, Vol. 41, No. 4.

McCulley, P. (2007), Teton Reflections, *Global Central Bank Focus*, August/September 2007, PIMCO.

―――― (2009), Saving Capitalistic Banking from Itself, *Global Central Bank Focus*, February 2009, PIMCO.

McGee, S. (2012), The Real Shame in JPMorgan's Shady Mutual Fund Sales, *The Fiscal Times* (http://www.thefiscaltimes.com), July 9, 2012.

McKenzie, R. (2011), Casino Capitalism with Derivatives: Fragility and Instability in Contemporary Finance, *Review of Radical Political Economics*, Vol. 43, No. 2.

McLaughlin, R. (1990), Investment-banking Contracts in Tender Offer, *Journal of Financial Economics*, 28.

Milbourn, T., A. Boot and A. Thakor (1999), Megamergers and Expanded Scope: Theories of Bank Size and Activity Diversity, *Journal of Banking and Finance*, Vol. 23.

Mitchell, M. and J. Mulherin (1996), The Impact of Industry Shock on Takeover and Restructuring Activity, *Journal of Financial Economics*, 41.

Moore, M. and D. Campbell (2013), Wall Street Out Volcker Rule Impact on Revenue, *Bloomberg*, December 4, 2013.

Montgomerie, J. (2007), Financialization and Consumption: an Alternative Account of Rising Consumer Debt Levels in Anglo-America, *CRESC Working Paper Series*, No. 43.

Morgenson, G. (2010), It's Not Over Until It's in the Rules, *New York Times*,

August 28, 2010.

Nicholson, C. V. (2010), Goodbye Proprietary Trading, Hello Loophole, *New York Times DealBook*, October 27, 2010.

Nölke, A. and J. Perry (2007), The Power of Transnational Private Governance: Financialization and the IASB, *Business and Politics*, Vol. 9, Issue 3.

Office of the Comptroller of the Currency (OCC) (1995～2015), *OCC's Quarterly Report on Bank Trading and Derivatives Activities* (四半期ごとに公表) (http://www.occ.gov/topics/capital-markets/financial-markets/trading/derivatives/derivatives-quarterly-report.html).

―――― (1997), *Comptroller's Handbook, Risk Management of Financial Derivatives* (http://www.occ.gov/publications/publications-by-type/comptrollers-handbook/deriv.pdf).

Orhangazi, O. (2008), *Financialization and the US Economy*, Cheltenham, UK and Northampton, MA, USA: Edward Elgar.

Palley, T. (2013), *Financialization; The Economics of Finance Capital Domination*, Hampshire, England and New York, USA: Palgrave Macmillan.

Plaksen, E. (2010), The Value of Your Advisor's Advice: An M&A Perspective (https://www.cass.city.ac.uk/__data/assets/pdf_file/0003/41628/Plaksen.pdf).

Poterba, J. (1997), The History of Annuities in the United States, *NBER Working Paper Series*, No. 6001.

Pozsar, Z. (2008), The Rise and Fall of the Shadow Banking System, *Regional Financial Review*, July 2008, Moody's Economy. com.

――――, T. Adrian, A. Ashcraft and H. Boesky (2010), Shadow Banking, *Staff Reports*, No. 458 (revised 2012), Federal Reserve Bank of New York.

Public Citizen (2012a), *Business as Usual*, Public Citizen's Congress Watch.

―――― (2012b), Comment on Volcker Rule Responding to the Joint Request for Comment by FDIC, OCC, FRB, Treasury, and SEC (http://www.federalreserve.gov/SECRS/2012/April/20120418/R-1432/R-1432_021312_104991_420900605035_1.pdf).

Rau, P. (2000), Investment Bank Market Share, Contingent Fee Payments, and the Performance of Acquiring Firms, *Journal of Financial Economics*, 56.

Rolfe, J. and P. Troob (2001), *Monkey Business: Swinging through the Wall Street Jungle*, New York, USA: Warner Books (三川基好訳『サルになれなかった僕たち』主婦の友社，2007年).

Saunders, A. and A. Srinivasan (2001), Investment Banking Relationships and Merger Fees, *NYU Working Paper*, No. S-FI-01-07.

Schwartz, N. D. and E. Dash (2010), Despite Reform, Bank Have Room for Risky Deals, *New York Times*, August 25, 2010.

Schwert, G. (2000), Hostility in Takeovers: In the Eyes of the Beholder?, *Journal of Finance*, 55(6).

Scott, H. (2010), Prepared Written Testimony before the Committee on Banking, Housing and Urban Affairs, U. S. Senate (http://corpgov.law.harvard.edu/wp-content/uploads/2010/02/2010-Feb-4_Testimony_of_Hal_S_Scott.pdf).

Securities and Exchange Commission (SEC) (2012), *2012 Summary Report of Commission Staff's Examination of Each Nationally Recognized Statistical Rating Organization*.

Securities Industry Association (SIA) (2002), *Securities Industry Fact Book* (http://www.sia.com/research/pdf/2002Fact_Book.pdf).

Securities Industry and Financial Markets Association (SIFMA) Research Department (2013), (2014), *2013 Fact Book, 2014 Fact Book*, New York, USA: SIFMA.

Servaes, H. and M. Zenner (1996), The Role of Investment Banks in Acquisitions, *The Review of Financial Studies*, Vol. 9, No. 3.

Shadab, H. (2008), Hedge Funds and Financial Market, *Committee on Oversight and Government Reform*, November 13, 2008.

Shiller, R. (2000), *Irrational Exuberance*, New Jersey, USA: Princeton University Press (植草一秀監訳『根拠なき熱狂』ダイヤモンド社, 2001年).

Smith, R. and I. Walter (1990), *Global Financial Services: Strategies for Building Competitive Strengths in International Commercial and Investment Banking*, New York, USA: Harper Business.

Sotiropoulos, D. (2012), Hilferding on derivatives, *The European Journal of the History of Economic Thought*, iFirst article.

――― and S. Lapatsioras (2014), Financialization and Marx: Some Reflections on Bryan's, Martin's and Rafferty's Argumentation, *Review of Radical Political Economics*, Vol. 46, No. 1.

―――, J. Milios and S. Lapatsioras (2013), *A Political Economy of Contemporary Capitalism and its Crisis: Demystifying Finance*, Oxon, UK and New York, USA: Routledge.

Stockhammer, E. (2004), Financialization and the Slowdown of Accumulation, *Cambridge Journal of Economics*, Vol. 28.

―― (2013), "Financialization and the Global Economy," in Wolfson, M. and G. Epstein eds., *The Handbook of the Political Economy of Financial Crises*, New York, USA: Oxford University Press.

Story, L. (2010), A Secretive Banking Elite Rules Trading in Derivatives, *The New York Times*, December 11, 2010.

Taibbi, M. (2009a), The Big Takeover, *Rollingsotne* (http://www.rollilngstone.com/politics/story/26793903/the_big_takeover).

―― (2009b), The Great American Bubble Machine, *Rollingsotne* (http://www.rollilngstone.com/politics/story/29127316/the_great_american_bubble_machine).

Taub, J. (2013), "What We Don't Talk about When We Talk about Banking," in Wolfson, M. and G. Epstein eds., *The Handbook of the Political Economy of Financial Crises*, New York, USA: Oxford University Press.

Teplin, A. and A. Tyler (2001), The U. S. Flow of Funds Accounts and Their Uses, *Federal Reserve Bulletin*, Vol. 87, No. 7, Board of Governors of the Federal Reserve System.

Tett, G. (2009), *Fool's Gold*, New York, USA: Free Press(平尾光司監訳『愚者の黄金』日本経済新聞出版社，2009年).

――and P. Davies (2007), Out of the Shadows: How Banking's Hidden System Broke Down, *Financial Times*, December 17, 2007.

――and K. Guha (2008), The Cost of Lifeline: Humbled Financial Groups Brace for More Regulation, *Financial Times*, April 24, 2008.

The Board of the International Organization of Securities Commissions (IOSCO) (2013), *Reports on the Second IOSCO Hedge Fund Survey*.

The Economist (2009), Over the Counter, Out of Sight, *The Economist*, November 12, 2009.

―― (2012), Wealth Management: Private Pursuits, *The Economist*, May 19, 2012.

―― (2013), Back to the Futures?, *The Economist*, February 4, 2013.

The Financial Crisis Inquiry Commission (FCIC) (2011), *The Financial Crisis Inquiry Report, Final Report of the National Commission on the Causes of the Financial and Economic Crisis in the United States* (http://www.gpo.gov/fdsys/

pkg/GPO-FCIC/pdf/GPO-FCIC.pdf).

Tomaskovic-Devey, D. and K. Lin (2011), Income Dynamics, Economic Rents and the Financialization of the US Economy, *American Sociological Review*, Vol. 76.

—— (2015), Did Financialization Reduce Economic Growth? *Socio-Economic Review*, advance access published May 13, 2015.

Turbeville, W. C. (2013), Derivatives: Innovation in the Era of Financial Deregulation, *DEMOS Financial Pipeline Series*, Part 3 (http://www.demos.org/sites/default/files/publications/Innovation%20in%20the%20Era%20of%20Financial%20Deregulation-%20Derivatives%20report.pdf).

United Nations Conference on Trade and Development (UNCTAD) (2012), Don't Blame the Physical Markets: Financialization is the Root Cause of Oil and Commodity Price Volatility, *Policy Brief*, No. 25, September 2012.

U. S. Chamber of Commerce, Center for Capital Markets Competitiveness (2012), *The Economic Consequences of the Volcker Rule*.

U. S. Government Accountability Office (GAO) (2011), Proprietary Trading: Regulators Will Need More Comprehensive Information to Fully Monitor Compliance with New Restrictions When Implemented, *Report to Congressional Committees*, GAO-11-529.

U. S. Senate Committee on Banking, Housing, and Urban Affairs (U. S. Senate) (2010), *Brief Summary of the Dodd-Frank Wall Street Reform and Consumer Protection Act* (http://banking.senate.gov/public/_files/070110_Dodd_Frank_Wall_Street_Reform_comprehensive_summary_Final.pdf).

U. S. Senate Permanent Subcommittee on Investigations, Committee on Homeland Security and Governmental Affairs (U. S. Senate) (2011), *Wall Street and the Financial Crisis: Anatomy of a Financial Collapse* (http://www.hsgac.senate.gov//imo/media/doc/Financial_Crisis/FinancialCrisisReport.pdf).

van der Zwan, N. (2014), Manking Sense of Financialization, *Socio-Economic Review*, 12.

Wallinson, P. (2010), The Dodd-Frank Act: Creative Destruction, Destroyed, *The Wall Street Journal*, August 31, 2010.

Waxman, H. (2008), Opening Statement, Committee on Oversight and Government Reform, Hedge Funds and the Financial Markets, November 13, 2008.

Weinberg, N. (2013), Why It's Time to Clamp Down on Wealth Managers (http://

www.linkedin.com/today/post/article/20131107130059-33551920-why-it-s-time-to-clamp-down-on-wealth-managers).

Wheelock, D. (1993), Is the Banking Industry in Decline? Recent Trends and Future Prospects from a Historical Perspective, *Review*, September, Federal Reserve Bank of St. Louis.

Wilmarth, A. (2002), The Transformation of the U. S. Financial Services Industry, 1975-2000: Competition, Consolidation, and Increased Risks, *The University of Illinois Law Review*, No. 2.

——— (2009), The Dark Side of Universal Banking: Financial Conglomerates and the Origin of the Subprime Financial Crisis, *Connecticut Law Review*, Vol. 41, No. 4.

——— (2010), Reforming Financial Regulation to Address the Too-Big-To-Fail Problem, *Brooklyn Journal of International Law*, Vol. 35.

——— (2011), The Dodd-Frank Act: A Flawed and Inadequate Response to the Too-Big-To-Fail Problem, *Oregon law Review*, Vol. 89.

——— (2013), Turning A Blind Eye: Why Washington Keeps Giving in to Wall Street, *University of Cincinnati Law Review*, Vol. 81, Issue 4.

Wolfson, M. and G. Epstein eds. (2013), *The Handbook of the Political Economy of Financial Crises*, New York, USA: Oxford University Press.

Zingales, L. (2008), Causes and Effects of the Lehman Brothers Bankruptcy, Statement, Committee on Oversight and Government Reform, October 6, 2008.

初出一覧

プロローグ　書き下ろし

第1章　「経済の金融化の部門別再整理と新しい分析視角」,『静岡大学経済研究』第18巻第2号, 2013年

第2章　「米国における金融部門の収益拡大と資金循環構造の変化——1980・90年代を中心に——」,『証券経済研究』第55号, 2006年

第3章　「1980・90年代における米国投資銀行の収益拡大と「M&A関連業務」」,『一橋研究』第32巻第2号, 2007年

第4章　「サブプライム金融危機と「影の銀行システム」」,『行財政研究』No. 73, 2009年

第5章　「米国における2000年代の金融機関の収益拡大とモダン・ファイナンス」,『静岡大学経済研究』第18巻第3号, 2014年

第6章　書き下ろし

第7章　「米国・金融規制改革法と大手金融機関」,『経済』184号, 2011年, 及び,「金融危機後のアメリカ金融規制改革——ボルカー・ルールをめぐって——」,『日本の科学者』Vol. 48 No. 2, 2013年

終　章　「金融危機は米国金融を変えたのか」,『経済』172号, 2010年

エピローグ　書き下ろし

　本稿の執筆にあたり, 科学研究費補助金：基盤研究 (C) (代表：石倉雅男, 課題番号22530194 (2010～2012年度) 及び25380248 (2013～2015年度)) による助成を受けている。

　本稿の出版にあたり, 静岡大学人文社会科学部研究成果公開助成費による助成を受けている (静岡大学人文社会科学部研究叢書 No. 54)。

索　引

五十音，アルファベットの順。＊印は関連参照項目。

ア行

相対　107, 114, 131, 132, 146, 157, 160, 207
アウトソース化（外注）　141, 142
アクティブ運用　30
アクティブ・ポジション・テイカー　159
アクティビスト　30
アジア通貨危機　172
アドバイザー　81, 84, 86, 218
アナリスト　25, 85, 86
アブダビ投資庁　39
アレンジ（アレンジャー）　81, 83, 88, 89, 106
アングロサクソン型資本主義　44
安全資産　25, 34, 38, 39, 56, 109, 110, 138, 140, 147, 149, 150, 159, 171, 229
一物一価　158
一般家計　8, 33, 151, 153, 171, 227-229
インキュベーター　166
イングランド銀行　135
インターナショナル・ニッケル（社名）　81
インディマック（社名）　216, 217
インフレ　63
ヴィッカーズ・レポート　205
ウィンチェスター・キャピタル（社名）　138
ウェアハウスレンダー　106
ウェルズ・ファーゴ（社名）　124, 129, 209, 216-219
ウォール街　25, 192, 196, 202, 205, 208, 211
売掛債権　23
営業余剰　25
エクイティ　96, 137, 138, 147, 150
エクスポージャー（＊リスクエクスポージャー）　36, 134, 138, 139, 156, 160, 166, 168, 171, 173, 175, 182, 188, 190, 198
エクソン（社名）　76
エトナ（社名）　223
エネルギー　153, 155, 156, 163, 182
エプシュタイン，ジェラルド（人名）　18, 21, 31
エレクトリック・ストレッジ・バッテリー（社名）　81
エンドユーザー（＊リミテッド・エンドユーザー）　159, 160, 164, 166, 168, 169, 171, 182, 185, 186, 188
エンロン（社名）　24, 146
オイルショック　43
大きすぎてつぶせない（TBTF）（＊TBTF問題，＊TBTF機関）　144, 185, 191, 192, 194, 195, 197, 202, 205, 212, 213, 220
大手金融機関（大手銀行，大手証券会社，大手保険会社）　3, 5, 8, 9, 39, 40, 71, 72, 100-106, 111-113, 115, 116, 118, 119, 121-126, 128-130, 132-151, 153, 159, 160, 172, 173, 182-197, 201-204, 206-213, 215-223, 225-229, 231-235
オバマ，バラク（人名）　197, 208, 221
オプション（＊ストックオプション，＊コールオプション，＊プットオプション，＊先物オプション，＊金利オプション，＊商品オプション，＊ゼロコスト・オプション）　53, 107, 123, 140, 155-157, 161-163, 168, 169, 172, 177, 180, 183
オフバランス　26, 95, 101, 108, 111, 112, 133-135, 138, 139, 146, 161, 166, 167, 173, 183, 211
オフバランスビークル　105, 118, 129, 202, 210
オープン・マーケット・ペーパー（OMP）　60, 68, 69, 97
オペレーション　38, 135

オリジネート(オリジネーター)　96, 105, 106, 121
オレンジ郡　172
オンバランス　133, 134

カ行

買掛債務　36
外貨準備　39
階級(＊上部階級)　36, 44, 45, 179
外国為替(＊外国為替取引, ＊外国為替市場, ＊外国為替デリバティブ, ＊外国為替先物)　20, 163, 164, 175, 180, 204
外国銀行　67
回転ドア　143, 226
ガイトナー, ティモシー(人名)　224
開発経済学　41
外部資金　21, 56-59, 88
カウンターパーティ　158, 160, 164, 186, 188
価格付け(値付け)　107, 114, 169, 170, 177, 178
価格発見　158, 227
架空資本　178, 179, 181, 189
学資ローン　34, 228
革新(イノベーション)　63, 85, 166, 170, 211, 233
格付け(＊格付け機関, ＊依頼格付け)　38, 42, 63, 66, 67, 77, 103, 106, 107, 109-111, 113-117, 133, 137-139, 145, 147, 150, 191, 195, 229
格付けショッピング　116
家計の金融化　6, 9, 17, 31, 34, 36, 42, 175, 176, 180, 181, 190
影の銀行(＊影の銀行業, ＊影の銀行主体, ＊影の銀行取引)　93-95, 97-99, 101, 105, 107-110, 112-115, 118, 119, 141, 143, 145, 146, 148
影の銀行システム　6, 8, 9, 55, 91-94, 96, 98, 99, 101-115, 117-119, 121, 122, 125, 139-141, 146, 148-150, 187, 191, 192, 195, 196, 202, 203, 206, 209-211, 213, 220, 229, 231, 232

貸出　25, 34, 35, 38, 57, 66, 88, 92, 105, 108, 112, 118, 132, 204
貸出(ローン)債権　38, 93, 95, 99, 100, 103, 105, 106, 108, 114, 121, 138, 155, 191, 201
貸出抑制(信用収縮)　67, 91
カジノ資本主義　172
カシュカリ, ニール(人名)　224
過剰生産　43
可処分所得　32, 33, 35
カストディアン　110
寡占　104, 116
価値尺度(計算手段)　177, 189
価値増殖　171, 177, 233
価値貯蔵　177
価値論　233
合併・買収(M&A)(＊M&A市場, ＊戦略的M&A, ＊クロス・ボーダーM&A, ＊企業間M&A)　6, 8, 19, 22, 26, 30, 31, 44, 46, 53, 59, 67, 73-90, 100, 121, 123, 124, 129, 142, 198, 228
M&A関連業務　8, 73-76, 78-86, 88-90, 121, 151, 187
M&A仲介(助言(アドバイス))　52, 73-76, 78, 81-83, 86-89, 217, 218, 228
過当競争　104, 106, 142
カバー取引　188
ガバメンタリティ　179
株価指数(指標)(＊株価指数先物, ＊株価指数オプション)　30, 68, 155, 162
株式収益率(PER)　77
株式(＊株式会社, ＊株式発行, ＊株式保有)　19, 20, 22, 28-30, 38, 39, 42, 55-59, 65, 67-72, 77, 79, 82, 85, 92, 104, 131, 149, 155, 163, 165, 187, 219
株式交換　79-81
株式時価総額　20, 28, 79
株式市場　31, 55, 68-70, 72, 145, 175, 179
株式償却　59
株式新規公開(IPO)　59, 123
株式ファンド　65, 68-70
株主価値(＊株主価値重視の企業統治, ＊株主

索 引

価値経営) 7, 17, 28, 30, 44, 46, 180, 181, 227, 228
株主資本利益率(ROE) 44, 135
貨幣(＊貨幣的機能) 169, 176, 177, 180, 181, 189
貨幣資本(＊過剰な貨幣資本) 43, 46, 171, 233
カーライル・グループ(社名) 222
空売り 130, 135, 145, 146, 165
借入(＊銀行借入, ＊短期借入) 57-59, 63, 66, 67, 81, 88, 95, 108, 113, 135, 165
為替リスク 155, 159
為替レート 155, 175, 182
間接金融 54, 55, 94
完全競争 227
完全情報 63, 227
監督 194-196, 198, 212, 215, 223, 224
カントリーワイド(社名) 216, 217
元利 90, 93, 106, 149, 181, 228
関連会社 105, 118, 138, 212, 222
機会費用 165, 168, 205
機関投資家(＊伝統的機関投資家) 6, 9, 19, 28, 30, 31, 33, 34, 36, 38, 42-46, 52, 71, 72, 76, 82-85, 88-90, 95, 100, 106, 109, 110, 117, 127, 132, 140-142, 144, 145, 149-151, 153, 159, 170, 171, 173, 179-181, 186, 188, 189, 191, 192, 227-229, 231
危機 3, 8, 9, 37, 39, 45, 67, 80, 91-93, 99, 110-113, 115, 117, 119, 121, 127, 132, 139, 143, 144, 147, 148, 151, 153, 172, 174, 191-197, 202, 204, 206, 210-213, 215-217, 219, 220, 222-226, 229, 232, 234
企業価値 86
企業統治 7, 17, 28, 44
企業の金融化 5-7, 9, 17, 21, 22, 31, 34, 42-44, 47, 90, 174, 181, 190, 231
企業買収防止法 78
基金 19, 39
規制回避 95, 98, 102-104, 106, 112, 115, 118, 166, 167, 172, 173, 223
規制緩和 24, 45, 46, 53, 76, 80, 103, 104, 117, 139, 143, 144, 187, 191, 195, 196, 220-223
規制強化 186, 193, 196, 197, 210-212, 215
擬制的蓄積 174
規制当局 9, 93, 103, 107, 110, 115, 119, 126, 132, 142-146, 148, 153, 173, 176, 184, 186, 193-197, 200, 201, 206, 208-210, 213, 220, 232
規制の鞘取り 103, 196, 220
規制の虜 202
規制の引き下げ競争 205
規制の民営化 195, 220
基礎研究 228
期待収益率 178
規模の経済 62, 185
キャッシュフロー 77, 93, 95, 96, 109, 133, 149, 155, 156, 177, 180, 181
キャピタリゼーション 177
キャピタルゲイン(ゲイン) 23, 26, 33, 50, 52, 65, 73, 77, 78, 89, 122, 123, 131, 145
キャリートレード 204
業界団体 168, 186, 187, 209
共和党 40, 142, 143, 208, 209
許容業務 198, 200, 201, 206, 207
銀行業(銀行業務, 伝統的銀行業務) 53, 71, 92, 99, 102, 103, 127, 134, 199, 211, 221
銀行業衰退論 49
銀行資本 18
銀行組織 198, 201
銀行離れ 21, 150, 188, 199
銀行引受手形 60
銀行持株会社(＊銀行持株会社法) 105, 111, 121, 127, 134, 147, 183, 184, 198, 210, 216, 217, 221, 224
金庫株 59
銀証分離 211
金融安定監督評議会(FSOC) 193, 195, 197
金融安定理事会(FSB) 93, 210
金融イノベーション 4, 8, 41, 48, 92, 118, 139, 146, 169, 170, 186, 187, 196, 211, 227, 228, 231
金融化(ファイナンシャリゼーション)(＊経

済の金融化，＊金融化アプローチ）　3-9, 17-19, 21, 22, 28, 30, 31, 34, 36, 37, 41-48, 50, 91-93, 117-119, 149, 150, 154, 170-176, 179-183, 187-192, 213, 215, 216, 220, 226, 227, 229, 231-236

金融機関行動　5-9, 17, 47, 48, 102, 154, 179, 182, 187-189, 192-194, 206, 212, 215, 231, 232, 234, 235

金融機関の収益拡大（証券会社の収益拡大）　8, 48-51, 53-55, 61, 62, 71, 73, 74, 89, 119, 121, 129, 130, 203, 229, 231, 233, 234

金融危機調査委員会　91, 129, 135

金融技術　41, 47, 93, 131, 169

金融業（＊金融業務）　7, 24, 25, 27, 41, 46-49, 76, 79, 105, 211, 216, 218, 227

金融教育　41, 46

金融業界（金融界）　41, 46, 107, 142, 199, 208, 209, 221-223, 225

金融権力　9, 40, 142-144, 212, 213, 215, 216, 220-223, 226, 229, 232, 234

金融工学　107, 153

金融コングロマリット　19, 46, 124, 126, 127, 138, 141-143, 146, 219

金融資産　20, 22, 23, 25-27, 32-34, 37-39, 42, 49, 50, 54-56, 64, 67-70, 97, 108, 131, 148, 171, 179, 193, 227, 228

金融市場　3, 8, 19, 27, 31, 36, 38, 40-43, 45-49, 53, 63, 71, 91, 104, 107, 109, 113, 114, 118, 123, 126, 140, 149, 153, 155, 169-171, 173, 175, 176, 181, 187, 193, 196, 199, 200, 204-206, 210, 211, 220, 227-229, 231, 233

金融システム　19, 54, 65, 67, 91, 148, 193, 195-197, 201, 204-206

金融資本　18

金融資本主義　18

金融主導型資本主義（金融主導型成長）　44

金融商品（＊短期金融商品）（「仕組み金融商品」は「仕組み金融」参照）　6, 41, 46, 62, 64, 72, 92, 99, 105-107, 109, 114, 141, 147, 149, 151, 155, 175, 179-181, 183, 188-190, 192, 193, 207, 227, 228

金融(的)所得　19, 26, 31, 33, 50, 228

金融政策（金融緩和政策，低金利政策）　34, 37, 38, 41, 45, 46, 113, 191, 196, 233

金融それ自体　4-7, 17, 41, 42, 45, 47, 231

金融(的)知識　181

金融仲介（＊金融仲介構造，＊金融仲介主体，＊金融仲介理論，＊金融仲介機能）　49, 53-55, 59, 61-63, 67, 69-71, 88, 91-98, 109, 119, 149-151, 211, 227

金融的活動　3, 20, 22, 23, 26, 27, 45, 50, 53, 175, 233

金融的計算　19, 31, 46, 175-177, 179-182

金融的経路　22, 23, 27, 50

金融的主体　19, 20, 27, 31, 36, 38, 40, 42

金融的請求権　155

金融的動機　18, 19, 27, 35, 42, 179

金融デリバティブ　155, 156, 161, 163, 169, 174

金融投資　22, 27, 31, 33, 43, 44, 46, 173, 175, 181

金融の拡大（＊金融の拡大現象）　3, 4, 18, 47

金融の深化　5, 17, 31, 41, 42, 45, 47, 48, 231

金融不安定性　172-174, 181, 229

金融部門　5, 6, 17, 20, 25, 31, 40-43, 46, 186, 227

金融ヘゲモニー　215

金融持株会社　19, 124, 142

金融立国　41

金融リテラシー　41, 46, 176, 182

金融枠組み（規制枠組み）　3, 9, 210, 211

金利（＊金利収益，＊金利所得，＊支払金利，＊最優遇金利，＊固定金利，＊変動金利）　23, 25, 26, 29, 30, 32, 33, 35, 43, 46, 50-53, 62-67, 71, 74, 82, 88, 103, 106, 108, 113, 123, 124, 132, 141, 142, 155-157, 159, 163, 164, 167, 172, 175, 186, 228

金利リスク　155, 159

くず商品　145, 151

グラス・スティーガル法（GS法）　54, 102, 191, 211, 221, 225

グラム，フィル（人名）　222, 225

索 引

グラム・リーチ・ブライリー法(GLB法)　104, 124, 144, 191, 221
クリアリング・バンク　100
グリーンスパン，アラン(人名)　107, 108, 222
クリントン，ビル(人名)　221
クレジットカード(＊クレジットカード・ローン)　25, 34, 72, 96, 126, 193, 228
クレジット・デフォルト・スワップ(CDS)(＊裸のCDS)　95-97, 99, 100, 106-108, 110-112, 114, 115, 118, 132, 133, 138-140, 145, 147, 163, 164, 171, 172, 185, 194, 203, 206, 222, 224
クレジット・ユニオン　204
クレジットライン(融資枠)　66, 82, 97, 101, 105, 111, 112, 115, 139
グロス，ビル(人名)　93
グローバル・インバランス　109, 235
グローバル化(グローバル競争)(＊金融グローバル化)　4, 41, 45, 47, 80, 85, 104, 109, 169, 170, 175, 211, 229, 233, 234
群集行動　173
経営視点の短期化(短期的経営視点)　44, 228
経営者(経営陣)　3, 30, 43, 44, 77, 81, 110, 140, 145, 146, 180, 191, 198, 203, 211, 212, 220, 225, 234
景気循環　18
経済格差　228, 234
経済の成熟化　43
経済部門　6, 7, 17, 20, 21, 31, 42, 46, 47, 227, 232
経常収支黒字　39, 109, 191, 235
ケイマン諸島　100, 101
経路依存　235
ケインズ，ジョン・メイナード(人名)　172
ケインズ主義　169
結合　177
減価償却引当金　56, 57
献金　40, 46, 142, 143, 202, 208, 209, 213, 225
現金決済　167, 176

原資産　95, 114, 155
現実の銀行　94, 95, 99, 111-113, 118, 119
減税　46, 63, 76
現代ポートフォリオ理論　107
現物(＊現物取引)　126, 131, 156, 158, 165, 167, 173, 187
交換手段　177, 189
公共債　38, 39, 149, 171, 187
公共性　211, 227
公正(＊不公正)　9, 151, 187, 191, 192, 196, 205, 206, 213, 229, 232
公正な価格　158
公的規制　94, 98, 103, 112, 115, 167
公的金融機関　99
公的資金　3, 119, 144, 151, 217, 225, 229
公的ファンド　38, 39
行動規制　194-196
公認格付け機関制度　116
高頻度取引　140
小売業　21, 24
効率性　63, 151, 153, 175, 177, 180, 189, 196, 197, 199, 205, 211, 227
効率的資源配分　227
効率的市場仮説　107
合理的主体　227
子会社(＊証券子会社，＊金融子会社)　22, 24-26, 46, 81, 101, 102, 105, 112, 118, 172, 175, 221, 223
顧客のため　131, 198, 200, 201, 207
国債　34, 46, 135, 147, 149, 168, 198, 208
国際競争　80, 104, 200, 205
国際決済銀行(BIS)(＊BIS規制)　20, 101, 103, 161-164
国際スワップ・デリバティブ協会(ISDA)(＊ISDAマスター・スワップ・アグリーメント)　164, 168, 186
国際通貨基金(IMF)　155, 225
国際取引所連合　162
国勢調査局　123
国内総生産(GDP)　20, 42
国民純所得　25

個人投資家　19, 28, 90, 131, 132, 151
コスト節約(低コスト)　66, 107, 165, 167-169, 171, 175, 189, 190, 227
国家経済会議　221
コピーファンド　140
コーポレート・コントロール市場　30
コマーシャル・ペーパー(CP)　57-64, 66, 67, 69-71, 96, 98, 108, 149
コミュニティ・バンク　137
雇用の流動化　44, 46, 228
ゴールドマン・サックス(社名)(＊ゴールドマン・サックス銀行)　72, 74, 81, 82, 101, 102, 104, 105, 111, 124, 125, 127-129, 133-135, 145, 146, 186, 204, 207, 209, 216-225
コールバーグ・クラビス・ロバーツ(KKR)(社名)　77
コールレポート　184
コングロマリットM&A　76
コングロマリット・ディスカウント　205
混合　177, 178
コンサルティング　116, 222
コンデュイット(＊投資コンデュイット, ＊ABCPコンデュイット)　93, 96, 97, 99, 101, 108, 118, 134
コンプライアンス・プログラム　200

サ行

債券　19, 20, 22, 38, 57, 58, 63-65, 67, 68, 92, 94, 102, 107, 131, 147, 149, 155, 165, 168, 187
債券ファンド　64, 65, 68, 69
最高経営責任者(CEO)　84, 221-224
在庫証券(証券在庫)　96, 100, 105, 108, 122, 130, 131, 139, 145-147, 206
最後の貸し手機能　94, 111
在庫評価調整　56, 57
財産所得　25
最小限の投資　198, 201, 209
財政(＊財政政策, ＊財政規律)　40, 41, 45, 172, 233
裁定　140, 158, 159, 164, 167, 171, 172, 227

裁定業者　158-160
財務(＊財務諸表, ＊財務担当役員, ＊財務活動, ＊財務報告)　19, 22, 44, 46, 63, 74, 79, 128-131, 144, 145, 153, 175, 177, 184, 227
財務省証券(TB)　36, 37, 64, 68, 69, 97, 110, 187
債務担保証券(CDO)(＊CDOスクエアド, ＊CDOキュービッド, ＊シンセティックCDO, ＊CDOマネージャー)　95, 96, 99-102, 105-112, 114, 116-118, 133, 138, 139, 145-147, 149, 203
財務長官　193, 208, 221-224
先物(＊通貨先物, ＊金利先物, ＊金融先物, ＊商品先物)　108, 155-158, 161-163, 168, 177, 180
先渡し　156, 157
差金決済　167
雑多な資産　23, 24, 55
サービシング(サービサー)　53, 105, 106
サービス業　79
サブプライムローン　35, 94, 116, 138, 139, 193, 195, 207, 228
サマーズ, ローレンス(人名)　221, 222
産業構造　41, 43, 76, 233
産業資本　18
シアーズ(社名)　24
時価(＊時価会計, ＊時価評価)　62, 77, 113, 134, 135, 139, 145
シカゴ商品取引所(CBOT)　156
シカゴマーカンタイル取引所(CME)　156, 168
事業再構築　76, 79
事業(部門)売却　73, 76, 81, 82, 141, 180, 228
資金循環(＊資金循環勘定, ＊資金循環構造(の変化))　6, 8, 9, 20, 31, 37, 49, 54-57, 59-62, 70-72, 92, 109, 121, 149, 150, 170, 181, 187, 191
資金調達(＊資金調達コスト)　21, 27, 38, 49, 54-60, 66, 67, 77, 78, 80, 81, 83, 88, 89, 94-96, 98, 100, 101, 108-110, 113, 135, 141,

索引 **261**

142, 144, 145, 159, 165, 167, 168, 186, 197, 198, 200, 227
資金の出し手　31, 36, 54, 55, 63, 94-96, 106
資金の取り手　63, 94-96
シグナリング　201
仕組み金融(*仕組み金融取引, *仕組み金融商品, *仕組み金融市場)　6, 19, 92, 95, 98, 99, 101, 103, 105, 107, 109, 112, 114, 116, 117, 121, 123, 133, 137-140, 145-147, 149, 150, 171, 186, 187, 202, 203, 210, 220
仕組み投資ビークル(SIV)　96, 97, 101, 103, 105, 108-112, 118, 138, 139
自己勘定(*自己勘定取引, *自己勘定デスク)　85, 92, 101, 103, 118, 121-123, 126-131, 133, 134, 137-141, 145-148, 150, 186, 187, 194, 198, 199, 201-207, 209, 220, 232
自己金融　228
自己資金　88, 129-131, 138, 147, 160, 186, 197, 228
自己資本(*自己資本比率(規制), *所要(自己)資本)　42, 57, 67, 94, 101, 103, 113-115, 134, 135, 139, 143, 147, 148, 167, 185, 198, 201, 212, 223
事後的措置　196
資産運用(投資運用)(*資産運用手数料, *資産運用会社, *投資運用会社)　22, 30, 33, 46, 50-52, 56, 70-73, 93, 95, 123, 142, 144, 159, 165, 173, 186, 227
資産運用関連業務　8, 53-55, 61, 70-73, 85, 89, 121, 151, 187
資産効果　44, 227
資産担保CP(ABCP)　94, 96-101, 106, 108-112, 118, 139, 149, 203, 210
資産担保証券(ABS)　94-96, 99, 100, 105, 108-110, 118, 138, 203
資産変換　63
自社株買い　7, 29, 30, 44, 59
自主規制(*自主規制機関)　132, 167, 186, 187, 195, 210
市場規律　227
市場メカニズム　227

市場要素　154-158, 165, 167, 169, 176, 177
市場リスク　114, 117, 134, 148, 155, 175
システミック・リスク　93, 134, 151, 173, 193-195, 205
システム上重要　193, 198
事前精査　81
事前的措置　195
実体経済　3, 20, 43, 44, 112, 151, 172, 174, 175, 191, 199, 200, 203-206, 227, 229, 231, 233, 234
実物(*実物投資)　44, 155, 173
シティグループ(社名)　39, 82, 102, 104, 108, 124, 138, 139, 204, 209, 216-219, 221, 223, 224
シティコープ(社名)　221
シティバンク(社名)　101, 124, 125, 127, 129, 134-138, 221
シナジー　80
シニア(*スーパーシニア)　96, 110, 137-139, 147
自動車ローン　34, 96
支配の金融化　22, 28, 30, 31, 43, 44, 180, 181
支払準備率規制　94
私募　102, 131
司法省　76
資本(マルクス派の把握に基づく)　8, 36, 154, 165, 170, 171, 176-182, 189, 190, 233
資本家(*貨幣資本家, *機能資本家, *産業資本家)　177, 180, 234
資本金　165
資本支出　56, 57
資本市場　30, 82, 204
資本主義(*現代資本主義, *マネー資本主義, *資本主義の長期波動, *資本主義的権力関係)　3, 5, 17, 18, 21, 43, 47, 48, 91, 92, 119, 154, 165, 169, 170, 172, 177, 179, 190, 215, 229, 231, 233, 235
社会科学(*社会科学の金融化)　4, 21, 231, 232
社会学(*経済社会学, *歴史社会学)　18, 21, 36

社会経済学派　21, 28
社会的費用(負担)　90, 119, 205, 206, 227, 229
社会的便益　206
社債　57-64, 66-71, 77, 78, 97, 149, 167, 187, 218, 219
ジャンクボンド　67, 76-79, 204
収益性　8, 43, 72, 76, 88, 104, 105, 135, 150, 168, 175, 180, 188, 199, 202, 204, 228, 229
住宅価格　117
住宅金融(住宅ローン)(＊住宅金融専門会社)　3, 6, 35, 38, 91, 94, 96, 117, 191, 193, 216, 217, 228
住宅(持ち家)政策　34, 38, 196
集団投資スキーム　28, 131
集中　33, 62, 70, 95, 116, 117, 123-126, 141, 143, 144, 149, 150, 171, 181, 192, 216, 220, 229, 232
集中決済　132, 194
柔軟性・機動性　165-167, 169, 171, 178, 189, 190, 227
主幹事　75, 218, 219
主流派経済学　21, 153, 158, 169, 174, 189, 227
純資産価格　65
準備　56, 101, 165, 167, 168, 222
純利益　24, 25, 50, 57, 129, 135
上院国土安全保障委員会常設調査小委員会　91, 206
償還　62, 65, 70
小企業向け貸出　204
小規模事業投資会社　198
商業銀行　20, 50, 51, 53, 54, 58, 62, 63, 67, 71, 73, 74, 82, 85, 94-96, 102-108, 111-113, 115, 118, 121-127, 134-138, 142, 147, 159, 183, 184, 191, 194, 197, 216, 217, 221
証券化(＊資産証券化，＊証券化商品，＊証券化関連業務，＊再証券化，＊再々証券化)　6, 37, 38, 49, 53-55, 92-95, 98, 99, 101, 103-107, 110, 114, 118, 121, 123, 126, 138, 141, 149-151, 155, 171, 182, 187, 191, 201, 210
証券会社　19, 42, 50-53, 62, 71, 73, 74, 97, 122, 123, 125-127, 135, 140, 183, 191, 217, 221
証券貸出　109, 130
証券関連業(＊証券関連業務)　49, 51, 53, 71, 103
証券業(＊証券業務，＊伝統的証券業務)　53, 67, 71, 73, 92, 102, 104, 126, 134, 138, 188, 211, 221
証券業・金融市場協会(SIFMA)　20
証券市場　56, 80, 104, 107
証券取引委員会(SEC)　73, 108, 143, 194, 208, 222, 223
証券取引仲介(ブローカレッジ)(＊証券取引仲介手数料)　51-53, 73, 74, 92, 104, 123, 160, 187
証券レンダー　96, 110
証拠金(＊証拠金勘定)　166, 168, 186, 187
上場廃止　59
譲渡性定期預金証書(CD)　64, 65
消費者金融保護局(CFPB)　193, 195, 197, 208
消費者保護　192, 193
消費者ローン(消費者リース，消費者信用)　24, 34, 96, 228
商品(＊商品市場)　39, 52, 131, 153, 155, 156, 163, 173, 175-181, 183, 222
商品先物現代化法　108, 143, 222
商品先物取引委員会(CFTC)　143, 194, 208, 209, 222
商品デリバティブ　155, 156, 161-164, 174, 183
情報化　4, 41, 47
情報隔壁　145
情報公開　99, 101, 102, 132, 145, 146, 166, 185, 187, 210, 211, 222
情報生産　63
情報・通信(＊情報・通信技術革新，＊情報・通信産業)　21, 63, 72, 76, 79, 85, 140, 169
情報の非対称性　63, 83, 145, 146, 148

情報優位　145
情報劣位　145
商務省経済分析局(BEA)　123
剰余価値　179, 181
助言(アドバイス)　53, 66, 75, 116, 142
所有権　155, 165
シンガポール政府投資公社　39
新古典派　107
人材　9, 82, 141-143, 186, 199, 205, 210, 212, 220, 232
シンジケート・ローン　82, 100, 217-219
新自由主義　17, 45-47, 107, 169, 170, 175
新制度学派　43
信託(＊信託業務)　53, 54, 56, 105
人的資本　185, 234
信用アクセス　200
信用関連デリバティブ　132, 167
信用事由　115
信用手段　26, 27, 34
信用取引　167, 186
信用逼迫　66
信用変換　94, 98
信用補完　96-99, 105, 106, 115, 117, 150
信用リスク　94, 98, 114, 132, 138, 143, 155, 156
信用履歴　117
垂直統合　105, 106, 141
スウィージー，ポール(人名)　4, 22, 43
スタンダード＆プアーズ(S&P)(社名)(＊S&P 500)　25, 68, 107, 116, 129
スティグリッツ，ジョセフ(人名)　143
スティール，ロバート(人名)　224
ストレンジ，スーザン(人名)　172
スピンオフ　79, 194
スプレッド(＊価格スプレッド，＊金利スプレッド，＊超過スプレッド)　65, 66, 106, 140, 158, 183, 186
スポンサー　31, 132, 133, 140, 198
スミス・バーニー(社名)　217
スワップ(＊金利スワップ，＊通貨スワップ，＊プレーン・バニラスワップ)　132, 156- 158, 163, 164, 169, 172, 177, 185, 222
スワップション　157
成功報酬　86, 88, 89, 140
清算会員　160, 185
清算機関(＊中央清算機関)　132, 143, 146, 160, 166, 168, 185, 187, 188
生産的投資　43, 45, 46, 229
政治学　21
政治経済学　4, 18, 21, 153, 154, 169, 170, 172, 176, 189, 231, 233, 235, 236
政治権力　5, 142, 143, 212, 215
整然清算　193, 195, 197, 209, 212
製造業　21, 24, 26, 41
正当性　45, 227
政府間組織(国際機関)　3, 37, 93, 182, 220
政府機関保証債　38, 39, 68, 69, 97, 110
政府救済　3, 111, 119, 129, 144, 151, 185, 191, 192, 194, 197, 212, 213, 223-225
政府系ファンド(SWF)　38, 39, 46, 171
政府支援機関(GSE)　34, 37, 38, 68, 69, 97, 118, 191, 196, 216
政府の金融化　6, 17, 31, 36-38, 40-42, 45, 46, 182, 232
政府保証　38, 204
セイン，ジョン(人名)　224
世界銀行　20, 157
説明責任　193, 211
ゼネラル・エレクトリック(GE)(社名)　24, 76
ゼネラル・モーターズ(GM)(社名)　24
ゼネラル・モーターズ・アクセプタンス(GMAC)(社名)　24
セーフティネット(＊流動性セーフティネット，＊連邦セーフティネット)　46, 98, 115, 194, 196, 212
ゼロサム　151, 158, 174
先行者利得　105, 186
総資本(総資産)利益率(ROA)　44, 133, 135-137
総収益　51, 74, 101, 116, 124-129, 184
総需要　44

想定元本(想定価値, 想定出来高, 想定ポジション) 100, 125, 126, 134, 156, 161-163, 185
属性 176
組成・分配戦略 191
その他証券関連収益 51-53, 73, 78, 122, 183
ソロモン・スミス・バーニー(社名) 221
ソロモン・ブラザーズ(社名) 157
損失 3, 25, 39, 111-113, 117, 118, 126, 128, 129, 137-141, 144, 146, 148, 151, 153, 159, 165-168, 172-174, 194, 201, 202, 206, 207, 209, 212, 213, 216, 221-223, 225, 227, 229
損失の社会化と利益の私物化 143, 144

タ行

対外直接投資 23, 25
大企業 21, 24, 59, 65, 66, 71, 74, 76, 84, 127, 141, 144, 159, 164, 173, 180, 188, 199, 228
大規模相互連関金融機関(大規模複雑金融機関) 193, 220
大恐慌 221
代替投資(＊代替投資ファンド) 19, 30, 34, 39, 121, 122, 126, 128-131, 133, 140, 141, 144, 159, 171, 187, 209
大統領経済再生諮問会議 197
タイム・トレード 186
ダウ・ジョーンズ工業平均株価 68
多角化(多角展開) 76, 126, 141, 142, 144, 199, 205
ターゲット(社名) 24, 25
多国籍企業 47, 159
タックスヘイブン 95, 100-102, 132, 146, 196, 211
ダドリー, ウィリアム(人名) 224
他人資本 57
ターレス(人名) 155
短期金融市場預金勘定(MMDA) 65
短期資金 58, 66, 98, 101, 108-110
短期負債 98, 112, 113, 134, 135, 149
担保(＊担保の再利用, ＊適格担保) 37, 38, 77, 93-96, 98, 100, 106, 108-111, 113-116, 118, 133, 139, 147, 166, 168, 187
担保付短期資金調達(担保付借入) 92-94, 98-100, 108-110, 113, 118, 135, 149, 150, 220
地域再投資法 196
小さな政府 41
蓄積 17, 22, 43, 46, 62, 177, 180
知的資本 185
地方債 36, 37, 68, 97
地方政府 37, 186
中央銀行 3, 37-39, 99
中央政府 37
中国投資有限責任公司 39
中小企業 66, 150, 229
超過利益(レント) 185, 189, 233
長期資金 66
直接金融 49, 54, 55, 61-63, 67, 69, 71, 93, 94, 188, 199, 211
貯蓄貸付組合(S&L) 65, 94, 183, 216
地理学(＊経済地理学) 21
通貨監督局(OCC) 134, 154, 184, 197, 206
ディスカウント・ウィンドウ 94, 95
ディスインターメディエーション 63, 64, 103
ディーラー(＊ディーラー間取引) 66, 132, 143, 160, 166, 168, 184-188, 194, 196
ディーリング 123, 125, 126, 145, 146, 160, 188
敵対的買収(＊敵対的買収の防衛) 30, 74, 76, 78, 79, 81, 227
適用除外 196, 198, 200, 201, 203, 206, 208, 223
手数料(＊手数料ビジネス, ＊取引手数料) 23, 46, 51-54, 62, 65, 66, 71, 73-76, 82, 83, 86-90, 92, 102-106, 116, 121, 123, 140, 142, 145, 146, 151, 167, 183, 187-189, 191, 193, 228, 229
デフォルト 112, 115, 117, 132, 145-147, 172
デリバティブ(＊デリバティブ市場, ＊デリバティブの仲介, ＊デリバティブ関連収益, ＊エキゾチックデリバティブ) 6,

8, 19, 22, 52, 53, 95, 107, 108, 114, 123, 125, 126, 131, 132, 134, 142, 143, 145, 147, 153-190, 194, 196, 208
テールリスク　117, 137-139
デレバレッジ　113, 117
伝統的証券　19, 149
伝統的投資　109, 131
店頭(OTC)デリバティブ　95, 108, 109, 114, 118, 121, 122, 126, 128, 130, 132-134, 139-141, 143, 145, 146, 159, 160, 163, 164, 166, 168, 184-188, 194, 196, 202, 209, 220, 222
店頭(OTC)取引　19, 53, 95, 114, 115, 123, 157, 161, 163, 165, 166, 169, 171, 183, 185-187, 200, 222
ドイツ銀行(社名)　102, 135, 138, 146
統一基準化　177, 178, 180
投機　153, 158, 159, 164, 167, 169-174, 176, 178, 181, 182, 189, 223
投機家　158-160, 173, 174
倒産隔離　101, 106
投資銀行　8, 19, 42, 51, 71-76, 78-91, 93, 96, 97, 99-102, 104-108, 110-115, 118, 123, 124, 127, 128, 134, 135, 138, 142, 143, 159, 202, 210, 216, 217, 222, 223
投資銀行業(*投資銀行業務)　53, 74, 85, 86, 144, 185
投資銀行持株会社　223
投資顧問　52, 53, 70, 71
投資代行　71
投資適格　116, 218
投資不適格(非投資適格)　67, 77, 111, 117
透明性(*不透明性)　95, 98, 114, 116, 119, 145, 146, 173, 185, 187, 193, 194, 202, 210, 228
独占禁止法　76
特別目的体(SPE)　19, 22, 26, 92, 93, 95, 101, 102, 106, 108, 146
特権的地位　213, 215, 220, 224, 225, 229, 235
ドッド, クリストファー(人名)　192
ドッド・フランク法(ドッド・フランク・ウォールストリート改革・消費者保護法, 金融規制改革法)　9, 121, 151, 191, 192, 194, 195, 197-199, 201, 208, 209, 211, 212, 215, 232
ドナルドソン, ウィリアム(人名)　223
ドナルドソン・ラフキン&ジェンレット(社名)　72, 223
トラスティ(受託者)　105, 198
トラベラーズ・グループ(社名)　221
トランザクショナル　85
トランシェ　95, 96, 106, 110, 116, 137, 138, 147, 150
取締役兼任　20, 42
取り付け(*影の銀行への取り付け)　94, 112, 117, 173
取引所デリバティブ　157, 160, 162, 166, 173
取引所取引　19, 108, 114, 157, 159-162, 165, 166, 168, 171, 187, 188, 194
取引費用　83
ドレクセル・バーナム・ランベール(社名)　77, 78
トレーダー　140, 145, 172, 207
トレーディング(*トレーディングゲイン, *トレーディング勘定, *トレーディングデスク)　25, 51-54, 73, 103, 108, 122, 123, 126, 127, 129, 130, 133, 138, 140, 150, 159, 183-185, 198, 204, 206-208
トレードオフ　211

ナ行

内国歳入庁(IRS)　26
内部金融　211
内部資金　21, 43, 56, 57, 59, 188
内部者(インサイダー)(*インサイダー取引, *内部者情報)　144, 145
内部ファンド　186
内部モデル　135, 143, 148, 223
内部留保　228
投げ売り　113
日常生活の金融化　17, 31, 36
日経225　172
ニッチ　105, 106, 171

二分法　8, 154, 169, 170, 176, 178, 181, 182, 189, 190
ニューヨーク証券取引所(NYSE)　51, 52
ニューヨーク連邦準備銀行　101, 172, 224
抜け穴　143, 196-198, 200, 206, 207, 209, 210, 212, 213, 215
値洗い(マークトゥマーケット)　134, 166
ネッティング　134, 168, 169, 187
ネットキャピタル(＊ネットキャピタル・ルール)　108, 223
ネットワーク　84, 85, 93, 141, 178, 199, 225
年金(＊年金基金, ＊確定拠出型年金(401k))　6, 9, 19, 30, 33, 39, 54-56, 60-62, 67, 69-71, 95-97, 99, 109, 118, 142, 149, 151, 159, 171, 179
乗っ取り屋　76, 77, 79
ノベーション　115, 188
野村證券(社名)　217
ノンバンク(＊大規模ノンバンク金融機関)　97, 108, 118, 193, 195, 198, 212

ハ行

バイサイド　159
買収ファンド　80, 82, 131
配当(＊配当収入, ＊配当所得, ＊支払配当, ＊受取配当)　7, 23, 25, 26, 29, 30, 32, 33, 43, 44, 46, 50, 53, 57, 65, 74, 123, 179
ハイブリッドファンド　68, 69
ハイリスク(高リスク)　25, 39, 67, 114, 133, 141, 146, 197-199, 201, 220, 221, 229
ハイリターン(高リターン)　34, 171
バークレイズ(社名)　209, 217, 219
バーゼル銀行監督委員会　210
バーゼル合意　103
破たん　3, 111-113, 128, 135, 144, 172, 194, 209, 212, 216, 217, 220, 224, 225
バックオフィス　145
発行　20, 28, 37, 38, 57-59, 63, 66, 67, 73-75, 77, 81, 84, 85, 87-89, 92-95, 99-102, 104-106, 108, 110, 111, 114-116, 130, 133, 138, 139, 165, 200

発行市場　19, 68
パッシブ運用　30
パートナー(＊パートナーシップ)　131, 132, 198
パフォーマンス　44, 67, 72, 154-156, 178, 180, 234
バブル(＊住宅バブル, ＊ITバブル)　3, 18, 80, 172, 181, 191, 195, 229
バランスシート　34, 37, 38, 42, 71, 95, 103, 121, 134, 135, 139, 166, 167, 173, 201
バリュー・アット・リスク(VaR)　148, 166
範囲の経済　199, 205
範囲の不経済　205
バンクオブアメリカ(社名)　111, 124, 125, 127, 129, 134-137, 201, 209, 216-220
バンク・オブ・ニューヨーク・メロン(社名)　100
反対売買(反対取引)　158, 166, 167
非営利組織(NPO)　32, 33, 40, 56
引当金　165
引受(＊引受業務, ＊引受手数料, ＊引受関連収益)　51-53, 59, 73, 74, 77, 78, 81, 82, 84-89, 92, 93, 102, 104-106, 130, 135, 138, 203, 218, 219
非金融企業(非金融法人企業)　4, 7, 17, 20-29, 43, 45, 50, 153, 159, 164, 175, 176, 229
非金利業務　122
非金利コスト　66
非金利収益(＊その他非金利収益, ＊付随的非金利収益)　51, 53, 54, 122, 124-127, 183, 184
非公開(＊非公開化, ＊非公開企業)　59, 131, 132
非証券関連収益　51-53, 122, 123
一株当たり利益(EPS)　29
標準化　157, 166
標準偏差　133, 135-137
ヒルファディング, ルドルフ(人名)　18, 176, 177
貧困層　31, 35, 150, 191, 228
ファイナンシング・ギャップ　56

ファイナンス・カンパニー 19, 42, 57, 67, 95-97
ファイナンス理論 46, 107, 114, 153, 227
ファットテール 139
ファンダメンタル価値 158
ファンダメンタルズ 174
ファンド・ファミリー 62
ファンドマネージャー 19
フィッチ(社名) 116
フィデリティ(社名) 65
フォード(社名) 24
フォード・モーター・クレジット(社名) 24
付加価値 25, 29, 50, 233
不確実性 172
複雑すぎて管理できない(TCTM) 146, 212
複雑に絡み合いすぎてつぶせない(TITF) 119, 212
福祉国家 169
フーコー，ミシェル(人名) 179
負債(＊金融負債) 6, 9, 20, 26, 27, 30, 31, 34-38, 42-44, 46, 50, 57-59, 77, 81, 90, 94-96, 100, 108, 113, 114, 117, 135, 148-150, 159, 165, 166, 181, 182, 191, 192, 198, 228, 231
負債性(＊負債性資産，＊負債性証券，＊負債性手段) 26, 57, 58, 68, 69, 117, 123, 132
不正会計(会計偽装) 146, 173
ブッシュ，ジョージ(人名) 224
ブティック 85
ブーム(＊M&Aブーム，＊株式市場ブーム) 49, 65, 67-70, 74-76, 78-80, 84, 85, 89, 90, 174
富裕層 31, 33, 46, 71, 72, 76, 132, 141, 171, 228
プライベートエクイティ(PE)ファンド 19, 30, 31, 56, 72, 80, 82, 92, 97, 118, 121, 127, 131-133, 140, 171, 194, 198, 199, 201, 202, 209, 222
プライベート・バンキング 71, 72
プライマリー・ディーラー 134, 135, 187
プライム・ブローカー 110
プライム・ブローカレッジ 101, 142, 186, 187
プライム・レート 64, 66
ブラウン，スコット(人名) 209
ブラック=ショールズ式 169
ブラック・マンデー 78
フランク，バーニー(人名) 192
フリードマン，スティーブン(人名) 224
不良銀行資産買い取りプログラム(TARP) 224
不良債権 67
プリンシパル・インベストメント 82, 129
プリンシパル=エージェント理論 43, 46
プリンシパル・トレーディング 127, 129
プール 37, 38, 93, 95, 106, 108, 165, 168
ブルームバーグ(社名) 127, 129
プレミアム 95, 106, 115, 132, 147, 156, 169
ブローカー 157, 160
プロシクリカル 135
プロテクト 115, 147
フロント・ランニング 145
分散投資 39, 62, 107, 131, 165
分配(＊労働分配) 7, 17, 29, 43, 44, 46, 151, 179, 228, 234
ヘアカット 108, 113, 135
ベア・スターンズ(社名)(＊ベア・スターンズ・アセット・マネジメント) 101, 111, 129, 138, 216-219
ベアリングス(社名) 172
米国貯蓄債券 36
ヘッジ(回避)(＊リスクヘッジ，＊ヘッジ動機，＊オーバーヘッジ，＊マクロヘッジ，＊ポートフォリオヘッジ) 112, 138, 140, 150, 153, 157-159, 164-166, 169, 171, 172, 174-176, 178, 181, 182, 185, 188, 189, 198, 203, 206, 207
ヘッジファンド 3, 19, 30, 56, 71, 72, 92, 96, 97, 99-101, 105, 108, 109, 112, 113, 115, 118, 121, 127, 131-133, 138, 140, 142, 145, 153, 159, 171, 172, 186, 194, 198, 199, 201, 202, 209
ヘッジャー 157-160

ベトナム戦争　63
ベビー・ブーマー　62
ベンチマーク　30, 181
ベンチャー（＊ベンチャー投資，＊ベンチャーキャピタル）　25, 30, 53, 82, 132
防衛　78, 81, 82, 85, 86, 228
包括的規定　198, 210
報酬（＊報酬構造）　3, 25, 83, 140, 180, 191, 202, 203, 211, 213, 220, 234
保険（＊保険会社，＊生命保険会社，＊保険業務，＊保険料，＊保険金）　19, 24, 30, 40, 53, 56, 60, 61, 96, 97, 99, 108, 109, 115, 118, 126, 132, 147, 159, 164-168, 171, 175, 216, 217, 221, 222
ポジション　134, 135, 137, 139, 141, 146, 157, 159, 166, 168, 169, 171, 173, 188, 201, 207
ポジティブサム　158
保証（＊債務保証，＊信用保証）　35, 37, 38, 95-98, 101, 106, 115, 117, 118, 138, 166, 167, 171, 191, 196, 204, 216
ポストケインズ派　4, 21, 22, 28, 43, 44, 170
ポートフォリオ　65, 69, 106, 145, 148, 159, 168, 173, 175, 178, 207
ボラティリティ（＊インプライド・ボラティリティ，＊ヒストリカル・ボラティリティ）　134, 169, 180, 232
ボルカー，ポール（人名）　197
ボルカー・ルール　129, 192, 194, 197-200, 202-212
ホールセール（＊ホールセール業務，＊ホールセール顧客）　51, 74, 127, 159
ホールセール短期金融（ファンディング）市場　19, 93
ポールソン，ヘンリー（人名）　224
ポールソン・ファンド　145, 146
ボルテン，ジョシュア（人名）　224
ホワイト，マリー（人名）　208
ボーン，ブルックスリー（人名）　222

マ行

マイノリティ　228

マカリー，ポール（人名）　93
マクファーデン法（州際業務規制）　102, 103
マーケットメイキング　105, 108, 122, 127, 131, 145, 160, 185, 198, 200, 203, 204, 206
マーケットメーカー　160, 186
マージンコール　113
マーチャント・バンキング　82
マネー・マーケット・ミューチュアル・ファンド（MMMF）　6, 9, 23, 55, 60-62, 64, 65, 67, 69, 72, 92, 95-98, 100, 103, 109, 110, 112, 118, 149
マルクス，カール（人名）　36, 177, 228, 233
マルクス派　4, 21, 22, 36, 43, 44, 154, 170, 176, 179, 182, 233
満期・流動性変換　94, 98
未公開企業株式　53, 82, 131
ミューチュアル・ファンド（投資信託）（＊ミューチュアル・ファンド販売収益，＊オープンエンド型投資信託）　6, 9, 30, 33, 51-56, 60-65, 67-72, 97, 109, 118, 149, 151
ミルケン，マイケル（人名）　78
民営化　45, 46
民主党　40, 142, 208
ミンスキー，ハイマン（人名）　4, 172
ムーディーズ（社名）　64, 107, 111, 116
名声（評判，知名度）　72, 83, 85, 141, 185
メザニン　96, 137, 138, 147
メリル・リンチ（社名）　39, 82, 101, 102, 104, 106, 111, 127-129, 135, 138, 139, 216-219, 224
モーゲッジ（＊住宅モーゲッジ，＊モーゲッジ・レンダー）　34, 35, 37, 38, 93, 94, 97, 106, 112, 116, 117, 123, 138, 146
モーゲッジ担保証券（MBS）（＊住宅モーゲッジ担保証券（RMBS），＊商業用モーゲッジ担保証券（CMBS））　94-96, 100, 102, 109, 116, 138, 139, 145, 146, 219
モノライン　97, 112, 118
モービル（社名）　76
モラル・ハザード　119, 191, 195, 197
モルガン・スタンレー（社名）　39, 72, 76, 81,

82, 87, 101, 104, 111, 127-129, 133, 135, 186, 207, 209, 216-219, 224

ヤ行

優位性(*特別の優位性) 28, 62, 63, 67, 83, 122, 141, 142, 144, 147, 148, 151, 153, 164, 165, 169, 174, 176, 215
有限責任 165
融資(*つなぎ融資) 20, 42, 58, 67, 74, 81, 82, 88, 106, 193, 217
優先・劣後関係 95
ユーロダラー 64
預金(*定期預金, *当座預金, *付保預金) 23, 53-56, 63-67, 71, 72, 92, 94-96, 103, 124, 197, 221, 224
預金金融機関 57, 58, 98, 115, 118, 197, 205
預金金融機関規制緩和・通貨管理法(DIDMCA) 64
預金保険 65, 103
翌日物 100, 135

ラ行

濫用 194, 212
利益相反 72, 86, 88, 198, 205
リーグル・ニール法 212
利ざや 82, 92, 111, 140, 158, 188
利潤追求 8, 175-180, 189, 190
利潤の金融化 22, 26, 27, 31, 43, 44, 174, 181, 234
リスクアペタイト 159, 171, 188
リスクウェイト 103
リスク寛容度(受け入れ余力) 159, 227
リスク管理 46, 71, 146, 148, 153, 166, 170, 173-176, 181, 199, 227, 232
リスク資産(リスクアセット) 25, 33, 34, 39, 103, 159, 198
リスク対応 164, 165, 167, 169, 188, 189
リスクテイク 8, 110, 118, 119, 121, 122, 126, 130, 133-137, 139-144, 147-151, 158, 159, 164, 169, 172, 187, 188, 191, 192, 194, 197, 204, 206, 207, 209, 210, 212, 220, 232

リスク認識 166, 174
リスクの商品化 88, 155, 157, 158, 169, 176, 178, 189, 227
リスク負担 54, 63, 94, 121, 133, 138-140, 147, 150
リスクプロフィール 166, 175, 176
リスク分散 165, 199, 202, 205, 227
リスクマネージャー 148
リターン(*将来リターン) 29, 34, 72, 140, 158, 159, 164, 171, 177, 178, 181, 190
リディ，エドワード(人名) 224
リーディング産業 46, 227
リテール(*リテール投資家) 51, 127, 159
リバース・フローター債 172, 186
利便性 62, 165
利回り 38, 62-65, 67, 68, 70, 78, 147, 149, 171, 178, 181, 229
リーマン・ブラザーズ(社名) 82, 101, 111, 113, 118, 129, 135, 138, 216-219, 224
リーマン方式 86
略奪的貸付 191, 193-195, 228
流通市場 19, 38, 68-71
流動性(*市場流動性, *流動性危機, *流動性供給, *流動性補完, *流動性管理) 19, 39, 42, 62, 94, 95, 98, 109-113, 115, 119, 131, 139, 146, 158, 160, 166, 172, 187, 196, 200, 203, 204, 224, 227
流動性リスク 94, 95, 103, 135
リンカーン押し出し条項 194, 209
ルー，ジェイコブ(人名) 208, 224
ルービニ，ヌリエル(人名) 93
ルービン，ロバート(人名) 221, 222
レヴィット，アーサー(人名) 222
レーガン，ロナルド(人名) 76, 107
歴史学 21
レギュラシオン派 21, 28, 44, 170
レギュレーションQ(上限預金金利規制) 63, 64, 66, 102
レーニン，ウラジミール(人名) 18
レバレッジ(*レバレッジ規制, *レバレッジ比率, *レバレッジ効果) 27, 95, 98,

108, 109, 112-114, 117, 118, 133-135, 137-139, 141, 143, 147, 159, 165, 167, 171-173, 181, 186, 188, 204, 220, 222, 223, 229, 232
レバレッジド・バイアウト（LBO）（＊LBOブーム）　31, 76-79, 82, 88
レポ（＊バイラテラルレポ，＊トライパーティレポ，＊レポレート）　19, 53, 74, 95-101, 105, 108-110, 113, 117, 118, 135, 147, 149, 165, 167, 187, 197, 202, 203, 210
連鎖（＊連鎖性，＊連鎖効果）　3, 94, 110, 171-173, 181, 188
連邦最高裁判所　78
連邦住宅金融抵当公庫（FHLMC）　216, 217
連邦住宅抵当公庫（FNMA）　216, 217
連邦準備制度理事会（FRB）　20, 63, 94, 107, 111, 119, 135, 167, 184, 191, 193-195, 197, 198, 217, 221, 222, 224
連邦政府　37, 186
連邦政府抵当金庫（GNMA）　94
連邦預金保険公社（FDIC）　51, 94, 184, 194, 195, 197, 212, 217
ロイター（社名）　185
労働強化　46, 228
労働力の金融化　228
労働力の再生産　36, 175
ロシア通貨危機　172
ロビイスト　202, 225, 226
ロビー活動　142, 186, 208, 222, 225, 226
ロムニー，ミット（人名）　208
ロングターム・キャピタル・マネジメント（LTCM）　172
ローンセール　53

ロンドンの鯨事件　139, 148, 206, 207

ワ行

ワコビア（社名）　216-219, 224
ワシントン・ミューチュアル（社名）　216, 217
割引現在価値　156, 177
割引率　177
ワールドコム（社名）　146

アルファベット

AIG（社名）　112, 139, 216, 217, 222, 224, 225
AIGFP（社名）　112
Corporation Complete Report　26
EU　223
FIRE　40, 225, 226
Form 10-k　73, 74
FR Y-9　184
GEキャピタル（社名）　24
IBM（社名）　157
J.P.モルガン（社名）　157, 185, 222
JPモルガン・チェース（社名）　82, 100, 108, 111, 124, 125, 127, 129, 133-135, 139, 148, 185, 201, 206, 207, 209, 216-220, 223
LCHクリアネット　185
LIBOR（＊LIBORスクエア）　106, 156, 186
Occupy Wall Street　143
PIMCO（社名）　93
SPAN　168
SRISK　134
Tier1　198, 201
UBS（社名）　102, 104, 135, 138, 222

小倉将志郎
(おぐらしょうしろう)

- 1978年　埼玉県生まれ
- 2008年　一橋大学大学院経済学研究科博士課程単位修得退学
- 同　年　静岡大学人文学部経済学科准教授
- 2014年　一橋大学大学院経済学研究科博士学位取得
- 現　在　静岡大学学術院人文社会科学領域経済・経営系列准教授,
　　　　　兼ロンドン大学東洋アフリカ研究院(SOAS)客員研究員(2016年まで)

共著:『図説 経済の論点』旬報社, 2014年

ファイナンシャリゼーション
— 金融化と金融機関行動 —

2016年3月31日　初　版

著　者　小倉将志郎
装幀者　加藤昌子
発行者　桜井　香
発行所　株式会社 桜井書店
　　　　東京都文京区本郷1丁目5-17 三洋ビル16
　　　　〒113-0033
　　　　電話 (03)5803-7353
　　　　FAX (03)5803-7356
　　　　http://www.sakurai-shoten.com/

印刷・製本　株式会社 三陽社

© 2016 Shoshiro OGURA

定価はカバー等に表示してあります。
本書の無断複製(コピー)は著作権上
での例外を除き、禁じられています。
落丁本・乱丁本はお取り替えします。

ISBN978-4-905261-27-8 Printed in Japan

福田泰雄著
コーポレート・グローバリゼーションと地域主権
A5判・定価：本体3400円＋税

鶴田満彦・長島誠一編
マルクス経済学と現代資本主義
独占研究会50周年記念出版
A5判・定価：本体5000円＋税

小西一雄著
資本主義の成熟と転換
現代の信用と恐慌
A5判・定価：本体3700円＋税

八木紀一郎ほか編
経済学と経済教育の未来
日本学術会議〈参照基準〉を超えて
A5判・定価：本体3200円＋税

鶴田満彦著
21世紀日本の経済と社会
経済・社会システムのオルタナティヴを提起
四六判・定価：本体3200円＋税

菊本義治・西山博幸・本田 豊・山口雅生著
グローバル化時代の日本経済
日本経済の現状，推移，これからの課題を読み解く
A5判・定価：本体2600円＋税

桜井書店
http://www.sakurai-shoten.com/